"十三五"江苏省高等学校重点教材（编号：2018-1-029）
江苏省高等职业教育高水平骨干专业资助项目

21世纪高职高专能力本位型系列规划教材·物流管理系列

采购与仓储管理实务
（第3版）

耿　波　聂强大◎主　编
张利梅　王志峰　赵翘楚◎副主编
魏贤运　韩运镇◎参　编

北京大学出版社
PEKING UNIVERSITY PRESS

内 容 简 介

本书是按照现代职业教育人才培养目标及规格的要求,与相关企业合作编写而成的任务驱动式教材,通过分析采购与仓储管理岗位需要具备的技能,明确岗位工作任务,以项目任务和工作流程为引领,以岗位需求和职业技能要求为依据,选取典型的真实任务并设计教学内容。全书分为 9 个项目,内容包括采购管理基础、供应市场与采购产品分析、采购模式分析、采购价格与成本管理、仓储与仓储管理、仓储业务管理、库存管理与控制、仓储成本与经济效益分析、大数据对采购与仓储管理的影响。每个项目分成若干工作任务,学生通过完成工作任务来掌握核心理论知识和岗位技能。另外,根据课程的特点,每个项目除了设置来自企业的真实案例及综合实训以外,还增加了职业道德评判小案例,突出岗位对职业道德的要求。

本书注重知识性、操作性和现实性的有机融合,适合作为高职高专院校物流管理专业的教材,也可以作为职工培训教材和管理人员的工作实践指导用书。

图书在版编目 (CIP) 数据

采购与仓储管理实务 / 耿波,聂强大主编. —3 版. —北京:北京大学出版社,2021.7
21 世纪高职高专能力本位型系列规划教材·物流管理系列
ISBN 978-7-301-32403-5

Ⅰ.①采… Ⅱ.①耿…②聂… Ⅲ.①采购管理—高等职业教育—教材②仓库管理—高等职业教育—教材 Ⅳ.①F253

中国版本图书馆 CIP 数据核字 (2021) 第 167611 号

书　　　名	采购与仓储管理实务(第 3 版) CAIGOU YU CANGCHU GUANLI SHIWU(DI-SAN BAN)
著作责任者	耿　波　聂强大　主编
策 划 编 辑	蔡华兵
责 任 编 辑	蔡华兵
标 准 书 号	ISBN 978-7-301-32403-5
出 版 发 行	北京大学出版社
地　　　址	北京市海淀区成府路 205 号　100871
网　　　址	http://www.pup.cn　新浪微博:@ 北京大学出版社
电 子 信 箱	pup_6@163.com
电　　　话	邮购部 010-62752015　发行部 010-62750672　编辑部 010-62750667
印 刷 者	河北滦县鑫华书刊印刷厂
经 销 者	新华书店
	787 毫米 × 1092 毫米　16 开本　15.5 印张　372 千字 2013 年 9 月第 1 版　2017 年 9 月第 2 版 2021 年 7 月第 3 版　2022 年 12 月第 2 次印刷
定　　　价	45.00 元

未经许可,不得以任何方式复制或抄袭本书之部分或全部内容。

版权所有,侵权必究

举报电话:010-62752024　电子信箱:fd@pup.pku.edu.cn

图书如有印装质量问题,请与出版部联系,电话:010-62756370

第 3 版前言

本次修订的原因在于：一是随着物流行业的发展，新的物流业态不断出现，采购与仓储管理活动的内容不断增加和改变，因此需要更新、补充部分内容；二是新时期对学生的职业道德和素养不断地提出新的要求，需要将思政内容融入专业课；三是职业教育的特点要求更加重视技能训练，需要细化实训任务的操作和要求。

本次修订以"理论够用、实务足够、案例同步、实训到位"为原则，以"任务驱动、项目导向、学生主体、教师引导"教学模式为切入点，突出以下特色：

（1）以工作岗位需具备的技能目标、职业道德和素养目标设定学习目标，增加职业道德评判小案例，将思政教育融入专业课，使学生能获得更好的价值引领、人格教育。

（2）以任务驱动实施教学过程，以学生为主体，将课堂还给学生，激发学生的兴趣和学习主动性，满足学生发展的需要，为实现"三效一体"的有效课堂打下基础。

（3）以真实企业岗位工作任务为主线架构内容体系，明确了任务和任务引导、支撑任务与拓展的相关知识、规范的操作方法与步骤及技能知识的结合点，保障"教、学、做"一体化教学模式的实施。

（4）以纸质教材为主，以案例库、习题库和微课视频库等数字化资源为辅，建设动态、共享的课程教材资源库。

本次修订依然保留前两版的特色和优点，保留 8 个项目（前 4 个项目为采购管理内容，后 4 个项目为仓储管理内容），增加大数据对采购与仓储管理的影响（介绍新技术给采购与仓储管理带来的改变和影响），增加职业道德评判内容（设置职业道德和素养目标、职业道德评判小案例，突出岗位对职业道德的要求，以培养具有健全职业人格的物流人），增加综合实训操作说明。

本书由徐州工业职业技术学院耿波制订修订方案，由耿波、聂强大担任主编，由张利梅、王志峰、赵翘楚担任副主编，魏贤运、韩运镇参与部分内容并提供企业相关材料，由南京工业职业技术学院谈慧教授主审。具体编写分工为：耿波编写项目 1、项目 2 并对全书进行整理定稿，聂强大编写项目 4、项目 5、项目 6 及全书综合实训，张利梅、王志峰编写项目 3、项目 9，赵翘楚、魏贤运编写项目 7、项目 8。

在编写过程中,本书得到了徐州工业职业技术学院及心怡科技有限公司南京分公司的大力支持。本书编写参考了一些物流专家、学者的研究成果,出版得到了北京大学出版社的大力支持与帮助,在此一并表示感谢!

由于编者的水平有限,本书难免存在疏漏之处,敬请广大读者批评指正,并将意见反馈给编者,以便本书进一步修改完善。

编 者
2021 年 1 月

【本书课程思政元素】

目 录
CONTENTS

项目1 采购管理基础 /1

任务1 设置采购管理部门 /3
一、采购与采购管理 /4
二、采购管理组织 /11

任务2 编制采购计划 /17
一、采购计划 /18
二、编制采购计划 /20
三、采购预算管理 /24

思考题 /25

项目2 供应市场与采购产品分析 /26

任务1 分析供应市场 /28
一、供应市场分析的原因、内容与作用 /29
二、供应市场分析的过程 /30
三、供应市场分析的方法 /31

任务2 选择和管理供应商 /33

一、供应商的选择 /34
    二、供应商的开发与培养 /39
    三、供应商的激励与控制 /41
  任务3 采购商品的细分与说明 /44
    一、采购商品分类 /45
    二、采购商品规格说明 /47
  思考题 /50

项目3 采购模式分析 /52

  任务1 比较分析集中采购与分散采购 /55
    一、集中采购与分散采购 /56
    二、全球采购 /56
  任务2 模拟招投标采购的整个流程 /57
    一、招投标采购的相关知识 /58
    二、招投标采购的流程 /59
  任务3 现代采购模式的比较与实施 /60
    一、JIT采购 /61
    二、VMI采购 /63
    三、JMI采购 /65
    四、MRP采购 /67
    五、电子化采购 /68
  思考题 /70

项目4 采购价格与成本管理 /71

  任务1 运用总体拥有成本分析采购成本要素构成 /72
    一、全新的采购总成本管理理念 /73
    二、影响采购总成本的主要因素 /74
    三、分析影响采购价格的因素 /74
    四、基于总体拥有成本视角的最优采购批量和供应间隔期确定 /75
  任务2 掌握物资采购询价与报价技巧 /77
    一、掌握商品采购议价程序并制定采购价格调查流程 /78

　　　　二、设计企业采购部采购价格管理制度　　　　　　　　　　　　　　/ 81
　　　　三、与供应商的价格谈判策略及应付方法　　　　　　　　　　　　/ 81

　　任务 3　运用价值工程降低企业采购成本　　　　　　　　　　　　　　　/ 83
　　　　一、价值工程的概念　　　　　　　　　　　　　　　　　　　　　/ 84
　　　　二、价值工程的功能　　　　　　　　　　　　　　　　　　　　　/ 86
　　　　三、价值工程的成本　　　　　　　　　　　　　　　　　　　　　/ 86
　　　　四、价值工程研究对象的选择　　　　　　　　　　　　　　　　　/ 87

　思考题　　　　　　　　　　　　　　　　　　　　　　　　　　　　　　　/ 89

项目 5　仓储与仓储管理　　　　　　　　　　　　　　　　　　　　/ 90

　　任务 1　认知物流仓储活动的意义与作用　　　　　　　　　　　　　　　/ 92
　　　　一、全新的仓储管理理念　　　　　　　　　　　　　　　　　　　/ 93
　　　　二、仓储的功能　　　　　　　　　　　　　　　　　　　　　　　/ 94
　　　　三、仓储管理的现代化之路　　　　　　　　　　　　　　　　　　/ 95
　　　　四、仓储商务管理　　　　　　　　　　　　　　　　　　　　　　/ 96
　　　　五、仓储安全管理　　　　　　　　　　　　　　　　　　　　　　/ 97

　　任务 2　运用仓库规划设计原则选择合理的仓库　　　　　　　　　　　　/ 99
　　　　一、仓储系统的布局与规划　　　　　　　　　　　　　　　　　　/ 101
　　　　二、仓库系统的设计　　　　　　　　　　　　　　　　　　　　　/ 105

　　任务 3　熟悉常用仓储设备并掌握选型方法　　　　　　　　　　　　　　/ 108
　　　　一、仓库设备配置的原则　　　　　　　　　　　　　　　　　　　/ 109
　　　　二、仓储设备的种类　　　　　　　　　　　　　　　　　　　　　/ 109
　　　　三、仓库主要设备及其作用　　　　　　　　　　　　　　　　　　/ 110
　　　　四、仓库设备使用管理　　　　　　　　　　　　　　　　　　　　/ 114

　　任务 4　认知自动化立体仓库　　　　　　　　　　　　　　　　　　　　/ 115
　　　　一、自动化立体仓库的概念　　　　　　　　　　　　　　　　　　/ 116
　　　　二、自动化立体仓库的优越性　　　　　　　　　　　　　　　　　/ 119
　　　　三、物联网技术在仓储业中的应用　　　　　　　　　　　　　　　/ 120

　思考题　　　　　　　　　　　　　　　　　　　　　　　　　　　　　　　/ 122

项目 6　仓储业务管理　　　　　　　　　　　　　　　　　　　　　/ 123

　　任务 1　掌握出入库管理流程　　　　　　　　　　　　　　　　　　　　/ 125

一、仓储出入库的动力源——物料清单 /126
二、仓库出入库管理流程 /127

任务 2　运用 ISO 9001 质量控制体系进行仓储安全管理　/132
一、ISO 9000 质量管理体系的发展 /133
二、实施 ISO 9000 质量管理体系的目的与意义 /134
三、ISO 9001 质量管理体系的原理 /134
四、仓库作业安全管理与质量控制 /135

任务 3　掌握仓储合同管理与仓单质押业务　/140
一、仓储合同的法律风险与防范措施 /141
二、仓单质押业务 /145

任务 4　合理组织现代仓库流通加工业务　/147
一、流通加工的概念 /148
二、流通加工的类型 /148
三、流通加工的地位与作用 /149
四、流通加工合理化 /149
五、我国流通加工的主要形式 /150

思考题　/151

项目 7　库存管理与控制　/152

任务 1　库存存货管理　/154
一、库存及其分类 /154
二、库存的作用 /155
三、库存管理的作用 /156
四、ABC 分类法与 CVA 分类法 /157

任务 2　库存控制基本方法及库存盘点　/158
一、库存控制基本方法 /159
二、库存盘点的方法 /166

思考题　/172

项目 8　仓储成本与经济效益分析　/173

任务 1　分析与控制仓储成本　/175
一、仓储成本分析的含义 /176

　　　　二、仓储成本的构成　　　　　　　　　　　　　　　／176
　　　　三、仓储成本控制　　　　　　　　　　　　　　　　／178
　　任务2　仓储经济核算与经济效益分析　　　　　　　　　　／180
　　　　一、仓储服务产品收费定价的方法　　　　　　　　　／181
　　　　二、仓储经济核算　　　　　　　　　　　　　　　　／184
　　　　三、仓储经济效益分析　　　　　　　　　　　　　　／191
　　思考题　　　　　　　　　　　　　　　　　　　　　　　／196

项目9　大数据对采购与仓储管理的影响　　　　／197

　　任务1　分析大数据给采购与仓储带来的机遇和挑战　　　／199
　　　　一、大数据时代及其特征　　　　　　　　　　　　　／200
　　　　二、大数据时代给采购带来的挑战和机遇　　　　　　／201
　　　　三、大数据时代给仓储带来的挑战和机遇　　　　　　／201
　　任务2　大数据环境下采购与仓储管理中商务智能技术的应用　／203
　　　　一、大数据环境下采购管理中商务智能技术的应用　　／203
　　　　二、大数据环境下采购和供应链管理的优化与决策　　／204
　　　　三、大数据在京东仓储物流中的应用案例　　　　　　／205
　　思考题　　　　　　　　　　　　　　　　　　　　　　　／206

参考文献　　　　　　　　　　　　　　　　　　／207

项目 1
采购管理基础

》【学习目标】

知识目标	（1）了解采购的含义、地位和作用，了解采购管理的发展趋势。 （2）理解采购的原则和程序。 （3）理解采购与采购管理的区别和联系。 （4）熟悉采购的市场调查和预测方法
技能目标	（1）能够结合实际案例分析采购和购买的区别。 （2）能够划分采购管理部门、设置岗位并制定岗位职责。 （3）能够编制采购计划
职业道德和素养目标	（1）遵循采购原则，忠于组织，遵纪守法，用好手中权力。 （2）培养学生基于供应链管理的采购全局观及国际化视野

》【思维导图】

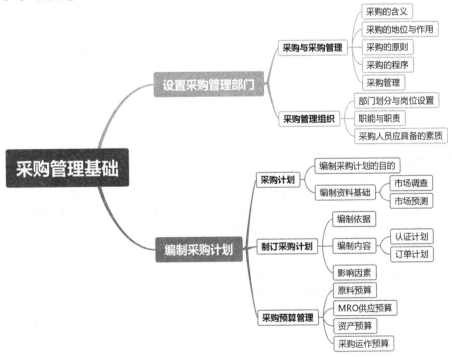

【案例导入】

张某被一家公司聘为采购部经理,直接上司为常务副总经理。该公司是一个以压铸和精密加工为主的制造型企业,采购的物料主要是再生铝合金和挤压铜棒,品种不到30种,采购金额占采购物资总额的80%。剩余的几千种采购物料包括各种添加剂、刀具、设备和维修配件、劳保用品、包装材料等。该公司使用的管理系统只使用了成本、库存和采购3个模块,整个采购部加上张某一共5个人,包括1个资历比较老的采购主管、1个采购文员、2个采购员。

1. 六大问题导致系统失控

张某到任后,发现公司整个采购模块运行比较奇怪,存在以下问题:

(1)各部门申报的辅助材料由各部门派人到仓库自查库存,然后直接报采购部,手工填表,名称不统一。有的明明是一种产品,却有两个编码,如同样是5mm厚的A3钢板,却有5mm×1 700mm×5 010mm和5mm×1 800mm×5 000mm两个编码;还有的是两种产品,却使用同一个编码。

(2)采购订单根据手工申请单直接输入,未批准时会出现采购订单跳号,不方便统计。由于一张手工采购申请单上有多个物料,每个物料询价处理的时间又不一样,时间一长经常造成遗漏。

(3)到货之后才审核订单,因为临时采购的物资单价无法确认,导致手工订单和系统订单并行。

(4)铝合金和铜棒的价格经常发生变化,几乎是一批一个价格。由于公司没有检验设备,只能送到金属研究所检验,来回需要两天,有时就会发生先出库后入库的现象。因为公司材料核算实行的是移动平均法,所以有时材料价格波动过大。

(5)铝合金和铜棒的到货数量与订单数量不符合。供应商出货时,铝合金按照规定数量铁皮打包,铜棒按照定尺整根出货,误差是难免的。而财务要求分毫不差,采购员嫌麻烦,经常等到货之后才请上司审核订单。

(6)因为订单的不准确性,所以采购和库存的数据是相互独立的。原材料和辅助材料的采购,在系统内基本处于失控状态——采购订单先斩后奏,采购时因为材料供求信息的不准确性,经常会出现物料短缺或者积压的现象,而且信息不规范,也容易造成人为的失误。

2. 采购管理整顿措施

张某到任后的第二个星期,就开始对采购内部进行整顿,主要采取了以下措施:

(1)取消了各部门的手工采购申请。各部门指定专人在系统内的采购申请单上申报所需的物料和数量,是否新增物料由仓库把关。各部门经理审核之后,采购员询价并负责填写采购申请单,经理负责二级审核,副总经理负责三级审核。

(2)对同一张采购申请单上迟迟未处理的物料,要求采购部门拆分成两张采购申请单,保证了询价完毕后物料的采购时间,同时也保留了未询价物料的信息。

(3)在采购申请单得到批准后,由采购文员统一下推成联号的采购订单,供方、品种、数量、不含税价格等一目了然,副总经理二级审核后打印,作为采购执行的依据。除了设备订单,都采用系统套打的方式,完全取消手工订单。

(4)与供应商沟通,要求所有的供应商送货时,统一填写规定格式的无碳复写纸的送货通知单,外地送货的由采购员填写,必须注明供方代码、物料编码、数量和采购订单号码。

(5)仓库里所有的入库必须以采购订单的入库单为依据,核对送货通知单,没有或者不符合采购订单的不允许入库。入库的估办和购入价格必须和订单不含税价格一致,开始的时候还允许价格误差,运行一个月后,取消了价格误差。

(6)与原材料供应商沟通,要求送货的总数量不超过采购订单的数量。与财务沟通,说明订单数量、送检数量和入库数量不一致的关系,得到了财务的认同。采购经理每星期审查订单,对数量基本完成的订单予以手工关闭。张某一向不大赞同采购订单和生产订单产生数量误差之后允许自动关闭的做法,认为应由经理或者计划员对自己的计划进行审查,分析未完成订单。

(7)通知仓库没有入库绝对不能发料。因为只要原材料早到两天,就可以解决先发后入的问题,出现的一切后果由采购部承担。

通过张某的7项措施进行整顿后,公司的采购系统很快走上了正轨。

(资料来源:曾益坤.采购与仓储实务[M].北京:清华大学出版社,2011.)

问题：
(1) 企业要不要加强采购管理？如何通过管理出效益？
(2) 企业如何设立采购管理部门？如何明确采购管理人员的职责？
(3) 在采购过程中应如何确定采购原则？需要什么样的采购流程？

任务 1　设置采购管理部门

▶【任务目标】

以学习小组为单位，设置采购管理部门，增加对采购与采购管理的理解，划分采购管理部门并设置岗位，培养团队合作精神和分工、协调能力。

▶【任务内容】

(1) 各小组选定组长，在组长的组织下设置采购管理部门。
(2) 设置岗位及名称，书面表达。
(3) 制定各个岗位的工作职责，书面表达。
(4) 对采购人员的工作进行分析，书面表达。

▶【组织方法】

(1) 以学习小组为单位，事先收集资料或进行实地调研，了解设置采购管理部门的条件、基础、建立程序及注意事项；在此基础上模拟设置采购部门及岗位，运用采购管理的相关知识制定岗位职责，并对采购人员的工作进行分析。
(2) 小组讨论与研究，小组成员分别扮演采购各岗位的不同角色，其中一位同学扮演负责人并负责设置过程的说明工作。

▶【考核评价】

考核项目	考核要求	分值	得分
部门设置与岗位分析材料	完成采购部门岗位设置，内容包括岗位名称、目标、职责及对采购人员的要求等，要求方案采用书面形式呈现，内容全面、完整	40	
现场讨论情况	讨论并分配小组成员在采购部门里扮演的角色，制定各角色的任务和职责，要求口头描述，内容全面、完整	20	
设置方案汇报	由小组负责人带领成员汇报设置采购部门的过程，要求表达清晰、完整、有效	20	
团队精神	通力合作，分工合理，相互补充	10	
	发言积极，乐于与组员分享成果，组员参与积极性高	10	

【知识库】

一、采购与采购管理

随着经济的深入发展，采购已成为企业必不可少的一项经营活动，是一种常见的经济行为。无论是组织还是个人，想要生存，就要不断地从外部获取所需要的有形物品或无形服务。无论从广度还是深度上，采购都得到了极大的扩展，并已渗透到企业活动的方方面面。采购在企业中的地位日益提升，采购决策已开始进入企业战略层，采购人员应更多地思考如何实现有效采购、降低成本，从而提升企业竞争力。企业越来越重视采购环节，对采购进行有效管理已成为市场竞争的必然。

1. 采购的含义

采购是指个人或组织在一定的条件下通过信息收集、整理和评价，从供应市场获取产品或服务作为企业资源，以保证企业生产及经营活动正常开展的一项企业经营活动。它包括两个方面的内容：一方面，采购人员必须主动地对用户需求做出反应；另一方面，还要保持与供应商之间的互利关系。采购对于生产、生活的意义在于，通过这种活动来获取需要但缺乏的资源。这些资源既包括生活资料，又包括生产资料；既包括实物资料，如原材料、机器设备等，又包括非实物的资料，如信息、服务、高新技术等。采购最基本的功能就是帮助自然人或组织从资源市场中获取他们所需要的各种资源。

采购有狭义和广义之分。狭义的采购是指以购买的方式，由买方支付对等的代价，向卖方换取物品或服务的行为过程，在买卖双方的交易过程中，伴随着物品所有权的转移；而广义的采购是指除了以购买的方式占有物品的所有权之外，还可以通过租赁、借贷等途径取得物品的使用权，以达到满足需求的目的。

对于工商企业来说，采购可分为战略采购和日常采购。战略采购是采购人员根据企业的经营战略需求，制定和执行采购企业的物料获得的规划，通过内部客户需求分析，外部供应市场、竞争对手、供应基础等分析，在标杆比较的基础上设定物料的长短期的采购目标、达成目标所需的采购策略及行动计划，并通过行动的实施寻找到合适的供应资源，满足企业在成本、质量、时间、技术等方面的综合指标。而日常采购是采购人员根据确定的供应协议和条款，以及企业的物料需求时间计划，以采购订单的形式向供应方发出需求信息，并安排和跟踪整个物流过程，确保物料按时到达企业，以支持企业的正常运营的过程。

采购的对象分为直接物料和间接物料。直接物料将用于构成采购企业向其客户提供的产品或服务的全部或部分，而间接物料将在企业的内部生产和经营活动中被使用和消耗。

2. 采购的地位和作用

（1）采购在企业经营中的地位。

① 采购的供应地位。企业开展生产经营活动，离不开原材料、生产设备和技术资源的支持，把采购和供应商的活动看作自身供应链的一个有机组成部分，才能加快物料及信息在整个供应链中的流动。

② 采购的质量地位。一般来说，产品中 60% 的价值是经过采购由供应商提供的，产品"生命周期"的 60% 应在质量控制中得到确保。也就是说，企业产品质量不仅仅要在企业内部控制好，更多的应控制在供应商的质量管理过程中，这也是"上游质量控制"的体现。供应商上游质量控制得好，不仅可以为下游质量控制打好基础，而且可以降低质量成本，减少企业来货检验费（降低检验频次，甚至免检）等。实践表明，一家企业若能将 1/4～1/3 的质量管理精力花在供应商的质量管理上，那么企业自身的质量水平至少可以提高 50%。

③ 采购的价值地位。一般来说，采购成本占企业总成本的比例为30%～90%，我国企业采购成本占销售成本的70%以上。以采购成本占企业总成本的60%来估算，采购成本每降低2%，资产回报率便增加15%。采购管理是整个企业成本管理中最有价值的部分。

（2）采购在企业经营中的直接作用。

① 提供原料，保障生产或经营正常运转。

② 控制采购价格，为企业降本增效。

③ 做好采购可以带动关联产业发展，沟通经济关系。

④ 做好采购可以保障社会流通，同时能够洞察市场的变化趋势。

⑤ 提供信息源的作用。采购部门与市场的接触可以为企业内部各部门提供有用的信息，这些信息主要包括价格、产品的可用性、新供应源、新产品及新技术的信息，对企业中其他部门都非常有用。供应商所采用的新营销技术和配送体系很可能对营销部门大有好处；而关于投资、合并、兼并对象及当前和潜在的顾客等方面的信息，对营销、财务、研发和高层管理都有一定的意义。

（3）采购在企业经营中的间接作用。

① 除了直接降低采购价格以外，采购职能也能够以一种间接的方式对公司竞争地位的提高做出贡献，这种间接贡献以产品品种的标准化、质量成本（与检查、报废、修理有关的成本）的降低和产品交货时间的缩短等形式出现。在实践中，这些间接贡献通常比直接节省的资金更加有效。

② 产品标准化。通过产品标准化设计，达成产品标准合并，并获得采购成本优势。同时，降低对某些供应商的依赖性，更好地使用竞标的方法，并减少库存物品。

③ 减少库存。在一些学者对管理的解释中，库存被看作对计划的保证，这是由于难以预测输出物流（销售预测很难给出，或者不做销售预测）；另外，也应归咎于供应商交付被采购原料的无规律。计划问题经常借助库存来解决，通过向供应商不断地施加要求并且予以执行，做出仔细的交货安排和（或）与供应商之间的专门库存协议（如委托库存协议），采购可以对合理调整库存及减少占用资本做出重要贡献。

④ 递增的柔性。迫于国际竞争的压力，越来越多的公司正尝试实施柔性制造系统，这些系统更利于提高公司的市场反应。其他一些方法也为生产中质量的提高、更少的库存和更高的周转率的实现做出了贡献。这种系统的实施（即通称的制造资源计划、看板管理和准时计划）要求供应商具有良好的素质，采购必须把这些要求施加于精选后的供应商身上。把提高供应商的表现作为目标之一的采购方针必将提高公司在其最终用户市场上的竞争力。

⑤ 鼓励采购协作。近些年来，许多公司都采用了事业部结构，因为事业部有着相当大的自主权。在这样一种结构中，每一个事业部的经理都需要报告其全权负责部门的损益情况。因此，事业部经理要对收入和成本（包括原料成本）负责。在这种情况下，公司能够在一个较小的供应基础上，在一般原料需求的协调采购中获得较大的好处。

3. 采购的原则

企业采购过程中要遵循哪些原则，才能使采购效益最大化呢？采购专家提出应用"5R"原则来指导企业采购活动，即在适当的时候以适当的价格从适当的供应商处买回所需数量的物品，采购必须要围绕"时""质""量""价""地"基本要素来展开工作。"5R"原则就是合适的时间（Right Time）、合适的品质（Right Quality）、合适的数量（Right Quantity）、合适的价格（Right Price）、合适的供应商（Right Vendor）。

（1）合适的时间原则。企业已安排好生产计划，若原材料未能如期到达，往往会引起企业内部混乱，即产生停工待料，而当产品不能按计划出货时，会引起客户强烈不满。若原材料提前太多时间买回来放在仓库里等着生产，就又会造成库存过多，大量积压采购资金，这是企业最不愿看到的事情，故采购人员要扮演协调者与监督者的角色，随时了解供应商的生产情况，与供应商商议合适的交货期。特别是企业采用准时生产（Just in Time, JIT）采购，更应注意按时交货。

（2）合适的品质原则。产品质量是企业的生命，而采购对产品质量起到举足轻重的作用，一家不重视品质的企业在激烈的市场竞争环境中根本无法立足。对采购人员而言，质量好的标准应是"符合买卖约定的要求或规格就是好质量"，而不是越高越好，应追求"满足使用要求"的经济且适当的质量标准。

① 质量证明文件。采购人员在了解供应商生产资质的基础上，还要重视质量证明文件。质量证明文件主要包括质量合格证和商检合格证。质量合格证是指生产者为表明出厂的产品经质量检验合格而附于产品或者产品包装上的合格证书、合格标签等标志。质量合格证明的形式主要有合格证书、合格标签和合格印章。

商检合格证是各种进出口商品经过商检机构进行检验或鉴定后，由该检验机构出具的书面证明，包括商品检验证书、鉴定证书和其他证明书。商品检验证书起着公证证明的作用，是买卖双方交接货物、结算货款和处理索赔、理赔的主要依据，也是通关纳税、结算运费的有效凭证。

② 保证采购质量的主要措施。

A. 强化采购职能机构，明确职责和权限，实行物资归口管理，集中统一采购；建立一支精干、得力、高素质的采购员队伍，做好采购员的选拔、聘用、培训、考核等多项工作。

B. 不断扩大从生产厂家直接订购物资的范围，以相对稳定的渠道来保证质量。

C. 建立专职质量检验机构，认真、严格、仔细地做好采购物资入库前的质量检验。

D. 按照相关法规的要求与供方签订采购合同，特别是对验收中难以发现或无法试验，而需在使用中发现问题的产品的质量标准，应更为严格、具体、明确，以便做好采购物资质量异议的处理和索赔工作。

E. 对大批量、重要物资的采购可采用招标采购等方式。

F. 定期召开主要由生产技术人员参加的价格质量听证会，听取有关人员的意见、建议，不断调整、改进采购工作。

③ 采购物品品质达不到约定要求带来的后果。

A. 导致企业内部相关人员花费大量的时间与精力去处理，增加管理费用。

B. 导致生产线返工增多，降低产品质量、降低生产效率。

C. 导致生产计划推迟进行，有可能出现不能按承诺的时间向客户交货的情况，降低客户对企业的信任度。

D. 导致客户退货，不但使企业蒙受经济损失，甚至还会失去客户。

（3）合适的数量原则。批量采购虽有可能获得价格折扣，但进货过多不但会造成企业库存太高，带来压仓、滞销风险，而且会积压采购资金。进货太少又不能满足生产需要，造成停工待料，还会增加送货成本，故合理确定采购数量相当关键。一般按经济订购量采购，采购人员不仅要监督供应商准时交货，而且要强调按订单数量交货。

（4）合适的价格原则。采购价格是影响成品价格最重要的因素，是采购活动中的敏感焦点，企业在采购中最关心的要点之一就是采购能节省多少采购资金。一个合适的价格往往要经过以下几个环节的努力才能获得。

① 多渠道获得报价。采购人员在事先调查市场价格的基础上，不仅要有从前的渠道供应商报价，而且应该寻找一些新供应商报价。例如，企业与某些现有供应商的合作可能已达数年之久，但它们的报价未必优惠。获得多渠道的报价后，企业就会对该物品的市场价有一个大体的了解，并进行比较。

②比价比质。俗话说"货比三家",因为专业采购所买的东西可能是一台价值数百万元的设备或年采购金额达千万元的零部件,这就要求采购人员必须谨慎行事。由于供应商的报价单中所包含的条件往往不同,故采购人员必须将不同供应商报价中的条件转化一致后才能进行比较,采取诸如"定价比质""定质比价"的方法,只有这样才能得到真实可信的比较结果。

③议价。经过比价环节后,筛选出价格最适当的两三个供应商的报价。进行深入沟通、磋商,不仅可以将详细的采购要求传达给卖方,而且可进一步"杀价",供应商的第一次报价往往含有"水分",在买方市场条件下,"水分"易挤出。但是,如果采购物品为卖方市场,即使是面对面地与供应商议价,最后所取得的实际效果也可能比预期的低。

④定价。经过上述3个环节后,买卖双方均可接受的价格便作为日后的正式采购价,一般需保留两三个供应商的报价。这两三个供应商的价格可能相同,也可能不同。

(5)合适的供应商原则。优质产品是由优质的企业制造出来的,表现不良的供应商会影响企业的利润及声誉。因此,采购人员在选择供应商时应从质量水平、交货能力、价格水平、技术能力及售后服务等方面加以考虑;同时,还应遵循本单位优选、近处单位优选、老供应商优选、直接生产单位优选、信誉好的单位优选的原则。

总之,只有综合考虑才能实现最佳采购,这需要采购人员在长期的实际操作中不断总结积累经验。

4. 采购的程序

企业的相关部门要按采购流程进行采购活动,这样才能保证采购工作正常、顺利地完成。企业通过建立合理的采购流程约束相关采购过程业务活动,可以使得各项采购指标业绩最佳。采购的来源、采购的模式及采购的对象等不同,都可能在作业细节上影响采购程序。但是,每家企业的基本采购作业流程都大同小异,如图1.1所示。

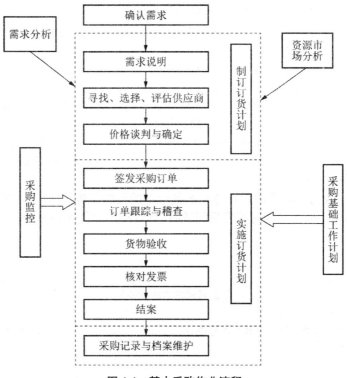

图 1.1　基本采购作业流程

（1）确认需求。采购部门在进行采购之前，应根据企业中物资需求部门的确切需要，确定企业采购物料的种类、需求的数量、需求时间及特殊要求等。采购部门事先拟定制式的请购单，供需求部门填写。

（2）需求说明。如果采购部门不了解使用部门到底需要什么，采购部门就不可能进行具体的采购活动。因此，在确定需求后，就必然要对需要采购的商品或服务给出一个准确的说明，即对需求的细节如品质、保证、售后服务、运输及检验方式等加以明确说明，以便使来源选择及价格谈判等作业能顺利进行。

（3）寻找、选择、评估供应商。寻找、选择供应商是采购工作中的重要环节，涉及高质量物料或服务的确定和评价。这一环节主要是根据需求说明在新的或原有供应商中选择成绩良好的厂商，通过报价或以各种公告的方式公开征求合适的供应商，并与供应商洽谈，通过磋商来评价各个供应商。供应商是企业外部影响企业生产运作系统的最直接因素，也是保证企业产品的质量、价格、交货期和服务的关键因素。

（4）价格谈判与确定。在确定可能的供应商之后，应与其进行价格谈判，从而确定合适的采购价格，并与供应商签订初步协议。价格谈判时，应考虑到产品质量问题、交货时间与批量问题、包装与运输方式、售后服务等问题。

（5）签发采购订单。选择好供应商后，就要发出订单，并且需要供应商的确认。采购订单相当于合同文本，是具有法律效力的书面文件，对买卖双方的要求、权利和义务必须予以说明。签发采购订单必须十分仔细，每项条款须认真填写，关键用词须反复推敲，表达要简洁，含义要明确。对于采购的每项物品的规格、数量、价格、质量标准、交货时间与地点、包装标准、运输方式、检验形式、索赔条件与标准等应该一一审定。

（6）订单跟踪与稽查。采购订单签发后，采购部门应按照采购合同上的规定对订单的执行情况进行跟踪，防止对方发生违约事件，保证订单顺利执行，货物按时入库，以保证供应。对订单实施跟踪，还可以随时掌握货物的动向，万一发生意外事件，可及时采取措施，避免不必要的损失，或将损失减少到最低水平。

（7）货物验收。在签订合同后，采购企业应按照合同上的规定对供应商所交付的货物进行验收入库。凡供应商所交的货物因不符合合同规定而验收不合格的，应根据合同规定退货，有时还需要向供应商索赔，同时应立即办理重购。

（8）核对发票。向供应商索要发票及产品的相关证明材料。收到供应商的发票后，必须将采购订单、验收的货物清单、发票3件凭证进行核对以确定所有凭证中的内容一致，先经采购部门核对，然后财务部门才能办理付款。

（9）结案。不管是对经过验收合格的货物进行付款，还是对验收不合格的货物进行退货，采购部门都须办理结案手续，清查各项书面资料有无缺失、绩效好坏等，呈报高级管理层或权责部门核阅批示。

（10）采购记录与档案维护。凡经结案批示后的采购业务，应列入档案登记并进行分类编号，予以保管，以备参阅时或发现问题时进行查考，而且档案应该具有一定保管期限的规定。

案例阅读

某公司采购作业指导书

1. 目的
对采购作业进行指导，使采购作业有序进行。
2. 范围
公司内物料采购作业。

3. 请购
(1) 各项生产主要材料、辅助材料的请购部门为生产与物料管理制订计划。
(2) 请购单的开具与呈报。
① 请购人员依存量管制基准、用料预算、库存情况计算出请购数量,填写请购清单,并根据请购清单开具请购单。
② 请购单应注明材料的品名、规格、数量、需求日期及注意事项等。
③ 请购单经主管审核后根据请购核定权限呈送采购部门。
④ 对于需求日期相同且同一供应厂商供应的统购材料,请购部门应以请购单附表、一单多品种的方式提出采购。
⑤ 紧急请购时,由请购部门于请购单"备注"栏中说明原因,并加注"紧急采购"。
(3) 请购的核定。
4. 采购
(1) 采购部门的划分。
① 国内采购:由采购部负责办理。
② 国外采购:由总经理指定人员负责办理。
③ 对于重要材料的采购,总经理可直接与供应商或代理商议价;对于专案物料的采购,必要时由总经理指派专人或部门协助办理采购作业。
(2) 采购方式。
除一般的采购作业方式外,采购部门可根据材料使用和采购特性,选择下列方式之一进行采购。
① 集中计划采购:凡具有共同性且以集中计划办理采购较为有利的材料,可核定材料项目,请购部门依计划提出请购,采购部门定期集中办理采购。
② 长期报价采购:凡经常性使用且使用量较大的材料,采购部门应事先选定厂商,议定长期供应价格,呈准后通知请购部门按需提出请购。
(3) 询价、比价、议价。
① 采购人员接到请购单后应依物料的缓急,并参考市场行情及过去采购记录或厂商提供的资料,除经核准得以电话询价之外,需选择3家及以上供应商办理比价或经分析后议价。
② 若厂商报价的规格与请购材料规格略有不同或属代用品,采购人员应附资料并于请购单上注明,经主管核发后,知会使用部门或请购部门签注意见后呈报。
③ 对于厂商的报价资料,采购人员应深入分析,以电话或面议等方式向厂商议价。
④ 采购部门接到请购部门以电话联络的紧急采购案件,主管应立即指定采购人员先询价、议价,接到请购单后按正常程序优先办理。
(4) 核定。
采购人员询价完成后,于请购单上详细填写询价或议价结果,拟定订购厂商交货期限并经主管审核,然后依请购核定权限呈报。
(5) 订购。
① 采购人员接到经核定的请购单后应根据订购单向厂商订购,并以传真确定交货(到货)日期,要求供应商于送货单上注明订购单编号及包装方式。
② 若属分批交货者,采购人员应于订购单"分批送货"栏中填写各批次数量。
③ 采购人员使用现款采购时,应于订购单上注明现金采购,以便识别。
5. 采购进度控制
(1) 采购部门应分询价、订购、交货3个阶段,根据采购进度控制表控制采购作业进度。
(2) 采购人员未能按既定进度完成作业时,应及时填制进度异常处理单并注明异常原因及预定完成日期,呈报主管核实后转送请购部门,依请购部门意见拟订对策处理。
6. 整理付款
(1) 物料部门应按照已办妥收料的请购单连同进货验收单呈送采购部门,经与发票核对无误、主管审核后送财务部门。
(2) 财务部门应按付款管理规定办妥付款手续。
(3) 短交补足者,物料部门应依照实收数量进行整理。
(4) 超交应经部门主管核实,方可依照实收数量进行整理付款,否则仅依订货数量付款。

5. 采购管理的含义

采购管理就是对企业采购活动执行过程的科学管理，为保证企业采购目标的实现而对采购活动进行计划、组织、协调与控制，是整个物流活动的重要组成部分，也是企业为实现战略目标而获取供应商的商品和资源的活动。采购工作在企业运营中地位十分重要，其影响往往直接、明显地反映到成本、质量上，对于制造企业、商贸公司等采购、外协所占比重较大的企业来说，采购管理的意义就更加重大了。

采购在企业中占据着非常重要的地位，因为购进的零部件和辅助材料一般要占到最终产品销售价值的40%~60%。这意味着，在获得物料方面所做的点滴成本节约对利润产生的影响，要大于企业其他成本在销售领域内相同数量的节约给利润带来的影响。

一般来说，采购管理的目标是：提供不间断的物料流和物资流从而保障组织运作；使库存投资和损失保持最小；保持并提高产品或服务的质量；发展有竞争力的供应商；当条件允许的时候，将所购物料标准化；以最低的总成本获得所需的物资和服务；提高企业的竞争地位。

采购管理的主要内容如下所述：

（1）采购计划管理。采购计划管理是对企业的采购计划进行制订和管理，为企业提供及时准确的采购计划和执行路线。采购计划包括定期采购计划（如周、月度、季度、年度）、非定期采购任务计划（如系统根据销售和生产需求生成的计划）。通过对多对象多元素的采购计划的编制、分解，将企业的采购需求变为直接的采购任务，系统支持企业以销定购、以销定产、以产定购的多种采购应用模式，支持多种设置灵活的采购单生成流程。

（2）采购订单管理。以采购单为源头，对供应商确认订单、发货、到货、检验、入库等采购订单流转的各个环节进行准确的跟踪，实现全过程管理。通过流程配置，可进行多种采购流程选择，如订单直接入库，或经过到货质检环节后检验入库等，在整个过程中，可以实现对采购存货的计划状态、订单在途状态、到货待检状态等的监控和管理。采购订单可以直接通过电子商务系统发到对应的供应商，进行在线采购。

（3）采购财务管理。在采购财务管理中，发票管理是采购结算管理中重要的内容。采购货物是否需要暂估、劳务采购的处理、非库存的消耗性采购处理、直运采购业务、受托代销业务等均在此进行处理。应合理利用供应商的赊销期及相关现金折扣，与财务部门共同确定付款时间，按期付款。

（4）供应商管理。采用供应商投标竞价等方法选择供应商，建立供应商信息资料库，并在后期维护供应商关系，必要时可外延进行供应商培训等。

（5）采购最佳批量与采购时期的管理。根据历史统计消耗情况，建立模型，用最佳经济批量计算，并考虑实际情况进行修改后，在合理的提前期内发出订单，进行采购，保证原料的及时供应并控制冗余。

（6）采购价格管理。对于不同供应商，可采取招标竞价的方法确定合理价格；对长期供应商，可采取批量采购打折的方法确定价格；对于公司有剩余能力生产的原材料，可与相关生产部门共同决定外购或自制政策。

6. 采购管理的发展趋势

传统采购方式的缺点表现在如下几个方面：

（1）物料管理、采购管理、供应商管理由一个职能部门来完成，缺乏必要的监督和控制机制。在这种模式下，供应部（科）担负着维系生产用原材料供给的重任，为保证原材料的正常供应，必然会加大采购量，尤其是在原料涨价时，这样容易带来不必要的库存积压和增加大量的应付账款。

（2）业务信息共享程度弱。由于大部分的采购操作和与供应商的谈判是通过电话来完成的，没有必要的文字记录，采购信息和供应商信息基本上由每个业务人员自己掌握，业务的可追溯性弱,一旦出了问题,则难以调查;同时,采购任务的执行优劣在相当程度上取决于人,人员的岗位变动对业务的影响很大。

(3)采购控制通常是事后控制。其实不仅是采购环节,许多企业对大部分业务环节基本上都是事后控制,无法在事前进行监控。虽然事后控制也能带来一定的效果,但是事前控制毕竟能够为企业减少许多不必要的损失,尤其是如果一家企业横跨多个区域,其事前控制的意义将更为明显。

经济全球化使企业在快速变化的经济秩序中生存与发展,采购已成为企业的重大战略,其发展趋势表现如下:

(1)采购管理集中化。集中整个企业的采购力量,对整个供应市场产生影响,以便在采购活动中处于有利地位;同时,采购活动的集中化也有利于企业对供应商的统一管理,便于企业主体资源的优化。

(2)供应链管理(Supply Chain Management,SCM)共享化。供应链管理是中高级的采购管理,企业与供应商之间为伙伴型合作关系,供应商充当合作伙伴的生产方式角色,其核心思想为与供应商建立战略合作伙伴关系,让供应商早期参与采购需求的分析和开发。

(3)采购管理专业化。作为一名合格的专业采购员,需要了解采购产品的原理、性能要求,了解相关市场行情、价格走势,了解供应商的实力、供应商报价的合理性及供应保证能力,需要具有极强的谈判能力和计划能力,在保证及时供应的同时保证价格和质量标准。

(4)采购管理电子化。采购工作电子化是采购发展的必然趋势。相对于传统采购模式,电子采购具有价格透明、效率高、竞争充分、节约成本等优势。利用网络开放性的特点,将采供双方的有效信息全部公开,能够促使各供货商之间进行最有效的竞争,能够最大限度地保证采购质量。

(5)实施战略采购。战略采购的具体形式是企业和具有"战略联盟伙伴"地位的供应商确立相对长期稳定的供需关系,而不是每一次采购均实施招标操作程序,以此降低双方乃至整个供应链的营运成本,达到"双赢"的目的。应该说,"战略采购"是"竞争采购"的深化,是一种更高层面的、企业之间形成供应链关系的、"双赢"的采购模式。

二、采购管理组织

1. 采购管理部门划分与岗位设置

采购部门划分与设立是组织基于分工合作的需要,将采购内部的各项业务与权责,划分为水平或横向的许多单元来加以执行。采购组织机构的建立有助于采购成员协调地开展工作,建立稳定的工作关系,从而有助于组织的稳定,实现效率效益最大化。

(1)影响采购机构部门设置的因素。

企业产品、所需采购对象的价值和特点、企业目标和采购目标、企业管理水平和技术水平等都是影响采购机构部门设置的主要因素。另外,企业管理层对采购工作的重视程度是影响采购机构部门设置的最具决定性的因素。如果企业的管理层深刻认识采购工作的重要程度,清楚采购是企业取得竞争优势的重要因素,明白采购工作对企业的发展有着重要的战略意义,那么在这种情况下,企业一定会加强对采购部门的设置,配备优秀的采购人员,安排采购部门直接向最高领导汇报。由此可见,管理层对采购工作的不同认识会对采购机构的设置产生深刻影响,而管理层对采购工作的认识主要取决于以下因素:

① 企业产品水平中需要采购的原材料所占的比重。所采购的原材料占的比重越大,采购工作就越重要,领导层就会加强对采购工作的重视,采购部门也相应地变为企业中举足轻重的部门;相反,产品成本主要是人工或者其他方面,而原材料只占比较小的比重,那么这种企业中的采购工作就不会特别受重视。

② 采购贡献。管理层通常非常重视对企业做出巨大贡献的部门，采购部门的工作若能很好地改善企业的财务状况，对企业的贡献很大，就必然受到领导层重视，进而管理层对采购部门的设置也得以加强。

③ 企业对原材料市场的依赖。管理层对采购工作的认识还取决于企业对原材料市场的依赖程度。供应市场的集中程度是每一个管理层都非常关注的问题。从企业的内部结构来讲，影响采购机构设置的因素通常有采购价值的大小、比重、企业的技术复杂性、技术水平、企业的企划水平以及采购对企业战略的影响程度等。如果企业的管理层准备引入物料需求计划系统（Material Requirement Planning，MRP）或 JIT，这样就需要采购与企划管理有机地结合起来，采购部就顺理成章地成为企划的一部分。而一些高新技术企业，其产品或工艺更新换代非常频繁，这样就要求采购经理向生产和开发经理汇报情况，及时调整生产和采购计划。

（2）企业采购部门的设置原则。

① 采购机构的设置与企业的性质、产品、规模息息相关。例如，化工企业的原材料采购必须通过专业人员进行，因为原材料的鉴别只有专业人员才能进行，而且原材料的品质决定了产品的档次。采购工作是这类企业的重要工作，一般是采购人员直接向最高层领导汇报。从企业的规模大小来看，规模小的企业只设一个比较简单的供应采购部门来负责整个企业的原材料及设备的采购；规模较大的企业，像大型的企业集团或跨国性的企业，常设有集团采购部或者中央采购中心，同时各个子企业一般分别设有采购的分支机构。

② 采购工作必须与企业的整体目标及采购方针、采购目标、采购部门的职权范围相适应。例如，企业的产品质量出了问题，而这个质量问题是由原材料不过关引起的，这种情况就要求采购部门同供应商做工作以改进原材料的质量，采购部门为了解决这一问题，就要聘请专门的质量工程师或请其他的相关部门共同参与供应商的质量改进工作。

③ 与企业的管理水平相适应。各家企业的管理水平是有很大差距的，如果企业的管理水平很高，已经引入 MRP 系统，企业的采购需求计划、订单的开具、收货跟单都应按照 MRP 系统要求通过计算机进行操作控制。管理水平较低的企业，如手工作坊式的企业，其采购机构就需要根据企业管理水平达到的程度相应地进行设计，与管理水平高的企业必然有很大的不同。企业采购机构的设置还应遵循的一个原则是将"因人设事"和"因事设人"的原则有机结合起来。采购工作的重点是"因事设人"，同时也不能忽略采购人员的实际水平，将这两者进行适当平衡，才有利于调动采购人员的积极性，最大限度地发挥现有的资源效益，以求取得最大的采购绩效。

（3）采购部门设置方法。

① 集中采购是集权式的采购组织采用的方式，是企业在核心管理层建立采购管理机构，统一组织企业所需物品的采购业务。其下属机构没有采购决定权，只有建议权。集中采购的优点表现为：采购数量大，提高对卖方的谈判力量，较易获得价格折扣与良好服务；只有一个采购部门，采购方针与作业规则比较容易统一实施；采购功能集中，减少人力浪费；有利于人才培养与训练；推行分工专业性，使采购作业成本降低，效率提升；可以统筹规划供需数量，避免各自为政、产生过多存货，各部门过剩物资，也可相互转用。这种方式也存在一定的弊端，表现为：采购流程过长，延误时效；零星、地域性及紧急采购状况难以适应；采购与使用单位分离，采购绩效较差，如规格确认、物品转运等费事耗时。

② 分散采购是由企业下属各单位（如子公司、分厂、车间或分店）实施的满足自身生产经营需要的采购，是集中采购的完善和补充。优点是：能适应不同地区市场环境变化，商品采购具有相当的弹性；对市场反应灵敏，补货及时，购销迅速；由于分部拥有采购

权,可以提高一线部门的积极性,提高其士气;由于采购权和销售权合一,分部拥有较大权力,所以便于分部考核,要求其对整个经营业绩负责。缺点是:部门各自为政,容易出现交叉采购、人员费用较大。

③ 集中与分散采购相结合。采用这种模式的采购组成要求企业实施集权与分权相结合的采购管理体制来保证有效的采购管理,需集中的采购权力要集中,该下放的权力要合理有效地分给下级机构,以增加企业的采购灵活性和适应性。但在一家企业中,哪些采购权力该集中,哪些该分散,没有统一的模式。

(4)采购部门设置结构。

① 按地区设置采购部门。按照物品的采购来源分设不同的部门,如国内采购部、国外采购部。这种划分方式主要是基于国内外采购的手续及交易对象有显著的差异,因对采购人员的工作条件要求不同而分别设立部门以便于管理,如图1.2所示。

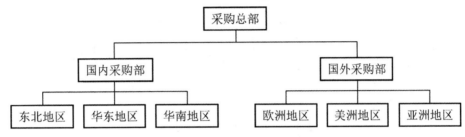

图1.2 按地区设置采购部门结构示例

② 按物品类别设置部门。按照不同的物料设置不同的部门,由不同的采购人员负责某些特定的物料采购,可使采购人员集中关注其经办的物料,并成为这一供应市场上经验丰富的采购专家。这种设置方法适合材料需求种类多、专业性强的企业,如图1.3所示。

图1.3 按物品类别设置采购部门结构示例

③ 按采购功能建立采购部门。按照采购过程,将市场开发、询价、议价、定价,分由不同人员负责,起到内部牵制作用。这种组织方式适合采购工作量庞大的企业,并借此将采购工作"分工专业化",以避免由一位采购员担任全部有关作业可能带来的舞弊问题,如图1.4所示。

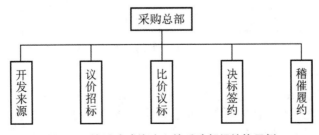

图1.4 按采购功能建立的采购部门结构示例

④ 混合式建立采购部门。不同企业有不同的特点，在许多稍具规模的企业或机构中，通常会兼有以物品、地区、价值、业务等为基础来建立采购部门的内部组织，可以形成不同的混合式组织形式。它们先以地区划分为外购科及内购科，分设科长掌管，再按物品类别，交由不同的采购人员承办。同时，也可以以价值为基础，另外设立原料科，由副总经理兼任科长来掌管。例如，某化纤企业因主要原料约占整个部门采购金额的70%，故由采购经理直接洽商决定，交由原料科人员办理有关交易的手续，如图1.5所示。

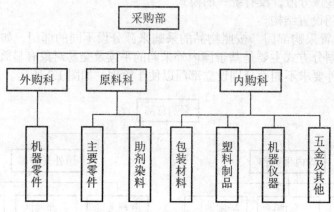

图1.5 某化纤企业的采购组织

⑤ 按采购物品的价值建立采购部门。为加强对物品的管理，一般将采购的对象按其价值和品种分为A、B、C这3类，A类物品采购次数少、物品价值高，属重要物品，其采购质量如何将直接影响企业经营的风险和成本，一般应由采购部门主管负责；而将采购次数繁多但价值不高的B、C类物品，则交给基层采购人员负责。

按照物品价值建立部门的方式，主要是保障主管对重大的采购项目能够集中精力加以处理，达到降低成本及确保来源的目的。这可以让主管有更多的时间，对采购部门的人员与工作绩效加以管理。

另外，可以依据产品对企业的重要性，将策略性项目（利润影响度高，供应风险大）的决定权交给高级主管（如主管采购的行政副总经理），将瓶颈项目（利润影响程度低，供应风险高）交给基层主管（如采购科长），将非紧要项目（利润影响程度低，供应风险低）交给采购人员，如图1.6所示。

图1.6 按采购物品的价值建立采购部门结构

⑥ 采购部门组织方式优劣比较。

A. 一贯作业的组织形式。优点是：由一位采购人员来综合管理全部采购过程，可以权责明确，不会出现相互推诿的现象；符合规模经济的原则；采购人员应与供应商建立良好的合作关系，以便于开展工作；对供应商有取舍的权利，可以增强及时交货及改善品质的管理效能。缺点是：采购人员负责采购全过程的各项作业，工作复杂，无法做到非常专业，影响工作效率；若没有良好的监督系统，会使采购人员权力过大，在与供应商的合作中相互选用，损害企业的利益。

B. 分段作业的组织形式。优点是：每位采购人员只负责采购过程中的一部分，分工更细，便于提高工作效率，减少失误；一项采购任务由几个人共同完成，起到互相监督、互相牵制的作用，能使采购工作更合理，使采购价格、质量等有保证；采购过程每一阶段均由专业人员负责，可以提升采购作业的品质。缺点是：收发转接手续较多，延误时效；分工太细，对内部人员的配合度要求更高，还容易造成人员之间相互推诿，影响工作；各自为政，无人负责，而且采购与使用之间接手人员太多，会增加联系上的困难。

2. 采购管理部门的职能与职责

（1）采购部门的职能。

① 采购决策。根据物料需求量的预测和生产计划的安排，在考虑各种影响因素的条件下，对采购活动涉及的各个方面做出科学的选择。

② 采购计划。采购活动是大量的、经常的，采购计划是对采购活动做出的具体的细致安排和规划，是采购活动的指导性文件。

③ 采购组织。采购组织包括静态的组织和动态的组织。前者是指建立采购组织机构，明确采购权限和职责，配备相应的专业人员；后者是指对采购活动的组织，包括采购招标、货源组织、订货谈判、签订合同和组织交易等。

④ 采购控制。采购控制是指为了达到采购目标，对采购活动制定定额、规章制度、工作程序、采购标准、验货条件，以及涉及采购过程的考核、监督、评价和反馈等。

（2）采购管理部门的职责。

与任何典型的员工组织一样，采购部门的职位可以分为管理者、采购员、专业人员、行政和培训人员几类。职位头衔各种各样，一般来说，部门由一名副董事长、总裁、采购经理来领导，如果组织的经营领域比较宽，可能还包括一名供应经理。

非制造行业中可能还有有关"合同"的职位，如合同管理经理。员工的职务一般包括采购人员、分析人员、行政管理者、协调者、工程师、质量管理员和原料员。职责的本质和范围并不一定取决于职务名称，但职位中战略或战术的应用程度取决于下面的一些因素：企业规模大小、公司前途、政策、采购耗费资源的程度和增强公司的竞争力。

> **案例阅读**
>
> **某制造企业不同职位采购人员的工作职责**
>
> 采购经理——拟定采购部门的方针与目标；负责主要原料与物料的采购；编制年度采购计划与预算；签订、审核订购单与合约；建立与改善采购制度；撰写部门周报与月报；主持采购人员的教育培训工作；建立与供应商良好的伙伴关系；主持或参与采购相关的业务会议，并做好部门间的协调工作。
>
> 采购科长——分派采购人员及助理的日常工作；负责次要原料或物料的采购；协助采购人员与供应商谈判价格、付款方式、交货日期；采购进度的跟进；保险、公证、索赔的督促；审核一般物料采购案；开展市场调查；对供应商进行考核评价。
>
> 采购员——经办一般物料采购；查访厂商；与供应商谈判价格、付款方式、交货日期等；要求供应商执行价值工程的工作；确定交货日期；一般索赔案件的处理；处理退货；收集价格情报及替代品资料。
>
> 采购工程师——主要原材料的估价；供应商提供的材料样板品质的初步确认；采购部门有关技术、质量文件的拟制与技术、质量部门有关的技术、质量问题的沟通与协调；与供应商有关技术、质量问题的沟通与协调等。
>
> 采购文员——各种采购单据与报表的收集、整理与统计；采购品质量记录的保管与维护；采购事务的传达等。

（3）作业层面的职责。
① 品质。能够明确说明规格；提供客户的验收标准给供应商；参与品质问题的解决；协助供应商建立品质管理制度；尊重供应商的专业技术。
② 交货。给供应商正确的能够完成的交货期；提供长期的需求计划给供应商；使供应商同意包装及运输方式；协助供应商处理交货问题。
③ 价格。给供应商公平的价格；让供应商分享共同推行价值分析的成果；尽快付款。
④ 其他。对供应商的问题和抱怨尽快回复；提供技术和测试仪器，使供应商生产更佳的商品；使供应商尽早参与产品的设计。

3. 采购人员应具备的素质

采购人员是企业采购工作的执行主体，其素质高低会直接影响企业采购的效率、质量和效益。要加强采购人员的培训，提高采购人员的综合素质，科学合理地设置岗位，制定选报采购人员的标准，以保证采购任务的完成。

（1）现代采购人员应具备的观念。
① 战略观念。即从企业大局出发，把握企业发展战略目标，使采购工作符合企业整体发展要求。
② 经济观念。即在采购过程中讲究经济核算，提高购进环节的经济效益，尽量组织本地产品购进，货比三家，择优而购，精打细算，节省开支。
③ 市场观念。把握市场发展规律，调整市场变化趋势，善于抓住每一个市场机会。
④ 竞争观念。竞争是市场经济条件下的必然现象，在采购过程中同样充满了竞争，既有同行之间的竞争，又有采购人员与供应商的竞争。很显然，竞争会给采购人员的工作带来压力，采购人员要善于竞争，将竞争的压力转化为搞好采购工作的动力。
⑤ 服务观念。采购过程实际上是一个服务过程。一方面，采购要为企业经营服务；另一方面，在采购过程中应着眼于长远利益，为供应商提供力所能及的服务，如提供信息、协助推销、介绍新客户等。
⑥ 创新观念。即出奇制胜，一方面，在采购过程中要有新招数，如开发新货源或选择更好的供应商，以提高采购工作的效率；另一方面，要在企业经营项目上独辟蹊径，做到"人无我有、人有我优、人优我廉、人廉我转"，从而使企业立于不败之地。

（2）现代采购人员应具备的素质。
① 品德方面。
A. 觉悟高、品行端正是一名采购人员应有的基本素质，只有思想品德高尚，才能大公无私、克己奉公，处处为企业大局着想，不贪图个人小利。
B. 敬业精神是从事任何工作的人员都必备的优秀品质，采购人员也不例外。拥有敬业精神是做好本职工作的基本要求，良好的敬业精神可以保证企业供应的稳定，从而保证生产的顺利进行。
C. 承受困难的毅力。采购工作是一项重要、艰巨的工作，要与企业内外方方面面的人打交道，经常会受到来自企业内外的"责难"，采购人员需要具有应付复杂情况和处理各种纠纷的能力。
D. 虚心、诚心和耐心。在和供应商打交道的过程中，采购人员往往占据主动地位，拥有局面的控制权。采购人员对供应商的态度一定要保持公平互惠，与供应商建立良好的合作伙伴关系。只有虚心和耐心地同供应商谈判，诚心诚意地与供应商交往，才会换来对方的合作诚意，达成目的。

② 知识和能力既相辅相成，又相互独立。知识是能力的强大后盾，能力是知识的反

映，但作为采购人员，只有专业知识是远远不够的，参加实践的能力才是为企业带来财富的根源。

A. 政策、法律知识。包括国家出台的各种相关法律、价格政策、专营方向等。

B. 市场知识。了解消费者需要，掌握市场细分策略及产品、价格、渠道、促销方面的知识，合理地选择采购商品的品种，从而保证采购的商品适销对路。

C. 业务基础知识。包括谈判技巧、商品知识（如商品功能、用途、成本、品质等）、签约的基本知识等，这是做好本职工作的关键，有助于与供应商的沟通，有助于降低采购成本。

D. 社会心理知识。了解客户的心理活动，把握市场消费者的心理需求，从而提高采购工作的针对性。

③ 能力素质。知识不等于能力，要做好采购工作，采购人员同样应具有相应的能力。采购人员需具备的能力归纳如下：

A. 市场分析能力。分析市场状况及发展趋势，分析消费者的购买心理，分析供货商的销售心理，从而在采购工作中做到心中有数。

B. 团结协作能力。采购过程是一个与人协作的过程。一方面，采购人员要与企业内部各部门打交道，如与财务部门打交道解决采购资金、报销等问题，与仓储部门打交道了解库存现状及变化等；另一方面，采购人员要与供应商打交道，如询价、谈判等，应处理好与供应商的关系，为以后工作的开展打下基础。

C. 语言表达能力。采购人员与供应商沟通时必须做到正确、清晰地表达所欲采购的各种条件，如规格、数量、价格、交货期限、付款方式等。如果口齿不清，只会浪费时间，导致交易失败。采购人员的表达能力也非常重要，是其必须锻炼的一种能力。

D. 成本分析和价值分析能力。采购人员必须具有成本分析能力，会精打细算。对于供应商的报价，要结合其提供商品的品质、功能、服务等因素综合分析，以便采购到适宜的商品。

E. 前景预测能力。在市场经济条件下，商品的价格和供求在不断变化，采购人员应根据各种产销资料及供应商的态度等方面来预测商品的供给情况，如价格、数量等。

任务 2　编制采购计划

【任务目标】

（1）培养创新能力与策划能力。
（2）掌握实际编制采购计划的方法。

【任务内容】

（1）根据自己小组选择的工商企业类型、生产经营的产品，小组每位成员在调研的基础上，形成各自企业的采购计划。
（2）在小组每位成员策划的基础上，以小组为单位，运用头脑风暴等方法，组织深入讨论，统一意见。
（3）以小组为单位进行系统的采购计划策划，查找资料，编制计划书。
（4）由小组选派一名成员以 PPT 的形式展示小组的采购计划。

【组织方法】

（1）以学习小组为单位，事先收集、查找资料或进行实地调研，了解编制采购计划的依据、方法及编制步骤；在此基础上运用采购计划编制的相关知识，通过全体组员的讨论，拟定所选采购物品的计划书。

（2）在统一意见的基础上，形成最终采购计划书，制作汇报展示PPT，选派一名成员说明。

【考核评价】

考核项目	考核要求	分值	得分
调查研究和资料收集	完成选取工商企业类型及采购的物品，进行实地调研、查找相关资料和学习制订采购计划的知识，要求过程资料完整、翔实	20	
现场讨论情况	小组成员发表制订采购计划的想法，要求口头描述，内容全面、完整	20	
计划编制	按照采购计划工作的程序制订计划，既要有创新，同时必须具有现实可操作性，要包括目标、措施、步骤，以书面形式呈现，内容全面、完整	20	
汇报展示	制作PPT并说明采购计划，要求PPT简洁、明了，汇报清晰且有条理	20	
团队精神	通力合作，分工合理，相互补充	10	
	发言积极，乐于与组员分享成果，组员参与积极性高	10	

【知识库】

一、采购计划

采购计划是指企业管理人员在了解市场供求情况，认识企业生产经营活动过程中和掌握物料消耗规律的基础上对计划期内物料采购管理活动所做的预见性的安排和部署。采购计划是根据生产部门或其他使用部门的计划制订的包括采购物料、采购数量、需求日期等内容的计划表格。

按计划期的长短分，可以把采购计划分为年度物料采购计划、季度物料采购计划、月度物料采购计划等；按物料的使用方向分，可以把采购计划分为生产产品用物料采购计划、维修用物料采购计划、基本建设用物料采购计划、技术改造措施用物料采购计划、科研用物料采购计划、企业管理用物料采购计划；按自然属性分，可以把采购计划分为金属物料采购计划、机电产品物料采购计划、非金属物料采购计划等。

1. 编制采购计划的目的

以制造业企业的经营为例，自购入商品或物料后，经加工制成或经组合配制成为主推商品，再通过销售获取利润。其中，如何获取足够数量的物料，即采购计划的重点之所在。因此，采购计划是为维持正常的产销活动，在某一特定的期间内，应在何时购入何种物料及订购的数量是多少的估计作业。采购计划应达到下列目的：

（1）预估商品或物料采购需用的数量与时间，防止供应中断影响产销活动。
（2）避免因采购商品或物料储存过多而积压资金、占用库房的空间。
（3）配合公司生产。
（4）使采购部门事先准备，选择有利时机购入商品和物料。
（5）确立商品及物料合理耗用标准，以便控制采购商品和物料的成本。

2. 决定采购计划的资料基础

（1）采购市场调查。采购部门要时刻掌握市场信息和市场动向，仅凭直觉和经验做出的分析缺乏可靠性，势必会造成采购部门决策的失误，影响采购部门的效益。因此，采购前期的市场调查起着十分重要的作用。采购市场调查是指企业运用科学的方法，有系统、有目的地收集市场信息、记录、整理、分析市场情况，了解市场的现况及其发展趋势，从而为市场预测提供客观、正确的资料。

采购市场调查的对象一般为用户、零售商、批发商，在进行市场调查之前应确定到底对什么样的群体进行调查。因为供应商太多，一般应对信誉度高、执行合同能力强的供应商进行重点调查。如果调查中缺乏针对性，一则效果不会很明显，二则精力和时间都不允许。

常用的采购市场调查的方法有询问法、面谈调查法和实验法。

采购市场调查的具体步骤如下所述。

第一步，确定采购市场调查目的。要求根据市场调查目标，在调查方案中列出调查的具体目的和要求。

第二步，确定调查内容和调查方法。调查内容是收集资料的依据，为实现调查目标服务，应根据市场调查的目的确定具体的调查内容。调查内容的确定要全面、具体，条理清晰、简练，避免面面俱到、过于烦琐，防止将与调查目的无关的内容列入其中。

市场调查的方式有很多，但适合某次调查的方式却可能只有一种。所以，应该根据调查目的去选择一种最适合的方式，而不是让调查目的去适应调查方式，因为选择合适的调查方式往往会达到事半功倍的效果。

第三步，设计调查表。调查表是市场调查的基本工具，调查表的设计质量直接影响市场调查的质量。设计调查表要注意几点：调查表的设计要与调查主题密切相关，重点突出，避免可有可无的问题；调查表中的问题要让被调查者容易接受，避免出现被调查者不愿回答或令被调查者难堪的问题，同时注意不要泄密；调查表中的问题要条理清楚，顺理成章，符合逻辑顺序，一般将容易的问题放在前，将开放式问题放在后；调查表的内容要简明，尽量使用简单、直接、无偏见的词汇，保证被调查者能在较短的时间内完成调查表。

第四步，组织实地调查。实地调查是一项较为复杂烦琐的工作，要按照事先划定的调查区域确定每个区域调查样本的数量、访问人员的人数、每位访问人员的路线，明确调查人员及访问人员的工作任务和职责，做到任务落实到位，目标、责任明确。调查时，应认真地向供应商询问，对于他们提出的有关采购的问题，应该避免透露太多信息，以使供应商在平等的条件下竞争。另外，要严格控制市场调查的实施过程，在市场调查中如果发现调查方案设计有问题，要及时修正，以免得出错误的结论。

第五步，资料的整理和分析。实地调查结束后，即进入调查资料的整理和分析阶段。收集好已填写的调查表后，由调查人员对调查表进行逐份检查，将合格的调查表统一编号，以便于统计调查数据。利用统计结果，就可以按照调查目的的要求，针对调查内容进行全面的分析工作。

第六步，撰写调查报告。撰写采购市场调查报告是采购市场调查的最后一项工作内容，市场调查工作的成果将体现在最后的调查报告中。调查报告将提交给采购部门的决策者，作为采购部门制定采购策略的重要依据。采购市场调查报告要按规范的格式撰写，一个完整的市场调查报告格式由题目、目录、概要、正文、结论、建议和附件等组成。

（2）采购市场预测。物流采购市场预测是一个比较复杂的系统分析过程，为了保证预测结果的正确性、可靠性，就必须采取科学的态度，遵循正确的程序。物流采购市场预测的具体步骤如下所述。

① 确定预测目标。由于预测的目标、对象、期限不同，预测所采用的分析方法、数据资料收集也就不同，因此采购市场预测首先要明确规定预测的目标，即预测要达到什么要求，解决什么问题，预测的对象是什么，预测的范围、时间等。

② 拟订预测计划。预测计划是预测目标的具体化，即要具体地规定预测的精度要求、工作日程、参加人员及分工等。

③ 收集分析数据资料。预测要广泛收集影响预测对象未来发展的企业可控与不可控的一切资料，即内部与外部环境的历史与现状的资料，对资料要加以整理、分析，剔除因偶然因素造成的不正常情况的资料。

④ 选择预测方法，建立预测模型。预测方法不同，适应范围和预测精度也各有所不同，应根据预测的目的范围、预测期的长短、精度要求数据资料的占有情况选择不同的预测方法。选择的原则是误差小、时间短、方法简、费用省。常用的定性预测方法有主管人员意见法、销售人员意见法、市场调查法和德尔菲法，常用的定量预测方法有时间序列法和统计需求分析法。

⑤ 估计预测误差。预测误差在所难免，为了避免预测误差过大，要对预测值的可信度进行估计，即分析各种因素的变化对预测发生可能的影响，并对预测值进行必要的修正。

⑥ 提出预测报告和策略性建议，追踪检查预测结果。通过数学模型计算得到的预测值，不可能把影响采购市场预测的全部因素都考虑进去，即使有些因素已经考虑，但各种因素影响程度的估算也会有偏差，再加之预测人员的素质对预测结果也会有影响，因此预测结果仅仅是企业确定市场采购量变化的起点。若发展预测与实际不符，则应立即进行修改调整，并分析产生误差的原因，修正预测模型，提高以后的预测精度。

二、编制采购计划

编制采购计划是整个采购运作的第一步，采购数量计划的重点是如何获取足够数量的原料、物料。编制采购数量计划的目的，一是预计材料需用时间与数量，防止供应中断，影响产销活动；二是避免材料储存过多积压资金，以及占用堆积的空间；三是配合企业生产计划与资金调度；四是使采购部门事先准备，选择有利时机购入材料；五是确定材料耗用标准，以便控制材料采购数量及成本。

1. 采购计划编制的依据

（1）销售计划。销售计划是各项计划的基础，是企业根据历史销售记录和已有的销售合同，综合考虑企业的发展和现实的市场情况制定的针对部门、人员的关于任何时间范围的销售指标（数量或金额），企业以此来指导相应的生产作业计划、采购计划、资金筹措计划及相应的其他计划安排和实施。

（2）生产计划。生产计划是企业在计划期应达到的产品品种、质量、产量和产值等生产任务的计划和对产品生产进度的安排，是依据年度销售数量加上预期的期末存货减去期初存货而制订的计划。有了年度生产计划，就可以在正常的提前期内进行采购并获得有力的最终价格。要想制订准确的采购计划，必须有一份准确的生产计划。

（3）物料清单。物料清单（Bill of Materials，BOM）用来说明一个最终产品由哪些零部件、原材料制造或组合而成。根据物料清单，可以精确地计算制造某一种产品的物料需求数量，因此采购计划的准确性必须依赖于最新、最准确的物料清单。

（4）物料库存卡。物料库存卡记录某一物料目前的库存状况，包括账目和物料数量是否一致、物料存量是否符合要求的高品质产品。依据物料需求数量，考虑购料的作业时间和安全存量水准，计算出正确的采购数量后，再开具请购单，开始采购活动。因此，记载正确的库存记录是保证采购物料准确的前提。

（5）物料标准成本的设定。在编制采购预算时，因对将来拟采购物料的价格不易预测，故多以标准成本替代。若物料标准成本的设定缺乏过去的采购资料作为依据，也没有工程人员精确地计算其原料、人工及制造费用等组合或生产的总成本，则其正确性很难保证。因此，标准成本与实际购入价格的差额，即采购预算正确性的评估指标。

（6）生产效率。生产效率的高低将使预计的物料需求量与实际的耗用量产生误差。若产品生产效率降低，则会导致原物料的单位耗用量提高，并使采购计划中的数量不能满足生产所需。过低的产出率，也会导致经常性的修改作业，从而使得零部件的损耗超出正常需用量。所以，当生产效率有降低趋势时，采购计划必须将额外的耗用率计算进去，才不会发生原物料的短缺。

2. 采购计划的编制内容

（1）采购认证计划。

① 采购认证计划的准备工作。

A. 接收开发批量需求。开发批量需求是启动整个供应程序的牵引项，如果要制订比较准确的认证计划，先要做的就是熟悉开发需求计划。目前，开发批量需求通常有两种情形：一种情形是在以前或者目前的采购环境中就能够发掘到的物料供应，如以前接触的供应商的供应范围比较大，就可以从这些供应商的供应范围中找到企业需要的批量物料需求；另一种情形是企业需要采购的新物料，因在原来形成的采购环境中不能提供而需要企业的采购部门寻找新物料的供应商。

B. 接受余量需求。随着企业规模的扩大，市场需求也会变得越来越大，旧的采购环境容量不足以支持企业的物料需求；或者，因为采购环境有了下降趋势而导致物料的采购环境容量逐渐变小，这样就无法满足采购的需求。以上两种情况都会产生余量需求。

C. 准备认证环境资料。通常来说，采购环境包括认证环境和订单环境两个部分。

D. 制订认证计划说明书。将认证计划所需要的材料准备好，主要内容包括认证计划说明书（如物料项目名称、需求数量、认证周期等）、开发需求计划、余量需求计划、认证环境资料等。

② 评估认证需求。

A. 分析开发批量需求。开发批量需求形式多样，按需求环境分，可分为研发物品开发认证需求和生产批量物品认证需求；按采购环境分，可分为环境内和环境外物品需求；按供应商状况分，可分为直接供应物品需要和需要定制物品需求等。

B. 分析余量需求。对于市场需求造成的余量需求，可以通过市场及生产需求计划得到各种物品需求和需求时间；对于因供应商减少造成的余量需求，可以通过分析现采购环境的总体订单容量与原订单容量的差别确定。两种余量相加形成总的需求余量。

C. 确认认证需求。根据开发批量需求及余量需求的分析结果确认需求。

③ 计算认证容量。

A. 分析项目认证资料。要求技术人员具备财务、市场、技术等综合分析能力。

B. 计算总体认证容量。供应商认证容量与订单容量是不同的，计算采购环境的总体认证容量即将采购环境中所有供应商的认证容量加总，并对某些供应商的认证容量加以适当的折扣。

C. 计算承接认证量。供应商接受认证量等于当前供应商正在履行的认证合同量，但由于周期不同，一般计算某一段时间的承接认证量。

D. 确定剩余容量。某一物品所有供应商的剩余容量的总和即物品剩余认证容量，它是物品供应总体容量与承接认证容量的差额。

④ 制订认证计划。

A. 对比认证需求与认证容量。如果认证需求小于认证容量，则可直接按认证需求制订认证计划；如果供应商容量远不能满足认证需求量，则需要对剩余的认证需求制订采购环境之外的认证计划。

B. 综合平衡。应综合考虑市场、生产、认证容量、物品生产周期等要素，判断认证需求的可行性，通过调节认证计划尽可能地满足认证需求。

C. 确认余量认证计划。对于采购环境不能满足的剩余认证需求，应与采购环境外的供应商制订认证计划，确保余量认证计划的执行。

D. 制订认证计划。需确定认证商品数量和开始认证时间，相关计算公式如下：

认证商品数量 = 开发样品需求数量 + 检验测试要求数量 + 样品数量 + 机动数量

开始认证时间 = 要求认证结束的时间 − 认证周期 − 缓冲时间

（2）采购订单计划。

① 准备订单计划。

A. 预测市场需求。市场需求是启动生产供应程序的原动力，要想制订比较准确的订单计划，首先必须掌握客户订单和市场需求计划，对客户订单和市场需求计划进一步分解便得到生产需求计划。企业的年度销售计划一般在上一年年末制订，并报送各个相关部门，同时下发到销售部门、计划部门、采购部门，以便指导全年的供应链运转，然后进行目标分解。

B. 确定生产需求。生产需求对于采购来说，可以称为生产物料需求。生产物料需求的时间是根据生产计划来确定的。通常来说，生产物料需求计划是订单计划的主要来源，采购计划人员需要熟知生产计划及工艺常识，以利于理解生产物料需求。编制物料需求计划的主要步骤包括决定毛需求、决定净需求、对订单下达日期及按订单数量进行计划。

C. 准备订单环境资料。这是准备订单计划中一个非常重要的内容。订单环境是在订单物料的认证计划完成之后形成的。订单环境的资料主要包括订单物料的供应商消息、订单比例信息、最小包装信息、订单周期等。

D. 制订订单计划说明书。准备好订单计划所需要的资料，其主要内容包括订单计划说明书（如物料名称、需求数量、到货日期等），附件有市场需求计划、生产需求计划、订单环境资料等。

② 评估订单需求。评估订单需求是采购计划中非常重要的一个环节，只有准确地评估订单需求，才能为计算订单容量提供参考依据，以便更好地制订订单计划。评估订单需求主要包括3个方面的内容。

A. 分析市场需求。制订订单计划需要分析市场要货计划的可信度，必须仔细分析已签订合同的数量、未签订合同的数量（包括没有及时交货的合同）等一系列数据，同时考虑其他因素，对市场需求有一个全面的了解，才能制订出满足企业远期发展与近期实际需求的订单计划。

B. 分析生产需求。这是评估订单需求要做的工作，先要研究生产需求的产生过程，再分析生产需要量和要货时间。

C. 确定订单需求。根据对市场需求和生产需求分析的结果，可以确定订单需求。订单需求的内容是指通过订单操作手段，在未来指定的时间内，将指定数量的合格物料采购入库。

③ 计算订单容量。若不能准确地计算订单容量，就不能制订出正确的订单计划。计算订单容量主要有以下 4 个方面的内容。

A. 分析供应资料。对于采购工作来说，在目前的采购环境中，采购物料需要的供应商信息是一项非常重要的资料。如果没有供应商供应物料，那么无论是生产需求还是市场需求，一切都无从谈起。可见，有供应商的物料供应是满足生产需求和市场需求的必要条件。

B. 计算总体订单容量。总体订单容量是多方面内容的组合，一般包括两个方面的内容：一是可供给的物料数量；二是可供给物料的交货时间。

C. 计算承接订单容量。承接订单容量是指供应商在指定的时间内已经签下的订单量。

D. 确定物料剩余订单容量。剩余订单容量是指物料所有供应商群体的剩余订单容量的总和，可用下列公式表示：

$$物料剩余订单容量 = 物料供应商群体总体订单容量 - 已承接订单容量$$

④ 制订订单计划。制订订单计划是采购计划的最后一个环节，也是最重要的环节，主要包括对比需求与容量、综合平衡、确定余量认证计划和制订订单计划。

订单计划做好之后，就可以按照计划进行采购工作。一份订单包含的内容包括下单数量和下单时间两个方面，相关计算公式如下：

$$下单数量 = 生产需要量 - 计划入库量 - 现有库存量 + 安全库存量$$
$$下单时间 = 要求到货时间 - 认证周期 - 订单周期 - 缓冲时间$$

3. 影响采购计划编制的因素

（1）采购环境。采购环境包括内部的不可控因素，如企业的声誉、技术水准、人力资源、财务状况、原料零件供应情况等；外界不可控因素有国内外经济发展状况、社会环境、政治体制、文化、技术发展、法律法规及竞争者状况等，这些因素的变化都会对企业的采购计划产生影响。

（2）年度销售计划。企业年度经营计划多以销售计划为起点。年度销售计划是在参考上一年度企业自身及竞争对手的销售实绩，列出的销售量及平均单价的计划，它表明产品在不同时期的预期销售量及单价。采购计划的拟订，依赖于对销售的准确预测及对销售计划的准确制订。

（3）年度生产计划。生产计划源于销售计划，但生产计划会因销售人员对市场需求量的估算而频繁发生变动，则会导致采购计划常常调整修正，使物料供需处于失衡状态。

（4）物料清单。根据物料清单可以精确地计算制造某一种产品的物料需求数量，制订准确的采购计划。

（5）库存记录卡。由于应采购数量必须扣除库存数量，所以库存记录卡记载正确与否将是影响采购计划准确性的因素之一。

（6）生产效率。生产效率的高低将使预计的物料需求量与实际的耗用量之间产生误差。

由于影响采购计划的因素很多，故采购计划拟订之后，必须与企业各部门经常保持联系，针对现实情况做出必要的调整与修订，并协助财务部门妥善规划资金来源，才能维持企业的正常运转。

三、采购预算管理

采购预算是采购部门为配合企业年度销售预测或生产数量,对所需求的原料、物料、零件、劳务等的数量及成本编制的用货币形式进行具体、系统反映的数量计划,以利于企业整体目标的实现及其资源的合理配置。

预算管理是指企业内部通过编制预算、执行预算、预算差异分析和预算考核来管理企业的经济活动,反映企业管理的成绩,保证管理政策的落实和目标的实现,促使企业不断地提高效率和效益。采购预算管理是企业预算管理的一个分支,应与预算系统的其他系统相互协调。

采购中主要有4个领域受到预算控制,即原料预算,维护、修理和运作(Maintenance, Repair and Operations, MRO)供应预算,资产预算,采购运作预算。

1. 原料预算

原料预算的主要目的是确定用于出产既定数目的成品或者提供既定水平的服务的原料的数目和钱数。原料预算的时间通常是1年或更短。预算的钱数是基于出产或销售的预期水平及来年原料的估计价格来确定的,这就意味着实际有可能偏离预算,使得在很多组织中具体的年度原料预算不是很切合实际。因此,很多组织采用灵活的预算来调整实际的出产和实际的价格。

预备充分的原料预算为企业内部提供以下支持:一是使得采购部门能够编制采购计划以确保原料需要时能够及时得到;二是用以确定随时备用的原料和成品部件的最大价值和最小价值;三是建立一个财务部门确定与评估采购支出需求的基础。

尽管原料预算通常基于估计的价格和计划的时间进度给出,但其依然具备以下功能:一是为供应商提供产量计划信息和消耗速度计划信息;二是为出产和材料的增补制订恰当的计划;三是削减运输成本;四是有助于提前购买。

另外,原料预算还可以提前通知供应商一个估计的需求数目和进度,从而推进采购谈判。

2. MRO 供应预算

MRO 包含在运作过程中,但并未成为生产运作中的一部门。MRO 项目主要有办公用品、润滑油、机器修理和门卫。MRO 项目的数量可能很大,对每一项都做出预算并不可行,所以其预算通常由以往的比例来确定,然后根据库存和一般价格水平中的预期变化来调整。

3. 资产预算

固定资产的采购通常是企业支出较大的部分,好的采购活动和谈判可以为企业节省很多资金。通过研究可能的来源及与枢纽供应商建立紧密的关系,可以建立既能对需求做出积极响应又能恰好满足所需要花费的预算。固定资产采购的评估不仅要根据初始成本,而且要根据维护、能源消耗及备用部件成本等的生命周期总成本来确定,因为这些支出通常用净现值算法进行预算并做出决议计划。

4. 采购运作预算

采购职能的运作预算包括采购职能业务中发生的所有花费,通常根据预期的业务和行政的工作量来制定。这些花费包括工资、空间成本、供暖费、水电费、通信费、快递费、办公费用、技术费用、差旅费等。采购职能的业务预算应该反映企业的目标和目的,假如企业的目的是减少间接用度,那么业务预算中的间接费用预算就应该反映出这一点。

案例阅读

某纺织企业采购预算编制规则

1. 材料的预算编制

除遵照本企业预算制度之外，均依照本规则的规定办理。

2. 材料预算的划分

材料的预算分为用料预算、购料预算。

其中，用料预算按用途分为营业支出用料预算、资本支出用料预算；按编制的期间材料预算分为年度用料预算、分期用料预算。

3. 资本支出用料预算的编制

由一级主管根据规划，通知企划科按规定办理。对于资本支出预算，年度有一部分未动用或全部动用者，其未动用部分不能保留，并根据情况在次年补列。

4. 年度用料预算的编制

（1）由用料部门依据营业预算及生产计划编制年度用料预算表（特殊用料应预估材料价格），经主管科长核定后送企划科，企划科汇编年度用料总预算转会计部。

（2）凡属于委托保全科修缮的工作，一概由保全科按用料部门计划代为编制预算，并通知用料部门。

（3）材料预算经最后审定，由总务科运输组严格执行。如经核减，应由一级主管召集科长、组长、领班研究拟定分配后核定，由企划科分别通知各用料部门重新编制预算。属于自行修缮委托者，按本条第（2）款的规定办理。

（4）用料部门用料超出核定预算时，由企划科通知总务科运输组。用料超出10%以上时，应由用料部门提出书面申请转呈上一级主管核定后办理；由企划科向总务科运输组说明超出原因以呈请核实，并办理追加手续。

5. 分期用料预算的编制

由用料部门编制，凡属委托修缮的工作，保全科按用料部门计划分别代为编制"用料预算表"，经一级主管核定后送企划科转送总务科运输组。

6. 购料预算的编制

（1）年度购料预算由企划科汇编并送呈审核。

（2）分期购料预算由总务科运输组根据库存量、已购未到数量及财务状况编制，由企划科送呈审核并转企业财务会议审议。经核定的分期购料预算，在当期未动者，不得保留；确有需要者，下期补列。

思考题

（1）试述采购的程序。

（2）在采购中应如何把握"5R"原则？

（3）采购必须根据哪些原则来开展工作？

（4）采购机构的组织方式有哪些？

（5）试比较采购部门的建立方式。

（6）你认为一名采购管理者应具备什么样的素质和能力？你怎样培养和锻炼自己这方面的能力？

（7）采购中有哪几个领域受到预算控制？请简要说明。

项目 2
供应市场与采购产品分析

> 【学习目标】

知识目标	（1）掌握供应市场的分析方法。 （2）掌握评价和选择供应商的标准和方法。 （3）理解供应商的培养、激励和控制。 （4）熟悉产品规格说明的种类
技能目标	（1）能够正确分析产品供应市场。 （2）能够选择和管理自己的供应商。 （3）能细分采购对象并对其进行规格说明
职业道德和素养目标	（1）对待供应商应做到公正、公平 （2）严守商业秘密，培养对就职单位的忠诚度

> 【思维导图】

见后页。

> 【案例导入】

X 公司高度重视采购工作，并在全球采购市场扮演着举足轻重的角色。X 公司目前的采购来源绝大部分是在欧洲，但近些年，这种形势开始发生很大的变化，其在亚洲的采购量已经增加很多。

全球经济一体化的发展使得 X 公司这样的企业都不可能在企业内生产出所需要的全部零部件，选择并管理好分布于世界各地的供应商是其保证质量和信誉的关键。

X 公司与供应商的合作能在很大程度上提升自身的价值。而且，如果能够与 X 公司建立长期的业务联系，对于供应商来说也是非常有益的。因为与什么样的公司合作能够反映出供应商的能力，所以 X 公司对采购的质量要求非常高，对供应商的要求也非常高。

X 公司在供应商管理战略中明确提出"你们的成功就是我们的成功，我们的成功就是你们的成功"的口号，将传统意义上企业与供应商之间的那种短期的、松散的、互为竞争对手的关系转变为长期的、紧密的、互为合作伙伴的关系。X 公司将与供应商的关系放在经营战略的高度来考虑是有其实际原因的：原材料、零部件的采购成本包括对服务的需求已经超过公司年销售收入的一半，而且这种成本上涨的趋势还在继续，若不及时采取措施降低成本、提高质量，将无法在竞争中立于不败之地。因此，X 公司提出供应商管理的目标就是与所有供应商结成战略合作伙伴关系，从而共同在特定市场上具有竞争力。

X 公司的供应商管理战略包括目标管理、供应商的选择、供应商的评估和分类等方面，整个战略内容层层深入，目标明确，可操作性强。

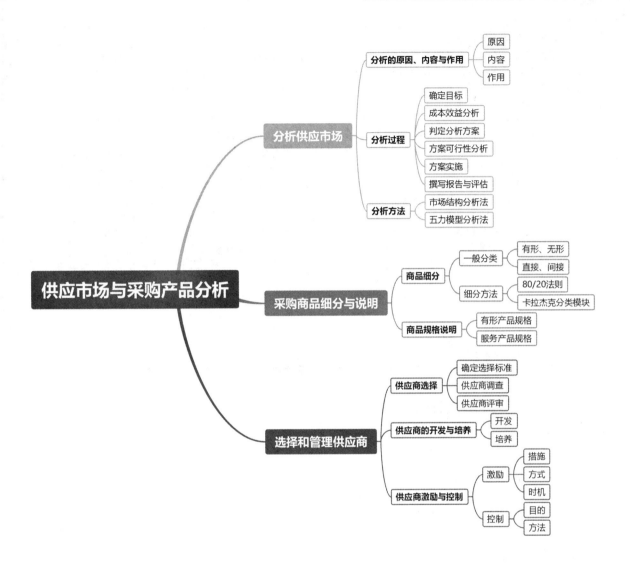

1. 目标管理

在目标管理上，X 公司要求各级供应商必须不断地改进工作，降低运费，缩短订货时间，及时送货；而且，必须通过国际标准化组织（International Organization for Standardization，ISO）质量认证体系的认证，达到 X 公司的质量标准和世界级的质量标准，尽量降低失误率；此外，供应商还必须与 X 公司签订严格的质量保证协议。为实现上述目标，X 公司对现有的原材料零部件供应商进行严格的评估和筛选，留下其中的佼佼者作为基本供应商，并着手与其中的数家建立战略合作伙伴关系，共谋发展。

2. 供应商的选择

一个好的供应商是确保供应物料的质量、价格和交货期的关键，在供应商系统管理中，供应商的选择是至关重要的。与其他大型企业一样，X 公司从全面质量管理的角度出发，在每一个零部件上注重选择个数有限的可靠供应商，甚至是单一的供应商，以便发展合作关系。

X 公司在供应商选择方面的具体目标是：与供应商发展高标准的信任与合作关系，把买卖关系从对手、胜利者—失败者、契约—讨价还价的关系改变为合作的、团队型关系，使彼此能为对方考虑；与供应商建立一种能促进其不断降低成本、提高产品质量的契约关系；与供应商达成长期共识，使彼此在物流的流程高度一体化下同步展开业务；与供应商之间开放沟通渠道，实现信息共享、共担风险、共享利益；使供应商参与到产品的设计和创新过程中，使每个供应商确实感觉到"X 公司的用户就是我的用户，让用户满意是我应尽的责任"。

3. 供应商的评估和分类

供应商的选择依赖于对供应商的全面评估，因此，供应商的评估可以看作供应商选择的核心环节。X 公司由采购部、技术部、生产部和质保部联手组成评估小组，制定评价体系和评价标准，从价格、质量、后勤服务和技术服务等方面对每一个现实和潜在的供应商进行严格的打分、内部交流及结果比较，将结果作为选择供应商的依据。

经过严格的评估，所有的供应商被分为 4 类，即良好型供应商、可以接受型供应商、受限制型供应商和终止型供应商。毫无疑问，被评为良好型供应商的是 X 公司将要与之发展为战略伙伴的供应商，寻找到这样一个供应商也是 X 公司整个供应商管理战略的灵魂之所在。X 公司的思路是尽量提高向良好型供应商采购的数量，定期进行政策透明的沟通，并随时邀请其参加有关新产品的研制，以便听取其宝贵意见。同时，在必要时向这类战略伙伴提供适时的培训与技术支持，还可考虑帮助关键零部件厂建立自己的供应商管理体系，使自己从源头上就获得比其他竞争对手更具优势的供应体系，真正做到"双赢"，实现利益共享、责任共担。对于可以接受型供应商，X 公司根据材料需求的实际情况，与之保持一定的供货关系，并将其视为可能的战略伙伴关系，帮助其建立自我优化目标，作为防范供货危险的必要手段。对于受限制型供应商，X 公司采取保守合作的态度，不再适宜进一步发展关系，降低采购量并不再考虑与之发展长期关系。而对于终止型供应商，X 公司采取的是尽快终止合作的策略。

（资料来源：https://zhuanlan.zhihu.com/p/225142415［2021-01-10］，有改动）

问题：
（1）X 公司是如何重视供应商管理工作的？
（2）X 公司与供应商建立了何种关系？
（3）X 公司从价格、质量、后勤服务和技术服务方面评估供应商时应考虑哪些因素？

任务 1　分析供应市场

【任务目标】

以学习小组为单位，选择采购对象并分析其供应市场，增加对市场分析的理解，掌握分析供应的方法，为决策提供依据。同时，培养团队合作精神，提高分工、协调能力。

【任务内容】

（1）各小组选定组长，在组长的带领下选择某种产品作为采购对象。
（2）针对选定产品所在的供应市场，收集相关资料。
（3）运用供应市场分析方法分析该供应市场，并进行书面表达。
（4）制作 PPT，进行市场分析汇报。

【组织方法】

（1）以学习小组为单位，事先收集资料或进行实地调研，了解采购对象所在供应市场的基本情况，掌握供应市场分析方法及注意事项；在此基础上扮演企业采购人员，并运用相关知识分析该市场，得出结论，为下一步制定采购策略做好准备。
（2）小组讨论与研究，小组成员分别扮演采购部门的角色，形成最终供应市场分析报告，制作汇报展示 PPT，选派一名成员说明。

【考核评价】

考核项目	考核要求	分值	得分
调查研究和资料收集	完成选取采购对象工作,进行实地调研,查找相关资料并学习分析供应市场的知识,要求过程资料完整、翔实	20	
现场讨论情况	小组成员发表对供应市场的看法,要求全组成员参与,表达清晰、气氛热烈、内容全面、完整	20	
供应市场分析报告	按照供应市场分析的程序和方法分析所选采购对象的供应市场,既要有创新,又必须考虑全面、分析准确,形成书面报告,内容全面、完整	20	
汇报展示	制作PPT并说明分析过程和结论,要求PPT简洁、明了,汇报清晰且有条理	20	
团队精神	通力合作,分工合理,相互补充	10	
	发言积极,乐于与组员分享成果,组员参与积极性高	10	

【知识库】

一、供应市场分析的原因、内容与作用

供应市场分析是指为了满足企业目前及未来发展的需要,针对所采购的商品,系统地进行供应商、供应价格、供应量、供应风险等基础数据的收集、整理和分析,为企业的采购决策提供依据。

1. 供应市场分析的原因

很多公司已引入公司商品采购团队的概念,该团队负责在全球范围内采购战略部件和材料,不断地为公司所需要的材料和服务寻找一流的供应商。这一活动最初由专业人员给予支持,后来公司商品采购团队逐渐承担起进行采购市场研究的活动。影响采购方主动进行市场研究的主要因素有以下几个方面:

(1)技术的不断创新。无论是生产企业还是商业贸易,为保持竞争力,就必须致力于产品的创新和质量的改善。当出现新技术时,企业在制定自制、外购决策中就需要对最终供应商的选择进行大量的研究。

(2)供应市场的不断变化。国际供应市场处在不断变化之中,需求也同样会出现变化,市场对某一产品的需求急剧上升将导致紧缺状况的发生。买主必须预期某一产品供需状况的可能变化,并由此获得对自身产品价格动态的更好理解。

(3)社会环境的变化。例如,一些国家相对较高的工资水平已经造成了供应商市场的变化,许多零售商的纺织品供应发生了变化,他们将自己的供应基地从本地转移到其他地区。

(4)汇率的波动。许多主要币种汇率的不断变化对国际化经营的买主提出了新的挑战,如通货膨胀、政府预算赤字、汇率的迅速变化都要求买主对其原料需求的重新分配做出快速反应。

(5)产品的生命周期及其产业转移。产业转移、技术进步不仅改变供应市场的分布格局,从整体上降低制造成本,而且给采购的战略制定、策略实施及采购管理提出了新的要求,带来了新的变化。

2. 供应市场分析的内容

（1）供应市场研究。供应市场研究主要研究3个方面内容：一是供应市场研究过程；二是供应市场结构分析；三是宏观、中观、微观供应市场分析。

① 供应市场研究过程主要工作包括确定目标、成效分析、可行性分析、制订研究方案、方案实施、撰写总结报告。

② 供应市场结构分析。供应市场结构主要分析的是市场竞争的类型。

③ 宏观、中观、微观供应市场。在进行供应市场研究时，可遵循"由大到小、由粗到精"的思路。

（2）供应市场风险分析。如果供应风险能够降低的话，将给成本的降低带来很大的空间。这也是采购决策必须重点考虑与分析的内容，一般应该在新供应商评价、选择认可之前做这件事情，同时对现有的供应商定期进行分析。

供应风险分析包括4个阶段：准备阶段、分析评价阶段、行动改进阶段、总结提高阶段。

① 准备阶段。这一阶段包括供应市场风险分析评价之前的所有准备工作。

② 分析评价阶段。这一阶段可以采用检查表作为指导，通过评价队伍对供应商进行提问、现场考察等方式进行。

③ 行动改进阶段。这一阶段主要基于评价分析调查结果，研究人员及评价小组在企业采购人员的协调下，就供应商中存在的状态向供应商提出纠正及改进提高的建议。

④ 总结提高阶段。这一阶段与前一阶段紧密相关，如果供应商乐于改进并有能力改进，总结提高就有作用。

3. 供应市场分析的作用

现代企业的生产经营活动日益受到环境的作用和影响，供应管理活动也不例外，受到外部宏观环境和供应市场的制约。因此，企业要制定供应策略，首先必须全面、客观分析供应市场的变化。

很多企业以前比较重视对产品销售市场的分析，而忽视对供应市场的研究。随着供应管理在企业价值链中地位的提高，企业经营者愈发认识到供应市场分析的重要性和必要性。

供应市场是企业制定供应战略和进行供应商管理的起点，是提供企业所需资源的场所。它是企业外部环境的一部分，对企业采购职能的履行、生产、经营乃至生存产生重要的影响。

如果企业未能适时对其供应市场进行跟踪和分析，则有可能在采购活动中遇到因供应延迟、生产中断而带来的产品质量下降及采购成本超支等问题，这是因为采购活动遇到了拉长的供应提前期、物料短缺、物流瓶颈等一系列事先未预料到的问题。

供应市场分析是企业采购的一项重要活动，一般来说，其作用有：一是明确采购企业在供应市场中的竞争地位；二是了解供应商的成本模型，降低企业的采购风险；三是确保供应商供应的持续性，同时可利用供应商的创新改进采购流程、降低采购成本；四是寻求采购资源的替代品。

二、供应市场分析的过程

供应市场分析可能是周期性的，也可能是以项目为基础进行的。供应市场分析可以是用于收集关于特定工业部门的趋势及其发展动态的定性分析，也可以是从综合统计和其他公共资源中获取大量数据的定量分析。大多数供应市场分析包括这两个方面，采用定性分析和定量分析相结合的方法。供应市场分析既可以是短期分析（如1个月），也可以是长期分析（如1年）。进行供应市场分析并没有严格的步骤，一般情况下，主要有以下步骤：

（1）确定分析目标。要解决什么问题，问题解决到什么程度，解决问题的时间多长，需要多少信息，信息准确到什么程度，如何获取信息，谁负责获取信息，如何处理信息等问题，都包含在一个概述中。

（2）成本效益分析。分析成本所包含的内容，分析所需要的时间，并分析获得的效益是否大于所付出的成本。

（3）制订分析计划的方案。确定获取信息需要采取的具体行动包括目标、工作内容，以及时间进度、负责人、所需资源等。除了案头分析之外，还要与供应商面谈并进行实地研究。案头分析收集、分析及解释任务的数据，这些数据一般是别人已经收集好的，在采购中这类分析用得最多；而实地研究收集、分析和解释案头分析无法得出的细节。

（4）方案可行性分析。制订的分析方案是否可行、易操作，未进行分析所需要的人力、物力、财力等资源是否可以获得，不具备操作性的行动方案就是纸上谈兵，毫无意义。

（5）方案的实施。在实施阶段，遵循分析方案的计划是非常重要的，好方案能够通过有效执行产生良好的效果。

（6）撰写总结报告及评估。供应市场分析及信息收集结束后，要对所获取的信息和情报进行归纳、总结、分析，在此基础上撰写总结报告，并就不同的供应商选择方案进行比较。对分析结果的评估包括对预期问题的解决程度、对方法和结果是否满意等。

三、供应市场分析的方法

1. 市场结构分析法

市场结构是指某一市场中各种要素之间的内在联系及其特征，包括市场供给者之间、需求者之间、供给和需求者之间及市场上现有的供给者、需求者与正在进入该市场的供给者、需求者之间的关系。市场结构有狭义和广义之分。狭义的市场结构是指买方构成市场，卖方构成行业；广义的市场结构是指一个行业内部买方和卖方的数量及其规模分布、产品差别的程度和新企业进入该行业的难易程度的综合状态。

一般来说，市场结构可以根据市场中买卖双方数量的多少分为完全竞争市场、卖方寡头垄断市场、卖方垄断市场、买方寡头垄断市场和买方垄断市场。

（1）完全竞争市场。在完全竞争市场中，采购商和供应商的数量都很多，并且每个个体（包括买者和卖者）都是价格接受者，而且不能单独影响市场价格；供应商提供的产品都是无差别的，即产品是同质的；各种资源都可以完全自行流动而不受任何限制，同时采购商和供应商都可以获得完备的市场信息，不存在相互欺骗。在现实中，完全竞争市场比较少见，较接近的是农产品市场、专业产品市场和期货市场。在完全竞争市场中，采购商和供应商能够不受干扰地进行交易。

（2）卖方寡头垄断市场。卖方寡头垄断市场是一种由少数卖方寡头主导市场的市场状态。在这种市场状态下，少数供应商提供相同或类似的产品，行业里存在明显的规模经济，市场进入障碍明显，每个卖方寡头都关注其他卖方寡头的行为。卖方寡头垄断下的市场一个显著的特征就是卖方寡头们相互影响，一个卖方寡头厂商作出的决策也会被其他厂商的决策影响。例如，当前的家电市场和汽车市场，以及中东的石油市场都是较为典型的卖方寡头垄断市场。

处于这类市场的采购企业，其实并没有很多选择，由于各供应商所提供的产品具有同质性，增加了采购企业甄选供应商的难度，因此需要长期跟踪和观察此类市场，把握市场规律，使选择的供应商将成为企业的战略供应商。

（3）卖方垄断市场。卖方垄断市场即只有一家供应商提供所有供给的市场结构，该供应商是供应市场中某类产品的唯一销售者，且不存在直接的替代产品。这就决定了该供应商在产品市场上不仅能决定如何生产和生产多少，而且能决定销售价格，基本不用考虑竞争因素。卖方垄断可以分为自然垄断、政府垄断和控制垄断3类：自然垄断往往来自显著的规模经济，如石油企业；政府垄断则基于政府给予的特许经营，如铁路、邮政及其他公用设施；控制垄断是对关键性资源或关键性原材料的控制或占有而形成的垄断，如有色金属企业等。

面对卖方垄断市场，采购企业基本上没有任何讨价还价能力，只能接受供应商的报价。但是，采购企业可以在设计产品时尽量避免使用某些被垄断的产品或原材料。

（4）买方寡头垄断市场。买方寡头垄断市场由少数采购企业和大量供应商构成。在这种市场中，买方对产品的定价有很大的影响，因为所有的供应商都为了接到某项订购业务而展开激烈的竞争，采购企业也明了自己所处的位置，能够主动利用这种地位在采购中谋取利益。例如，医药供应市场、汽车工业中零部件供应市场就属于买方寡头垄断市场。

（5）买方垄断市场。买方垄断指只有一个买者而卖者很多的市场类型。在这种情况下，买方就具有垄断性，能够主动掌握采购的价格，成为产品的唯一购买者。这类采购企业则成为买方垄断者，换个角度看，也是垄断性的供应商。例如，这类采购有烟叶收购、铁路专用的机车和车辆的采购等。

在买方垄断市场里，采购企业拥有绝对的话语权，但一般也受到政府的管制。这类采购企业同时也将成为其他企业的独家供应商。

采购企业面对不同的供应市场，首先要明确自身在市场交易中所处的地位，相应地采取不同的采购策略和方法，从产品设计的角度出发，应尽量避免选择卖方完全垄断市场中的产品，否则，就应该与该供应商结成合作伙伴关系；对于卖方垄断竞争中的产品，应尽可能优化已有的供应商，并发展成为伙伴性供应商；对于卖方寡头垄断市场中的产品，应尽最大可能与供应商结成伙伴性的互利合作关系；在完全竞争市场中，应把供应商看作商业型的供应业务合作关系。

2. 五力模型分析法

五力模型分析法是哈佛商学院教授迈克尔·波特于20世纪80年代初提出，对企业战略制定产生全球性的深远影响，可以有效地分析客户的竞争环境。这一分析理论用于供应市场分析中，五力分别指供应商之间的议价能力、潜在供应商进入的能力、替代供应商品的可获得性、供应商的议价能力和同类采购商的议价能力。

（1）供应商之间的议价能力。一般来说，出现下述情况将意味着供应市场中现有企业之间竞争的加剧：行业进入障碍较低，势均力敌竞争对手较多，竞争参与者范围广泛；市场趋于成熟，产品需求增长缓慢；竞争者企图采用降价等手段促销；竞争者提供几乎相同的产品或服务，用户转换成本很低；一次战略行动如果取得成功，其收入相当可观；行业外部实力强大的公司在接收行业中实力薄弱企业后，发起进攻性行动，结果使得刚被接收的企业成为市场的主要竞争者；退出障碍较高，即退出竞争要比继续参与竞争代价更高。如果在某项采购中，所面临的供应市场符合上述情况，那么采购企业就具有较强的讨价还价能力，能够从供应商处获得较多的价格折扣和让利。

（2）潜在供应商进入的能力。新供应商进入供应市场带来新的生产能力、新资源，同时在现有供应商瓜分完毕的市场中赢得一席之地，这就有可能与现有供应商进行原材料与市场份额的竞争，从而提高采购企业的市场地位。如果采购企业能获得有关新供应商进入供应市场可能性的信息，将非常有利于采购企业制定采购策略。

新供应商进入一个供应市场要克服诸如规模经济、产品差异、资本需要、转换成本、销售渠道开拓、政府行为与政策等方面的障碍。如果已有供应市场的进入门槛过高，则新供应商进入的可能性就非常小。

（3）替代供应商品的可获得性。能够实现同样功能的产品就是现有产品的替代品。两家处于同行业或不同行业中的企业，可能会因所生产的产品是互为替代品而相互之间发生竞争行为。这种源自替代品的竞争会以各种形式影响行业中现有供应商的竞争战略：第一，现供应产品售价及获利潜力的提高，将因存在能被用户方便接受的替代品而受到限制；第二，替代品生产者的侵入使得现有供应商必须提高产品质量或者通过降低成本来降低售价，或者使其产品具有特色，否则其销量与利润增长的目标就有可能受挫；第三，源自替代品生产者的竞争强度，受产品采购商转换成本高低的影响。总之，替代品价格越低，质量越好，采购商转换成本越低，其所能产生的竞争压力就越强。如果在同一个供应市场中很少或没有替代品可买，也没有技术上可替代的产品或服务，那么就算技术上可替代，也要付出昂贵的代价，在这样的供应市场中，采购企业的议价能力可能比较低。

（4）供应商的议价能力。供应市场中的供应商有自己的上游供应商，上游供应商主要通过提高投入要素价格与降低单位价值质量的能力，来影响供应市场中现有企业的盈利能力与产品竞争力。其力量的强弱主要取决于他们所提供给买主的是什么投入要素，当供方所提供的投入要素的价值构成买主产品总成本的较大比例、对买主产品生产过程非常重要或者严重影响买主产品的质量时，供方对买主的潜在讨价还价力量就大大增强。作为采购方，要考察供应商面对上游的供应商有多大的议价能力，以便确定供应商的盈利水平、最终产品的价格及其他条件的影响；如果供应商面对上游供应商的议价能力很弱，那么整个供应市场的竞争也不会激烈。

（5）同类采购商的议价能力。同一供应市场中的多个采购商之间的利益都是紧密联系在一起的，作为采购企业整体战略一部分的各企业竞争战略，其目标都在于使得自己的企业获得相对于竞争对手的优势。所以，在采购实施中必然会产生冲突与对抗现象，这些冲突与对抗就构成了现有采购企业之间的竞争。采购企业要确认有哪些同类采购企业，尤其是向同一家供应商采购的企业，确认同一类采购企业的议价能力，掌握他们采购产品的数量和频率，以及他们是否可以找到替代产品。同时，采购企业也要认识到自身的优劣势，明确自身相对于同类采购企业的议价能力，处在什么样的采购地位，对供应商的吸引力如何，从而制定有利于自身的采购策略。

根据上述分析，采购企业应努力从自身利益需要出发影响行业竞争规则，占领有利的市场地位，以增强自身的市场地位与竞争实力。

任务2　选择和管理供应商

》【任务目标】

以学习小组为单位，根据采购对象所在的供应市场，结合企业自身情况，评估与选择供应商，并制定管理供应商的措施；理解并掌握选择供应商的标准和方法，掌握管理供应商的一般技巧，为做好供应商关系管理工作打下良好基础。同时，培养团队合作精神，提高管理的创新能力。

【任务内容】

（1）各小组在分析供应市场的基础上，收集供应商的相关资料。
（2）结合企业实际制定供应商选择标准，书面表达。
（3）选择供应商并制定管理供应商的措施，书面表达。
（4）制作PPT，进行汇报展示。

【组织方法】

（1）以学习小组为单位，事先收集资料或进行实地调研，了解供应市场中供应商的基本情况，按照选择供应商的标准，讨论选择供应商，并运用相关知识共同商讨管理供应商的具体措施。
（2）小组讨论与研究，形成最终供应商名单、供应商选择标准及供应商管理措施，制作汇报展示PPT，选派一名成员说明。

【考核评价】

考核项目	考核要求	分值	得分
调查研究和资料收集	完成选择、管理供应商的前期准备工作，进行实地调研，查找相关资料，要求过程资料完整、翔实	20	
现场讨论情况	小组成员发表对供应商选择、管理的看法，要求全组成员参与，表达清晰，气氛热烈，内容全面、完整	20	
供应商选择标准及管理措施	按照企业实际情况，制定供应商选择标准、管理措施，既要符合实际，又必须具有可操作性，考虑全面、措施得当，形成书面报告，内容全面、完整	20	
汇报展示	制作PPT并说明分析选择的过程和结论，要求PPT简洁、明了，汇报清晰且有条理	20	
团队精神	通力合作，分工合理，相互补充	10	
	发言积极，乐于与组员分享成果，组员参与积极性高	10	

【知识库】

一、供应商的选择

供应商管理是采购工作的关键环节，而供应商选择是供应商管理的目的，也是供应商管理中最重要的工作。选择好的供应商，对企业的正常生产起着决定性作用，同时对企业的中长期发展也非常重要。

1. 确定供应商的选择标准

（1）选择供应商应遵循的原则。

① 一般原则。为企业选择优良的供应商是采购部门最基本的职责，在选择供应商时应做到全面、具体、客观，建立和使用一个全面的供应商综合评价指标体系，对供应商做出全面、具体、客观的评价，综合考虑供应商的业绩、设备管理、人力资源开发、质量控制、成本控制、技术开发、用户满意度、交货协议等可能影响供应链合作关系的方面。

② 关键点控制的四项原则。关键点控制包括"门当户对"原则、半数比例原则、供应源数量控制原则和供应链战略管理原则。

"门当户对"原则体现的是一种对等管理思想，它和"近朱者赤"的合作理论并不矛盾。在非垄断性货源的供应市场上，由于供应商的管理水平和供应链管理实施的深入程度不同，所以应该优先考虑规模、层次相当的供应商。行业老大不一定就是首选的供应商，如果双方规模差异过大、采购比例在供应商总产值中比例过小，则供应商往往在生产排期、售后服务、弹性和谈判力量对比等方面不能尽如人意。

从供应商风险评估的角度，半数比例原则要求购买数量不能超过供应商产能的50%。如果仅由一家供应商负责100%的供货和100%的成本分摊，则采购商风险较大，因为一旦该供应商出现问题，按照"蝴蝶效应"的发展，势必影响整个供应链的正常运行。不仅如此，采购商在对某些供应材料或产品有依赖性时，还要考虑地域风险。

供应源数量控制原则是指实际供货的供应商数量不应该太多，同类物料的供应商数量最好保持在两三家，有主次供应商之分。这样可以降低管理成本和提高管理效果，保证供应的稳定性。

对于实施战略性长期伙伴关系的供应商，可以签订"一揽子协议/合同"。在建立供应链合作关系之后，还要根据需求的变化确认供应链合作关系是否也要相应地变化。一旦发现某个供应商出现问题，应及时调整供应链战略。供应链战略管理原则还体现在仔细分析和处理近期和长期目标、短期和长远利益的关系方面。采购商从长远目标和长远利益出发，可能会选择某些表面上看似苛刻、昂贵的供应商，但实际上这是放弃了短期利益，主动选择了一个由优秀元素组成的供应链。

（2）选择供应商的流程与标准。

① 选择供应商的流程。

A. 建立评审小组。企业必须建立评审小组来控制和实施供应商评价。评审小组成员由采购中心、公司质量部、事业部的质量部、生产部门等部门的工程师组成，包括研发工程师、相关专家顾问、质检人员、生产人员等。评审小组以公司整体利益为出发点，独立于单个事业部，组员必须有团队合作精神、具有一定的专业技能。

B. 确定评价指标及其权重。每个评价指标的重要性对于不同的企业来说是不一样的，对于不同的企业，在进行评价指标权重设计时也应不同。评价供应商的一个主要工作是调查、收集有关供应商生产运作等各个方面的信息，在收集供应商信息的基础上，可利用一定的工具和技术方法进行。

C. 列出全部可能供应商。通过供应商信息数据库，以及采购人员、销售人员、行业杂志、网站等渠道了解市场上能提供所需物品的供应商。

D. 评价选择供应商。对供应商的评价有两个程序：一是对供应商作出初步筛选；二是对供应商实地考察。在对供应商进行初步筛选时，首要任务是使用统一标准的供应商情况登记表来管理供应商提供的信息。

② 选择供应商的标准。选择供应商的标准有许多，根据时间的长短可分为短期标准和长期标准。在确定选择供应商的标准时，一定要考虑短期标准和长期标准，把两者结合起来才能使所选择的标准更全面，进而利用标准对供应商进行评价，最终找到理想的供应商。

A. 短期标准。短期标准包括合适的产品质量、较低的成本、及时交货和整体服务水平高。

B. 长期标准。选择供应商的长期标准主要在于评估供应商能否保证长期而稳定的供应、生产能力是否能配合公司的成长、产品未来的发展方向能否符合公司的需求及是否具有长期合作的意愿等。选择供应商的长期标准主要考虑4个方面,即供应商内部组织是否完善、供应商质量管理体系是否健全、供应商内部机器设备是否先进及保养情况如何、供应商的财务状况是否稳定。

此外,在确定选择供应商标准时,还应考虑供应商的信誉、企业形象及市场竞争力等方面的因素。

2. 供应商调查与评审

选择供应商的第一步就是开展供应商的调查。对供应商的调查在不同的阶段有不同的要求,大致可以分成以下几种:

(1)对供应商的初步调查。即对供应商的基本情况进行调查,主要是了解供应商的名称、地址、生产能力、能提供什么产品、能提供多少、价格如何、质量如何、市场份额有多大、运输进货条件如何等。

对供应商的初步调查的目的是了解供应商的一般情况,一是为选择最佳供应商做准备;二是了解掌握整个资源市场的情况,因为许多供应商基本情况的汇总是整个资源市场的基本情况。

对供应商的初步调查的特点:一是调查内容少,只需了解一些简单的、基本的情况;二是调查面广,最好能够对资源市场中所有各个供应商都有所调查、有所了解,从而能够掌握资源市场的基本状况。

对供应商的初步调查,一般可以采用访问调查法,即通过访问相关人员而获得信息。例如,可以访问供应商单位市场部有关人员、有关用户、有关市场主管人员或其他知情人士,通过访问建立起供应商资料表,见表2-1。

表2-1 供应商资料表

公司基本情况	名称					
	地址					
	营业执照			注册资本		
	联系人			职位、部门		
	电话			传真		
	E-mail			信用度		
产品情况	产品名	规格	价格	质量	可供量	市场份额
	运输方式		运输时间		运输费用	
	备注					

填写供应商资料表是采购管理的基础工作。在采购工作中,供应商资料表也要根据情况变化,经常进行维护、修改和更新。

在对供应商的初步调查的基础上,要利用调查的资料进行供应商分析,主要目的是比较各个供应商的优势和劣势,选择适合于企业需要的供应商。供应商分析的主要内容如下:

① 产品的品种、规格和质量水平是否符合企业需要,价格水平如何。只有产品的品种、规格、质量水平适合于企业,才算得上是企业的潜在供应商,才有必要进行后续分析。

② 企业的实力、规模如何，产品的生产能力如何，技术水平如何，管理水平如何，企业的信用度如何。

③ 产品是竞争性商品还是垄断性商品？如果是竞争性商品，则应调查供应商的竞争态势如何，产品的销售情况如何，市场份额如何，产品的价格水平是否合适。

④ 供应商相较于企业的地理交通情况如何？要进行运输方式分析、运输时间分析、运输费用分析，看运输成本是否合适。

在进行以上分析的基础上，为选定供应商提供决策支持。

（2）对资源市场的调查。资源市场调查的目的是进行资源市场分析，因为分析资源市场对于企业制定采购策略、产品策略、生产策略等都有很重要的指导意义。

资源市场调查不仅包含供应商调查，还包括以下一些基本内容：

① 资源市场的规模、容量、性质。例如，资源市场究竟有多大范围？有多少资源量？有多少需求量？是卖方市场还是买方市场？是完全竞争市场还是垄断竞争市场？是一个新兴的成长市场还是一个陈旧没落市场？

② 资源市场的环境。例如，市场的管理制度、法制建设、市场的规范化程度、市场的经济环境、政治环境等外部条件如何？市场的发展前景如何？

③ 资源市场中各个供应商的情况。对众多供应商的调查资料进行分析，就可以得出资源市场自身的基本情况，如资源市场的生产能力、技术水平、管理水平、可供资源量、质量水平、价格水平、需求状况及竞争性质等。对资源市场分析：一是要确定资源市场是紧缺型市场还是富余型市场，是垄断型市场还是竞争型市场。对于垄断型市场，应当采用垄断型采购策略；对于竞争型市场，应当采用竞争型采购策略。二是要确定资源市场是成长型市场还是没落型市场，如果是没落型市场，则要趁早准备替换产品，不要等到产品被淘汰了再去开发新产品。三是要确定资源市场总体水平，并根据整个市场水平来选择合适的供应商，通常选择在资源市场中处于先进水平的供应商或产品质量优且价格低的供应商。

（3）对供应商的深入调查。经过初步调查后，对准备发展为自己的供应商企业要进行深入仔细的考察活动，深入供应商企业的生产线、各个生产工艺、质量检验环节甚至管理部门，对其现有的设备工艺、生产技术、管理技术等进行考察，看看所采购的产品能否满足本企业所应具备的生产工艺条件、质量保证体系和管理规模要求。有时甚至要根据采购产品的生产要求，进行资源重组，并进行样品试制，只有试制成功以后才算考察合格。只有通过这样深入的供应商调查，才能发现可靠的供应商，建立起比较稳定的物资采购供需关系。

① 深入调查供应商的前提条件。深入调查供应商，需要花费较多的时间和精力，调查的成本较高，而且并不是对所有的供应商都是必需的，所以要注意以下条件：

A. 准备发展成紧密关系的供应商。例如，在进行准时化采购时，供应商的产品准时、免检、直接送上生产线进行装配，这时与供应商形成的关系就像企业与生产车间的关系一样，如果要选择这样紧密关系的供应商，就必须进行深入的供应商调查。

B. 寻找关键零部件产品的供应商。如果企业所采购的是一种关键零部件，特别是精密度高、加工难度大、质量要求高、在产品中起核心功能作用的零部件产品，在选择供应商时需要特别小心，要进行认真、反复的考察审核。

除以上两种情况外，对于一般关系的供应商或者非关键产品的供应商，一般不必进行深入的调查，只要进行简单的初步调查即可。

② 深入供应商调查的内容。在对供应商调查的过程中，无论采用哪种方式，表2-2中所列的内容是必须要进行调查的。

表 2-2 供应商深入调查内容表

（1）材料供应状况	① 商品所用原材料的供应来源； ② 材料的供应渠道是否畅通； ③ 原材料的品质是否稳定； ④ 供应商原料来源发生困难时，其应变能力的高低等
（2）专业技术能力	① 技术人员素质的高低； ② 技术人员研发能力的高低； ③ 各种专业技术能力的高低
（3）质量控制能力	① 质量管理组织是否健全； ② 质量管理人员素质的高低； ③ 质量管理制度是否完善； ④ 检验仪器是否精密及维护是否良好； ⑤ 原材料的选择及进料检验的严格程度； ⑥ 质量管理操作方法及制程管制标准是否规范； ⑦ 成品规格及成品检验标准是否规范； ⑧ 质量异常的追溯是否程序化； ⑨ 统计技术是否科学及统计资料是否翔实等
（4）管理人员水平	① 管理人员素质的高低； ② 管理人员工作经验是否丰富； ③ 管理人员工作能力的高低
（5）机器设备情况	① 机器设备的名称、规格、厂牌、使用年限及生产能力； ② 机器设备的新旧、性能及维护状况等
（6）财务及信用状况	① 每月的产值、销售额； ② 来往的客户； ③ 经营的业绩及发展前景等
（7）管理规范制度	① 管理制度是否系统化、科学化； ② 工作指导规范是否完备； ③ 执行情况是否良好

（4）管理供应商。许多企业属于满足顾客生活需要的产业，本身不生产，也不制造商品，顶多是再加工而已，比较依赖厂商供货。许多企业的供应商可能多达几百家，有的甚至多达千家，在此种情形下一定要对供应商进行管理。下面是管理供应商的一些方法：

① 进行供应商分类与编号。一般企业所销售的商品范围相当广泛，故应对供应商进行分类管理。

② 建立供应商基本资料档案。将供应商的基本资料，包括企业名称、地址、电话、负责人、资本额、营业证、营业额等，建立基本资料卡，由计算机存档并管理，以便随时可以查阅。

③ 建立供应商商品台账。为供应商所供应商品的进价、售价、规格、数量、毛利率等商品资料建立台账，作为统筹商品的基础，当进售价或规格有所变更时要及时修改。

④ 统计供应商销售数量。对于每家供应商商品的销售量、销售额必须予以统计，作为议价谈判的筹码。

⑤ 利用 ABC 管理法来管理供应商，把供应商评价分为 A、B、C 这 3 级，A 级厂商通常由企业主管亲自控制和管理，或由企业自己来决定合作方式。

有关供应商评价的内容及各项打分标准请参考表 2-3。采购人员应该按照表 2-3 对供应商进行严格审核,以确保供应商能够始终如一地提供高质量的供应服务。

表 2-3 供应商评价表

项　目	评　价				得分
	A	B	C	D	
商品畅销程度	非常畅销(10)	畅销(8)	普通(6)	滞销(2)	
次品率	2%以下(15)	2%～5%(10)	5%～10%(6)	10%(2)	
配送能力	准时(15)	偶误(10)	常误(5)	时常误(2)	
供应价格	比竞争店优(20)	与竞争店同(10)	略差于竞争店(8)	与竞争店差距大(2)	
促销配合	极佳(15)	佳(10)	差(5)	极差(2)	
商品品质	佳(10)	一般(8)	差(6)	时常出现坏品(2)	
退货服务	准时(10)	偶误(8)	常误(6)	时常误(2)	
供应商经营潜能	极佳(10)	佳(8)	普通(6)	小(2)	
备注	*评价每半年一次,一年两次,取平均得分; *得分 71 分及以上的为 A,61～70 分为 B,51～60 分为 C,50 分及以下为 D; *A 级供应商年度适当表扬				

二、供应商的开发与培养

1. 供应商的开发

一批满足企业需要的供应商是企业的宝贵资源。供应商适时适量地为企业提供物资供应,可以保证企业生产和流通的顺利进行,这是企业最大的需求。企业生产需要物资,供应商就相当于企业的后勤队伍,供应商开发和管理实际上就是企业后勤队伍的建设。

供应商开发要从无到有地寻找新的供应商,建立起适合于企业需要的供应商队伍。在采购工作中,供应商管理的一个重要任务就是要开发供应商。供应商开发是一项很重要的工作,同时也是一个庞大复杂的系统工程,需要精心策划、认真组织。

(1) 供应商信息来源。要开发供应商,首先必须扩大供应商信息来源,供应商越多,选择供应商的机会就越大。供应商的主要信息来源于:国内外采购指南;国内外产品发布会;国内外新闻传播媒体;国内外产品展销会;政府组织的各类商品订货会;国内外行业协会会员名录、产业公报;国内外企业协会;国内外各种厂商联谊会或同业工会;国内外政府相关统计调查报告或刊物;其他各类出版物的厂商名录;利用电视、报纸做全国性或区域性的招商广告,先吸引供应商接触,再慢慢选择;媒体上的联络电话、地址是供应商信息的来源等。

(2) 供应商开发的步骤。供应商开发是采购体系的核心,一般来说,先要确认供应商是否建有一套稳定有效的质量保证体系,然后确认供应商是否具有生产所需特定产品的设备和工艺能力。其具体步骤如下:

① 供应市场竞争分析。先对潜在供应商有一个大概的了解,如目前市场的发展趋势是怎样的,各大供应商在市场中的定位是怎样的,再将所需产品按 ABC 分类法找出重点物资、普通物资和一般物资,根据物资重要程度决定供应商关系的紧密程度。

② 寻找潜在供应商。经过对市场的仔细分析,可以通过供应商信息来源来寻找供应商。在这些供应商中,剔除明显不适合进一步合作的供应商后,就能得出一份供应商考察名录。

③ 对供应商的实地考察。邀请质量部门和工艺师一起参与供应商的实地考察，他们不仅具有专业的知识与经验，而且共同审核的经历也会有助于双方的沟通和协调。在实地考察中，应该使用统一的评分标准进行评估，并着重对管理体系进行审核，如作业指导书、质量记录等，重要的还有销售合同评审、供应商管理、培训管理、设备管理及计量管理等。在考察中，要及时与团队成员沟通，了解供应商的优点和缺点，并听取供应商的解释。如果供应商有改进意向，可要求供应商提供改进措施报告，作进一步评估。

④ 对供应商的询价与报价。对合格的供应商发出询价文件，一般包括图纸和规格、样品、数量、大致采购周期、要求交付日期等细节，并要求供应商在指定的日期内完成报价。在收到报价后，要对相关条款仔细分析，对其中的疑问要彻底澄清，并作相应记录，包括传真、电子邮件等。根据报价信息进行报价分析，比较不同供应商的报价，选择报价合适的供应商。

⑤ 合同谈判。对报价合适的供应商进行价格、批量产品、交货期、快速反应能力、供应商成本变动及责任赔偿等方面的谈判。每个供应商都是所在领域的专家，多听取供应商的建议往往会有意外的收获。

⑥ 供应商辅导。价格谈好以后，试运行供应商，采购部门要积极参与辅导、合作。采购部门应当根据生产的需要，与供应商共同来设计并规范相互之间的作业协调关系，制定一定的作业手册和规章制度，并且要对供应商在管理、技术、质量保障等方面进行辅导。

⑦ 追踪考核。在试运作阶段，采购部门要对供应商的物资供应业务进行追踪考核。考核主要从产品质量是否合格、交货是否准时、交货数量是否满足及信用度几个方面进行。

⑧ 选择确定供应商。通过策略联盟、参与设计，供应商可以有效帮助企业降低成本。但是，采购周期、库存、运输等都是看不见的成本，要把有条件的供应商纳入适时送货系统，尽量减少存货，降低企业的总成本。

总之，开发供应商时需要注意：一是要选择那些企业形象好且有实力的供应商；二要避免选择独家供应商；三要采用科学的选择方法。

（3）供应商关系的开发。供应商关系的开发是指采购部门与供应商建立战略性合作伙伴关系，把供应商纳入企业的供应链管理中来。

许多企业正在逐渐认识到建立良好的供应商关系的重要性，以前许多企业把供应商看成对手，并在此基础上与他们共事。好的供应商关系能够带来许多好处，供应商还总能帮助企业发现问题，提出解决建议。因此，单纯依据价格选择和变换供应商是一种很短见的做法，不能满足不断变化的市场需求。

保持好的供应商关系已经成为企业维持竞争优势的重要因素，企业应视供应商为伙伴，与可靠供应商建立稳定的战略性合作伙伴关系。这些供应商能够进行高质量供应，严格按照交付时间运作，保持与企业生产规模变化、交付时间等相关的柔性。

2. 供应商的培养

采购工作就是要持续不断获得高质量、低价格、及时交付的产品和超越期望的服务，而要实现这一目标，必须拥有优秀且忠诚的供应商。优秀的供应商应具备提供高质量、低价格、及时交付的产品和提供超越期望的服务的能力；同时，供应商始终把采购商作为第一顾客，始终以采购商的需要作为自己持续改进的方向，忠诚于采购企业。

在企业的吸引力还不够强大的情况下，要拥有优秀且忠诚的供应商，培养比寻找更加重要。

（1）要正确认识供应商在产品实现过程中的基础作用，树立依靠供应商、服务供应商的思想,善待供应商,给供应商以信心。供应商是产品实现的基础,要平等对待供应商,主动维护供应商的利益。

(2)要充分认识到打造优秀且忠诚的供应商队伍对企业生存和发展的重要性,从建设零部件制造基地的战略高度对供应商进行选择、评价和管理。选择供应商应遵循"合适"的原则,评价供应商要重视供应商的发展潜力,管理供应商要管理与帮助并重,常用方法是:帮助供应商提升设计和制造过程的质量保证能力;帮助供应商提升成本控制能力;帮助供应商完善计划管理手段;帮助供应商开拓市场,维持其稳定;为供应商提供员工培训支持。

总之,要平等对待供应商,积极培养供应商,以持续不断地获得高品质、低价格、及时交付的产品和超越期望的服务。

三、供应商的激励与控制

1. 供应商的激励

激励是管理者为了使被管理者按照自己设定的程序或要求进行操作,以便取得预定的绩效而对被管理者实施的物质或精神上的奖励或惩罚措施。

在现代物流管理中,组织的物流管理范围被扩大,向两端延伸至供应商和用户,以供应链一体化为主的物流管理模式成为突出特征。企业与供应商之间已经超越了买卖关系,形成了双方共同努力、谋求共赢的战略合作伙伴关系。在这种前提下,企业对供应商的关注程度被提高,甚至将供应商纳入日常的管理,对供应商的激励就是其实施有效管理的手段之一。

对供应商实施有效的激励,有利于增强供应商之间的适度竞争,保持对供应商的动态管理,提高供应商的服务水平,降低企业采购的风险。

(1)激励的措施。

① 建立供应商业绩评价体系。建立供应商业绩评价体系是建立供应商激励机制的基础,包括供应商信息的收集、业绩评价方法、评价和分析工具、评价组织与人员等方面的内容。其中,供应商信息的收集主要是收集供应商为企业提供物资供应过程中所产生的各种信息,包括质量、价格、交货及时性、服务与工作配合等信息;业绩评价方法是指进行评价时采用的方法,一般有定性评价和定量评价两种(定量评价被较多采用);分析和评价工具包括数学模型的采用、权变理论的应用、加权平均法的应用等多种;评价组织与人员是指企业应建立对供应商进行业绩评价和管理的组织部门,并配置适宜的、拥有评价工作需要的专业技能的人员。

另外,对供应商进行业绩评价的周期选择也非常重要,周期太短则信息有限,评价结果不能说明供应商的实际业绩水平;周期太长,又会使供应商对业绩评价失去兴趣,难以发挥评价的作用。

② 建立供应商激励标准。激励标准是对供应商实施激励的依据,制定激励标准时需要考虑的因素:本企业采购物资的种类、数量、采购频率、采购政策、货款的结算政策等;供应商的供货能力,可以提供的物资种类、数量;供应商所属行业的进入壁垒;供应商的需求,重点是现阶段供应商最迫切的需求;竞争对手的采购政策、采购规模;是否有替代品。

考虑上述因素的主要目的是针对不同的供应商,为其提供量身定做的激励方案,以达到良好的激励效果。

(2)激励的方式。按照实施激励的手段不同,可以把激励分为两大类:正激励和负激励。所谓正激励,就是根据供应商的业绩评价结果,为供应商提供的奖励性激励,目的是使供应商得到这样的激励后，能够"百尺竿头，更进一步"；负激励则是对业绩评价较差的供应商提供的惩罚性激励，目的是使其"痛定思痛"，或者将该供应商清除出去。

常见的正激励有几种表现形式：一是延长合作期限，把企业与供应商的合作期限延长，可以增强供应商业务的稳定性，降低其经营风险；二是增加合作份额，提高供应物资的数量，可以增加供应商的营业额，提高其获利能力；三是增加物资类别，增加合作的物资种类，可以使供应商一次送货的成本降低；四是供应商级别提升，能够增强供应商的美誉度和市场影响力，增加其市场竞争力；五是书面表扬，能够增强供应商的美誉度和市场影响力；六是颁发证书或锦旗，有助于提升其美誉度；七是现金或实物奖励。

与此相对应，常见的负激励也有几种表现形式：缩短合作期限，即单方面强行缩短合作期限；减少合作份额；减少物资种类；业务扣款；降低供应商级别；依照法定程序对供应商提起诉讼，用法律手段解决争议或提出赔偿要求；淘汰，即终止与供应商的合作。

（3）激励方式的选择。在供应商业绩评价的基础上，按照得分多少对供应商进行分级。对于同类供应商，按照数量的多少，选择排名前三位的给予正激励，排名倒数三位的给予负激励，各种激励方式适用于不同的供应商。

负激励是一种惩罚性激励手段，一般用于业绩不佳的供应商。实施负激励的目的在于提高供应商的积极性，改进合作效果，维护企业利益不受损失。

（4）激励时机的确定。对供应商的激励一般在对供应商业绩进行一次或多次评价之后，以评价结论为实施依据。激励时机一般有：市场上同类供应商的竞争较为激烈，而现有供应商的业绩不见提升时；供应商之间缺乏竞争，物资供应相对稳定时；供应商缺乏危机感时；供应商对公司利益缺乏高度关注时；供应商业绩有明显提高，对公司效益增长贡献显著时；供应商的行为对公司利益有损害时；按照合同规定，公司利益将受到影响时；出现经济纠纷时；需要提升供应商级别时；其他需要对供应商实施激励的情况。

需要注意的是，在对供应商实施负激励之前，要查看该供应商是否有款项尚未结清，是否存在法律上的风险，是否会对公司的生产经营造成重大影响，是否会对大部分供应商产生负面影响，以避免因激励而给公司带来麻烦。

（5）激励的实施。激励由企业的供应商管理部门根据业绩评价结果提出，由部门经理审核，呈报分管副总经理批准后实施。实施对供应商的激励之后，要关注供应商的行为，尤其是受到负激励的供应商，观察对他们实施激励前后的变化，作为评价和改进供应商激励方案的依据，以防出现各种对企业不利的问题。

2. 供应商的控制

供应商控制是指企业对供应商原辅料及配套的服务进行评估和接收的程序。供应商是生产资料的制造或经营者，所提供的器材直接影响产品的质量与成本，其生产（经营）能力与管理水平将影响客户的生产与效益。为了保证产品的正常生产与维护企业的经济效益，在进行物资采购的过程中应加强对供应商的管理与控制。供应商控制是保障企业生产与经济效益的重要环节，适用于大中型企业及所有实行严格管理的企业。

（1）供应商控制的目的。

① 实现价格控制。对于供应商来说，商品价格的高低直接关系其销售额和利润的多少。虽然在一定的压力或诱惑下，供应商会在其可以承受的范围内在价格上做出一定的让步，但前提是保证供应商有利可图。从另一角度来看，商品价格对于采购企业来讲意味着成本，为了获得更高的利润，采购企业将努力压低各个方面的成本，通过控制供应商的价格来控制自身的成本。

② 保证供应产品质量。产品质量是企业的生命，对供应商的控制可以直接影响采购企业对其产品质量的控制。如果能够积极有效地对上游供应商进行控制，供应商在做出一

定让步的同时会积极地维护其与采购商之间的关系,在供应商内部就会自然地加强质量管理和控制,从而保证采购企业的产品质量。

③ 节省物流成本。为了降低成本,买卖双方可以通过协商来控制物流成本,建立一套行之有效的物流体系。这样,采购企业可以及时地得到其所需要的产品,节省时间,快速地对市场变化做出反应。

(2) 供应商控制的方法。

① 制订联合质量计划。采购作业需要把供需双方的能力对等协调起来,协调的办法就是制订联合质量计划。联合质量计划一般包括经济、技术、管理 3 个方面内容。

② 向供应商派常驻代表。为直接掌握供应商的商品质量状况,可由采购方向供应商派出常驻代表,其主要职责是向供应商提出具体的商品质量要求,了解供应商质量管理的有关情况,如质量管理机构的设置,质量体系文件的编制,质量体系的建立与实施,产品设计、生产、包装、检验等情况,特别是对出厂前的最终检验和试验进行监督,对供应商出具的质量证明材料进行核实并确认,起到在供应商内部进行质量把关的作用。对于具有长期稳定的业务联系,建立了固定的购销关系,采购批量大、技术性强、对质量要求严格的供应商,采购方还可派出质检组常驻,不仅要对商品质量进行全程、全面地检查和监督,而且要监督买卖合同的全面执行,保证及时生产、及时发货,满足采购方各方面的要求。同时,质检组还可向供应商反映已购产品在使用过程中的问题和新的要求,促使供应商改进和提高产品质量,不断开发用户所需要的新产品。

③ 定期或不定期监督检查。采购方可根据实际情况派技术人员或专家对供应商进行定期或不定期监督检查。通过监督检查,有利于全面把握供应商的综合质量能力,及时发现薄弱环节并要求其改善,从而从机制上保证供货质量。

④ 定期排序。排序的主要目的是评估供应商的质量保证能力,以及为是否保留、更换供应商提供决策依据。排序的一般准则为:质量合格率、商品投放使用后的质量问题、回复质量问题纠正报告的态度和速度、交货期履约情况。

⑤ 设监督点对关键工序或特殊工序进行监督检查。

⑥ 成品联合检验,可由客户与采购人员一起到供应商处实行联合检验。

⑦ 要求供应商及时报告生产条件或生产方式的重大变更情况。

为有效地控制采购商品的质量,除采取上述方法外,采购方还应帮助供应商导入新的体系和方法,如导入自身多年总结出的先进质量管理手段和技术方法,主动地帮助指导供应商在短时间内提升质量管理水平和技术水平,增强质量保证能力。采购方对供应商给予多方面的帮助,主要目的不是扩大生产能力,而是提高商品质量,如可通过帮助供应商组织有关人员的技术培训,进行设备的技术改造,实现检验和试验的标准化、规范化,争取通过质量体系认证等措施进行帮助。

案例阅读

某制造企业供应商管理办法

1. 总则

(1) 为了稳定供应商队伍,建立长期互惠的供求关系,特制定本办法。

(2) 本办法适用于向公司长期供应原辅材料、零件、部件及提供配套服务的厂商。

2. 管理原则和体制

(1) 公司采购部或配套部主管供应商,生产制造、财务、研发等部门予以协助。

(2) 对选定的供应商,公司与之签订长期供应合作协议,在该协议中具体规定双方的权利和义务、双方的互惠条件。

(3) 公司可对供应商评定信用等级,根据等级实施不同的管理。

（4）公司定期或不定期地对供应商进行评价，不合格的解除长期供应合作协议。
（5）公司对零部件供应商可颁发生产配套许可证。

3. 供应商的评级指标体系与筛选程序

供应商评级指标体系如下：
（1）质量水平。包括物料来件的优良品率、质量保证体系、样品质量、对质量问题的处理。
（2）交货能力。包括交货的及时性、供货的弹性、样品的及时性、增、减订货的反应能力。
（3）价格水平。包括优惠程度、消化涨价的能力、成本下降空间。
（4）技术能力。包括工艺技术的先进性、后续研发能力、产品设计能力、对技术问题的反应能力。
（5）后援服务。包括零星订货保证、配套售后服务能力。
（6）人力资源。包括经营团队、员工素质。
（7）现有合作状况。包括合同履约率、年均供货额外负担和所占比例、合作年限、合作融洽关系。

具体筛选与评级供应商时，应根据形成的指标体系，给出各指标的权重和打分标准。

供应商筛选程序如下：
（1）对每类物料，由采购部经市场调研后，各提出5~10家候选供应商名单。
（2）公司成立一个由采购、质管、技术部门组成的供应商评选小组。
（3）评选小组初审候选供应商后，由采购部实地调查供应商，双方协填调查表。
（4）经对各候选供应商逐条对照打分，计算出总分排序后决定取舍。
① 核准为供应商的，开始采购；没有通过的，请其继续改进，保留其未来候选资格。
② 每年对供应商予以重新评估，不合要求的予以淘汰，从候选队伍中再行补充合格供应商。
③ 公司可给供应商划定不同信用等级以便进行管理。
④ 对最高信用的供应商，公司可提供物料免检、优先支付货款等优惠待遇。

4. 管理措施

（1）公司对重要的供应商可派遣专职驻厂员，或经常对供应商进行质量检查。
（2）公司定期或不定期地对供应商品进行质量检测或现场检查。
（3）公司减少对个别供应商大户的过分依赖，分散采购风险。
（4）公司制定各采购件的验收标准及与供应商的验收交接规程。
（5）公司采购、研发、生产、技术部门，可对供应商进行业务指导和培训，但应注意公司产品核心或关键技术不扩散、不泄密。
（6）公司对重要的、有发展潜力的、符合公司投资方针的供应商，可以投资入股，建立与供应商的产权关系。

任务3　采购商品的细分与说明

【任务目标】

以学习小组为单位，根据拟定的企业自身情况列出所有需采购的商品，按照采购对象细分的方法进行细分，理解并掌握采购对象的基本分类、细分法则和细分方法。同时，选择某类产品，对其规格进行说明，熟悉规格说明的内容和说明方法。在任务实施过程中，培养团队合作精神，提高管理的创新能力。

【任务内容】

（1）各小组在分析企业情况的基础上，列出所有采购商品。
（2）细分采购商品，书面表达。
（3）选择某类商品进行规格说明，书面表达。
（4）制作PPT，进行汇报展示。

【组织方法】

（1）以学习小组为单位，事先收集资料或进行实地调研，了解企业外购商品情况，按照采购对象细分方法，讨论细分采购商品，选择某类商品并运用相关知识进行规格说明。

（2）小组讨论与研究，形成最终采购商品细分结果与商品规格说明，制作汇报展示PPT，选派一名成员汇报展示。

【考核评价】

考核项目	考核要求	分值	得分
调查研究和资料收集	完成采购商品细分、规格说明的前期准备工作，进行实地或网络调研，查找相关资料，要求过程资料完整、翔实	20	
现场讨论情况	小组成员发表对采购商品分类、规格说明内容的看法，要求全组成员参与，表达清晰，气氛热烈，内容全面、完整	20	
采购商品细分及规格说明	按照企业实际情况，细分所有采购商品，制定某类商品的规格说明，要求分类科学、合理，产品规格说明全面、清晰，形成书面报告，内容全面、完整	20	
汇报展示	制作PPT并说明分析过程和结论，要求PPT简洁、明了，汇报清晰且有条理	20	
团队精神	通力合作，分工合理，相互补充	10	
	发言积极，乐于与组员分享成果，组员参与积极性高	10	

【知识库】

一、采购商品分类

采购商品的分类是采购管理中对需求的识别过程，能够帮助企业确定相应的采购战略和策略，对提高企业的管理水平、降低采购成本具有重要的现实意义。

1. 采购商品的一般分类

（1）有形采购商品与无形采购商品。这是根据采购输出的结果来分类的。

① 有形采购商品。有形采购商品是指生产中所用机器设备、原材料及低值易耗品等。机器设备属于固定资产，使用寿命相对较长，故此类商品采购的特点是采购次数少，每单采购金额大。原材料是指生产中所用的主料、辅料和半成品等。低值易耗品是指价值较低且在生产过程中容易损坏的物品，其特点是采购的次数多。

有形采购商品的内容包括原料、辅助材料、半成品、零部件、成品、投资品或固定设备，以及维护和修理运营用品等。

② 无形采购商品。无形采购商品主要包括劳务等，如聘请专业机构提供会计服务、管理咨询、法律咨询、程序设计等服务。此类采购的技术含量高，采购人员需针对企业的不同需求，选择在特定方面有优势的专业服务供应商。对劳务的采购还包括售前服务和售后服务。无形商品采购一般不单独进行，而是随着有形商品采购而发生，主要形式有技术、服务和工程发包等。

（2）直接物料与间接物料。这是根据采购对象与企业最终产品的关系来分类的。

① 直接物料。直接物料用于构成采购企业向其客户提供的产品或服务的全部或部分，是与最终产品生产直接相关的物料，通常是大宗采购。由于直接物料采购对于企业而言具有可预见性和大宗交易的特点，所以在企业整体采购交易次数方面所占的比重通常比较小，但采购额却占企业总采购支出的份额较大。

② 间接物料。间接物料应用和消耗于企业的内部生产和经营活动中，涉及面广，但采购量小。间接物料采购金额相比于直接物料要小得多，但间接物料的采购直接影响企业的正常运行，所以现在很多企业在采购部门里将直接物料和间接物料分开管理。

2. 采购商品的分类方法

（1）80/20 法则。意大利经济学家帕累托提出，社会财富的 80% 是掌握在 20% 的人手中，而余下的 80% 的人只占有 20% 的财富。这种"关键的少数和次要的多数"的理论被广泛应用于社会学和经济学中，被称为帕累托法则。

在通常情况下，数量或种类占到总采购数量或种类 80% 的采购对象只占到总采购价值的 20%，而数量或种类只占到总采购数量或种类 20% 的采购对象却占到总采购价值的 80%，其中有 50% 的物品价值总量在 2% 以下。因此，需要确定哪些物料是重要的，哪些物料相对不太重要。

80/20 法则为有针对性地制定不同对象的采购策略提供了有益的启示：采购工作的重点应该放在占到总采购价值的 80% 而数量或种类只占到 20% 的这部分战略物品和集中采购品上，当然，并不是说完全放弃那些数量或种类占 80% 而价值只占 20% 的采购商品。

（2）卡拉杰克商品分类模块。国外学者彼得·卡拉杰克提出了商品分类模块，这种分类主要基于两类因素：一是采购商品对于企业的重要性，主要指对企业的生产过程、产品质量、物料供应、企业成本等所产生的影响大小，通常表现为这类商品占采购总价值的高低；二是供应风险与机会，主要指供应市场的复杂性、技术创新及原材料更替的步伐、市场进入的门槛、物流成本及复杂性、供给垄断或短缺等市场条件。

依据不同商品对于企业的重要性及供应的风险，可将所有采购商品分为战略采购品、瓶颈采购品、集中采购品和正常采购品，如图 2.1 所示。

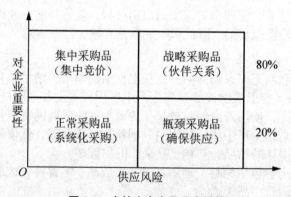

图 2.1 卡拉杰克商品分类模块

① 战略采购品。战略采购品又称关键采购品，是指占采购总价值的比例高、产品要求高，同时又只有依靠个别供应商供应或者供应难以确保的物品。这类物品在最终产品的成本中占有很大份额，且决定产成品成本和价格，对企业的盈利能力起到关键性的作用。在这种情况下，任何采购上的偏差都可能对企业造成负面影响。

对于战略采购品，最好的策略就是找到可靠的供应商并发展成为伙伴关系，通过双方的共同努力去改进产品质量,提高交货可靠性和稳定性,降低成本,必要时还应组织供应商参与企业的产品开发。

② 集中采购品。集中采购品又称杠杆采购品,具有较低的采购风险、较高的采购价值比例,很容易从不同供应商处购得。由于这类采购品占较高的采购价值比例,对于供应商来说有较大的吸引力,因此采购企业具有较强的讨价还价能力。集中采购品对于任何一家采购企业来说都是很有利的,如化工、钢铁、包装等原材料或标准品均属于此类采购品。

由于这类采购品供应充足、通用性强,所以采购企业主要的工作应放在降低采购成本上,追求最低采购价格,同时保证质量和供应的可靠性。

③ 瓶颈采购品。瓶颈采购品具有较高的采购风险,占企业采购总价值比例较低。这类采购品只能从少数几家供应商处获取,虽然运输不便,但对财务影响较低。当产品的设计是基于某项新技术,或者产品依赖于某些紧缺的零部件时,就可能出现这种情况。

对于瓶颈采购品,首先,要让供应商确保供应,必要时可以提高采购价格;其次,要通过风险分析制订应急计划,签订数量保险合同,以及采取供应商管理库存、确保额外库存、寻找潜在供应商等措施来规避风险。

④ 正常采购品。正常采购品又称日常采购品,包括办公用品、维修备件、标准件等其他价值低、有大量供应商的采购物品。由于这类采购品采购价格较低、种类广泛,所以要采用程序化、规格化、系统化的工作作业方式,通过提高产品标准和改进生产流程来减少采购投入。

二、采购商品规格说明

商品规格是指一些足以反映商品品质的主要指标,如化学成分、含量、纯度、性能、容量、长短、粗细等。例如,衣服的商品规格指的是尺寸的大小,一般分为大号、中号、小号等。

规格说明是采购企业将自己的需求有效传递给可能的供应商的主要方式。规格可以描述供应商所供应的产品或服务必须满足的性能参数,或者给出产品或服务如何去做的完整方案。规格说明也是采购订单和采购合同的核心内容,对于优良品质采购商品的获取起着非常重要的作用。此外,规格说明还能协调解决设计部门、制造部门、营销部门和采购部门之间的冲突。

对商品的描述可以采用多种方式,也可以几种方式组合,常用的描述方式主要有设计图和样图、品牌和商标、商业规格、设计规格、市场等级、原材料和制造方式的规格、功能规格、样品、化学和物理规格等。大多数企业的产品需要以上述方式中的两种或更多的方式来对产品规格进行说明。在通常情况下,无形服务产品和有形产品的规格说明方式是不同的。

1. 有形产品规格的说明

(1) 设计图和样图。规格的一般形式是工程设计图或工程样图。这种形式的规格适用于机械加工品、铸件、锻件、压模部件、建筑构件、电子线路和组件等的采购。这种描述方式成本较大,不仅在于准备蓝图或计算机程序本身的成本,而且在于用它来描述的产品对于供应商来说往往是特别的而不是标准化的商品,因此需要花费很大成本才能生产。不过,这种描述方式是所有描述方法中最准确的一种,尤其适用于购买那些生产中需要高完美度和精密度的产品。

(2) 品牌和商标。当产品或服务因专利或商业机密保护导致需求量太少而不成规格,或者用户明确表明对某个品牌的偏好时,就需要使用品牌和商标。但是,用品牌和商标作为规格说明会产生一些问题,减少这些问题的方法是在规格中容纳更多的品牌,因为众多品牌中总有一个可以满足用户的需求。可以列出产品主要的和必备的性能,以便确定合适的品牌，确定什么物资可以满足特殊需求，并且识别产品在大小、重量、速度和容量方面的细微差别。

另外，使用品牌产品可能会造成对品牌的过度依赖。这可能会减少潜在供应商的数量，也会使采购者丧失机会，享受不到竞争带来的价格降低或者质量改进的好处。

（3）商业规格。商业规格描述原材料做工的质量、尺寸、化学成分、检验方法等。

由于重复使用相同的材料，所以为这些材料制定了商业标准。这些商业标准完整描述了标准化项目，是使用大量生产系统的重要条件，对有效率的采购方而言相当重要。当材料是根据商业规格制定的时候，就可以省去许多麻烦。

在商业贸易往来中，许多商品已经设立了标准规格。商业标准适用于原料、装配物料、个别的零部件及配件等。

（4）设计规格。设计规格是买方为自己所需要而建立的规格，对所需要的产品或服务给出了完整的描述，并且通常定义了通过何种流程可以制造出产品和原材料。设计规格可以使买方最大限度地控制最终结果。

买方在建立设计规格时应该尽量符合产业的标准，如果必须有特别的尺寸、公差或特征时，应努力使这些"特别品"成为标准零件的附加或替代品，如此可以节省许多时间和金钱；另外，还应该尽可能地避免因使用著名品牌，或因商标或专利品形成单一供应源而导致的过高价格。

由于确保符合买方设计规格的检验成本相当高，所以使用这种方式采购原料时需要特别地做好检验工作。

（5）市场等级。所谓市场等级，是依据过去所建立的标准来判定某项特定的商品。此方式通常限于天然商品，主要有木材、农产品、肉和奶制品。市场等级的主要问题是产品质量在时间方面的变动性和评定者给出的等级连贯性。

在采用市场等级的规格方式时，检验的作用非常重要。采购同等级的商品时，买方通常通过人工检验作为采购的技巧。

（6）原材料和制造方式的规格。原材料和制造方式的规格使供应商能确切地了解使用什么样的原材料，以及如何生产所需要的产品。因为采购方向供应商阐明了如何完成工作，供应商将从品质保证中所隐含的特殊用途中解脱出来。

原材料和制造方式的规格常应用于军事服务和能源部门，近年来在产业界也在用其修正后规格，如颜料、钢铁、化学及药品等行业。但是，这种方式在产业界中的应用面还是非常小的，因为采购人员的责任过于重大。而且，采用这种方式，规格制定和检验的成本是相当昂贵的。

这种规格描述方式的一个重要特征是由于产品的标准化，所以取得优良服务和价格不会违反公平交易的原则，毕竟每个供应商使用的原料和制造方式存在相当大的差异。

（7）功能规格。功能规格定义了产品或服务所必须达到的效果，用于定义重要的设备及相关类型的服务。采购方对最终结果感兴趣，细节并不重要，而是取决于供应商。当使用功能规格时，供应商将最大限度地确定如何满足需求，同时对最终产品的质量负责。

使用这种规格时，供应商的选择是非常重要的，必须要选择有能力且诚实的供应商。因为供应商必须承担设计、制造产品及品质的责任，若供应商能力不足，就无法提供先进的技术及制造知识；若供应商不够诚实，则材料及技术可能相当低劣。所以，使用这项规格时，必须在众多供应商中选择最佳者，只有有潜力的供应商才可保证品质，以及通过竞争提供较合理的价格。

（8）样品。样品可以用作规格。当样品满足采购方的需求时，规格将引用样品，并且声明生产的其他产品应该以样品为标准。样品通常只适用于其他规格方式皆不适用的情况、颜色、印刷及等级无法以规格说明。例如，对一些商品而言，诸如小麦、玉米、棉花等，利用样本建立等级是最佳描述规格的方式。

（9）化学和物理规格。化学和物理规格定义了采购方所想采购的原材料的特性，是指对产品的性质描述，且这些性质描述通常就是要检测的项目，检测成本较低。

在编制商品规格说明时，既要考虑采购产品或服务的属性，也要考虑企业所要达到的总体供应目标与指标。一般来说，供应目标与指标表现在：一要确保所采购产品或服务具有企业所要求的质量，有时还应具备一定的新颖性与差异性；二要确保所需采购的产品或服务供应及时可靠；三是可以得到必要的供应商支持（如技术支持、维护和培训等）；四要确保总成本最低。一般商品规格说明包含的内容见表2-4。

表2-4 一般商品规格说明包含的内容

产品或服务质量	明确描述所需工程图、设计图等事项，以及必须达到的相关性能； 质量检测与测试要求，包括审核文件、亲临现场检验或发运前的检查
数量与交货	要求的数量； 交货日期、地点及相关交货规定； 交货限制； 特殊运输要求和运输方法； 包装要求； 确定通知供应商有关信息的时间； 要求供应商提供按时交货的日程计划，以及对计划执行情况的报告； 如需要，交货前对商品进行检验
服务/响应	要求的服务水平（可以合理地量化）； 要求指定一名"客户经理"； 要求对复杂设备的安装和使用提供技术支持和协助； 要求培训； 要求维护支持和及时供应配件； 对维修请求的响应时间； 管理信息要求
成本指标	最高采购价格； 最高获取成本； 最高总成本； 平价供应商报价的成本基础
联系人信息	联系人姓名、地址等
背景和责任范围	有关本企业的基本信息； 供应商的义务，如设计、生产、交货、维护或操作等方面的义务； 必要时，供应商要负责获取进出口许可证，支付关税、安排清关等
法律要求	所采购产品或服务应遵守的法律
政策要求	供应商应遵守的本企业及其他职能部门的政策

2. 无形服务产品规格的说明

企业需要的服务类型很多，如运输、仓储、广告、金融、培训、保洁、设计、管理咨询等。明确服务规格的具体要求比明确实体产品更难，因为服务是无形的，很难对其好坏、优劣进行定义。譬如说，清洗一座建筑物的外墙，清洗到什么程度才算干净？修理一台机器设备，耗费多长时间才是合理的？

尽管如此，服务规格仍要尽可能地明确。对于服务的过程和结果，可以用工作说明书来进行规定。工作说明书为提供服务的供应商清晰地描述了将要完成的包括检查、验收和接收在内的工作，以及将要取得的成果和其他要求。工作说明书应足够详细，以使期望中的卖方确定是否有能力提供各事项。在服务完成后，采购企业和供应商之间的许多纠纷都来自对服务内容理解的差异，此时就需要用到工作说明书。

工作说明书详细地说明了需要做的工作内容、工作的范围，包括时间期限、采购企业所期望的最终产品或结果、评估绩效和服务质量的标准。工作说明书的内容必须能保障买方能获得满意的服务，同时也要保留足够的弹性，让供应商创造出工作上的附加价值。一份完整的工作说明书除了应该简单明了外，对于所应达到的工作品质，也应尽量以量化的方式来规范对绩效的评估。

一般的工作说明书主要包括以下内容：

（1）前言。对项目背景等信息作简单描述。

（2）项目工作范围。详细描述项目的服务范围，包括业务领域、流程覆盖、系统范围及其他等。

（3）项目工作方法。项目拟采用的主要方法。

（4）假定。项目进行的假定条件，具体内容需双方达成。

（5）工作期限和工作量估计。项目的时间跨度和服务期限，对于按人/天计算费用的项目，需评估服务工作人数和时间，并估算项目预算。

（6）双方角色和责任。分为供应商的职责和企业的职责，并对关键角色的工作职责进行描述。

（7）交付件。列出项目的主要交付资料，并对交付件的内容与质量要求进行描述。

（8）完成及验收标准。列出项目的完成标准和阶段完成标准，完成标准作为项目验收的依据内容。

（9）服务人员。列出供应商的人员名单及顾问资格信息。对于供应商人员的变更，应描述在什么情况下可进行供应商人员的变更。

（10）聘用条款。对聘用供应商人员的级别要求、经验要求及其他相关条款。

（11）收费和付款方式。项目的付款方式、费用范围、涉税条款等。

（12）变更管理。项目变更的管理过程、相关规定与约束条件等。

（13）承诺。双方承诺均已阅读，理解并同意遵循协议书及其条款的约束，而且双方同意所提到的服务条款及其附件（包括工作说明书和变更授权，以及任何为双方协议中独立完整的陈述），取代所有的建议书或其他在此之前的书面、口头协议及有关的其他交流。

（14）保密。遵守保密协议（保密条款另行签署）。

（15）签署接受。

归根结底，服务是由人来完成的，人与人在各方面都存在很大的差别，服务的质量本质上取决于提供服务的特定的人，制定工作说明书的目的就是希望通过对服务结果的说明来约束提供服务的人，规范人的操作。

思考题

（1）简述供应市场分析的内容。

（2）供应市场分析的步骤有哪些？

（3）怎样确定采购对象所在的市场结构？

(4)选择供应商的流程及标准是什么?
(5)如何维护与供应商的利益?
(6)简述卡拉杰克商品分类模块的主要内容。
(7)有形产品与服务产品规格说明有什么不同?
(8)以你自己所用的手机为例,对其进行规格说明。
(9)如果你的计算机需要维修,试制定一份工作说明书。

项目 3
采购模式分析

【学习目标】

知识目标	（1）了解集中采购和分散采购的概念及其应用。 （2）理解全球采购的含义、特点、程序及其实施内容。 （3）理解 JIT 采购、VMI 采购、JMI 采购、MRP 采购、电子化采购等现代采购模式的概念、原理、特点、实施及其应用。 （4）熟悉招投标采购的含义、特点、基本原则、流程、作用和方式
技能目标	（1）能够结合实际案例对集中采购、分散采购、全球采购等采购模式进行分析与选择。 （2）能够根据实际需求编制招标文件和投标文件，并组织实施。 （3）能够对 JIT 采购、VMI 采购、JMI 采购、MRP 采购等现代采购模式进行分析，并提出应用设想
职业道德和素养目标	（1）选择合适的采购方式，遵循低价品优、规模经济效益原则。 （2）培养学生客观公正、坚持原则、优质服务的素养

【思维导图】

见后页。

【案例导入】

中国石化物资采购电子商务网是连接中国石油化工集团（简称"中国石化"）总部、各分（子）公司与供应商三方并进行实时互动的大型 B2B 交易网站，既是采购交易网，也是管理网和信息网。该网站已经成为信息共享、决策制定、过程实施、操作监管和供需协同工作的综合性采购业务平台。

中国石化实施重组改制等重大战略部署以来，由国内最大的石油石化企业向国际化能源化工公司发展，进行了经营理念、管理体制、运行机制的一系列变革，利用电子信息技术改造和提升中国石化传统产业是其中一个重要方面，引入电子商务技术改革传统采购理念、全面提升物资供应管理水平是其战略举措。

为适应网上采购工作的不断发展和变化，中国石化物资采购电子商务网先后进行了几次重大改版升级。多年来，在中国石化各分（子）公司、广大供应商的大力支持和密切配合下，中国石化物资采购电子商务网实现了大幅跨越式发展，其网上采购成交金额快速增长。经过持续不懈的努力，中国石化生产建设所需主要化工原辅料、钢材、煤炭、机电设备全部实现上网采购，其网上采购范围从物资采购进一步扩展到运输、报关、保险等物流服务采购；而且，随着进口物资上网的不断扩大，中国石化物资采购电子商务网正在向全球化采购迈进。

中国石化物资采购电子商务网系统是构筑在互联网上专门用于物资采购业务操作和信息传递的内部网站系统。中国石化各分（子）公司和供应商网络成员单位可以通过中国石化内部网或公网登录，根据不同的用户角色和所分配的业务权限执行浏览信息、提报采购需求、询价、报价、比价的采购相关业务

案例分析和综合实训

使用说明

【活页内容】
（1）每个项目的活页内容均分为"案例分析"和"综合实训"两个部分。
（2）建议将活页内容与项目正文对应进行阅读。
（3）对于案例内容，可安排学生进行课堂讨论，或安排学生在课后独立思考。

【实训操作说明】
（1）通过小组（每小组4～6人）合作的形式，每组选定1名小组长，由小组长负责安排团队实训分工，并带领全组成员完成实训任务。小组成员互相配合，共同完成实训任务，以提高团队协作精神。
（2）各小组成员应有明确的分工。
（3）在实训过程中，教师指导每个小组分阶段完成相应的工作，并做出评价。
（4）成绩评定：本课程的考核采取形成性考核的形式，成绩由个人表现、团队表现、实训成果各项成绩汇总而成。形成性考核比例为形成性作业70%、小组学习表现等30%。
① 形成性作业、团队表现以小组为单位由教师评分，主要考察作业完成的及时性和作业的质量。
② 小组成员的表现由组长评分，综合小组得分和个人表现计算个人成绩。

【资料来源】
案例分析和综合实训中的资料来源于参考文献、百度文库，并根据需要进行适当的改编。

项目1 案例分析

【职业道德评判小案例】

X大酒店是一家涉外星级酒店，由于资金雄厚实力强大，开业当天不仅有社会各界知名人士到场剪彩庆祝，更吸引了大批新闻媒体竞相采访报道。最让X大酒店感到骄傲的是，大堂里挂了一盏绚丽夺目、熠熠生辉的水晶灯。这盏水晶灯是酒店副经理亲自组织货源，最终从国外以120万美元高价购回的，非常罕见，来往宾客赞不绝口，称美不已。可是好景不长，两个月后水晶灯失去了原来的光泽，变得灰蒙蒙，同时部分金属灯杆也出现了锈斑，还有一些灯珠脱落甚至破裂。人们看到"破了相"的水晶灯议论纷纷，这就是当初破费百万美元买回来的高档水晶灯吗？

问题：
（1）这件事情背后可能发生了什么？如何防范？
（2）采购人员应具备怎样的职业道德和操守？

【业务案例分析】

案例一

某电子产品制造企业认为成功的采购人员应同时扮演以下角色并具备相应的能力：谈判者、最佳供应商的选择能力、与工程人员共事的能力、绝佳人际关系处理能力、法律专家、生意人、具有远见、清楚地了解企业顾客的需求、整体成本的考察、后勤运送专家。

同时，为了使采购人员能有效地扮演上述角色并拥有相应的能力，该企业安排采购人员进行相应的课程训练。例如，要成为一位成功的谈判者，就要接受谈判技巧的训练；要有选择供应商的能力，就需要接受基本的采购知识及ISO 9000相关认证的训练等。除了训练外，该企业的采购人员培训计划还包括采购人员的自我评估、采购技能鉴定与管理能力的发展等内容。经过自我评估的模式，采购人员可以了解自身采购能力的优缺点，并根据优缺点来制订改进的计划。采购技能鉴定即借助外界的资格考试来取得技能的认证。最后，管理能力的发展是对具有潜力的采购人员施以管理能力的训练，使他们在将来可以进入管理层中，成为经理人才。

分析：
请根据案例分析采购人员应具备的知识和能力。

案例二

Y公司的采购部负责全公司的材料采购，其中生产材料有1 000多种，可分为钢材类、水泥类、化工类、建材类、工电器类、生产工具类、辅助材料、小五金、劳保用品。采购长负责全面工作，钢材类、水泥类材料采购业务由一位采购员负责，其他材料采购业务量较少，所以由另一位采购员负责。

公司没有长期固定的供应商，采购员尽可能多地掌握潜在的供应商，每次有大宗采购业务时，采购员就联系各供应商进行询价、比价，确定一家供应商进货。采购员要知道进货材料的成本结构，了解其成本波动情况，在降低采购成本方面掌握主动权。例如，供应商所提供的化工材料如果是由国外进口的原材料制造的，采购员就要通过信息渠道了解进口原料的价格，如果价格下跌，就要求供应商降低产品价格。对于采购员而言，要编制应付款明细账，掌握往来单位应付款情况；还要编写支票使用记录，用于财务审查。

1. 现款采购业务控制流程

（1）付款审批。采购员填写"支票借据"（第1联为采购员存根联，第2联为财务的报销附件，第3联报销后退借款人），将支票借据和请购单上报主管副总审批。主管副总审核本周采购用款，根据"用款计划单"控制采购用款（先保证现款采购，再考虑赊购采购），根据经验审查主要材料的采购价格，根据请购单审查采购的用途，根据所掌握的最新的施工进度和生产进度控制采购时间，在支票借据第1联和第2联签字，同意本次采购用款。采购员拿主管副总批准的支票借据，到财务部取支票。财务部根据主管副总批准的支票借据，交采购员支票或汇票。同时，在支票借据上，采购员填写支票号，出纳员填写经办人。财务留第2联和第3联支票借据。

（2）订货。采购员通知供应商采购数量等，并再次确认采购价格、运费，督促供应商按期交货。

（3）收货。材料到货后，采购员和库管员共同验收（核对材料型号和数量），进行初检。如果材料型号不对或有明显质量问题，则拒绝收货，要求对方退货；如果核查没问题，则由库管员填写"原材料进厂报检审批单"。

（4）入库。材料验收合格入库后，由库管员填写第5联材料入库单，将第5联材料入库单、原材料进厂报检审批单和对方送货单（第1联）交采购员。

（5）核算。付款后收取对方购货发票和运费发票，运费发票可能是供货的，也可能是第三方的。采购员填写自用的支票使用记录和应付款明细，既有先付款后收货的，也有先收货后付款。核算部留入库单第1联登账，在"费用录入单"和发票上盖章，交主管副总审核。主管副总根据发票借据第1联，审核此费用是否自己批准，如是，则在"费用录入单"和发票上签字还给采购员。采购员拿发票和"费用录入单"、入库单到财务报账，会计记账，在支票借据的第3联填写结算金额并签字，将第3联还给采购员。采购员填写支票使用记录并附上支票借据的第3联，以备和会计对账、复查。

2. 赊购采购业务过程

（1）订货。采购员和供应商签订合同（也可能不签），确定采购数量、本次采购价格、运费和供应商协议以前赊购的还款金额日期，督促供应商按期交货。

（2）收货。赊购采购收货过程同现款采购一样。

（3）入库。验收合格入库后，由库管员填写第5联材料入库单，将第5联材料入库单、原材料进厂报检审批单和对方送货单（第1联）交采购员，采购员在入库单上填写商定的材料实际价格、金额及运杂费，签字后留第1联，登记往来单位应付款明细账，其他联交还库管员处理。如果对方带来发票，采购员保留对方发票，核算部留入库单第2联，登记材料明细账，将入库单第3联和第5联交财务。

（4）结算。采购员根据"用款计划单"中的还款部分，找出以前赊购的入库单，按入库单计算付款的实际金额，付款和入库应该配套，电话通知供应商付款。采购员填写支票借据，上交主管副总审批。主管副总审核本周采购用款，根据"用款计划单"控制购用款（先保证现款采购，再考虑赊购采购），根据经验审查主要材料的采购价格，根据请购单审查采购的用途，根据所掌握的最新的施工进度和生产进度控制采购时间，在"支票借据"的第1联和第2联签字，同意本次还款。采购员拿副总批准的支票借据，到财务处领取支票。

财务根据主管副总批准的支票借据，交给采购员支票或汇票。同时，在支票借据上，采购员填写支票号，出纳员填写经办人。财务留第2联和第3联支票借据。供应商以收货单和发票要款，采购员将支票或汇票交供应商，收对方发票（购货发票和运输发票可能不同时到），填写支票记录，核销自己的应付款明细账。采购员填写还款单，附上入库单、发票支票借据第1联交核算部。核算部留还款单第3联记账，在发票上盖章，转交主管副总审核。

主管副总根据发票借据第1联，审核此费用是自己批准的，在"还款单"上签字，在发票上签字还给采购员。采购员拿"还款单"和入库单、发票、发票借据第1联到财务报账。会计记账，在支票借据的第3联填写结算金额并签字，将第3联还采购员。采购员填写支票使用记录并附上支票借据的第3联，以备和会计对账、复查。

分析：
（1）Y公司采购部的采购流程有何特点？
（2）根据案例总结企业采购部门的职责。

项目1 综合实训

【实训资料】

假如你是B光电公司的副总裁兼采购总监，现在你受公司董事会委托，为该公司设计采购部的组织结构。

1. 业务部门设置

（1）B光电公司介绍。B光电公司核心业务部门包括贸易一部、贸易二部，负责轻工、机械、照明的自营和代理贸易业务。下设采购小组、销售小组分别负责自营出口业务的采购与销售。采购部采购员负责采购光电部销售的产品；专人维护B光电公司总部与下属的供应商信息；制定下属子公司的长期框架协议。

（2）生产基地。生产基地的生产部负责原材料的采购、储运、库存计划等。生产部的采购经办负责按照总部采购部的框架性协议释放一揽子协议的采购订单，或者自行制作不能够与供应商签订一揽子协议的零星采购申请，创建标准采购订单。物料入库管理等由生产部的库存管理员负责。

经专家讨论认为，B光电公司与生产基地的固定资产、办公用品等采购无须在系统进行操作，直接在财务进行处理即可。

2. 业务人员情况

（1）B光电公司。贸易一部、贸易二部各有1名经理，采购小组业务员负责为本部门销售小组采购自营出口业务的轻工、机械、照明等产品；其他类型的业务不实行购销分离，由各业务员负责执行采购与销售的整个贸易过程。

采购部设有采购经理，下属采购人员负责为光电部签订采购订单、为生产基地签订长期框架协议，专人管理供应商档案。

（2）生产基地。生产基地的生产部设经理1名，下属的采购经办负责发放一揽子采购协议，或者制作零星物料的采购申请，然后创建标准订单等。

生产基地的采购由业务员按照产品分类负责订单的制订与跟踪工作，每类产品由不同的采购经办负责。

该公司的一个供应商有4名采购经办，分别负责金工件、光学件、包装材料与辅料等的采购。另一个供应商有4名采购经办，2名负责金工件采购、1名负责包装材料与辅料采购、1名负责光学件（包括光学毛坯、光学成品等）的采购。

3. 审批流程

（1）B光电公司。B光电公司不存在请购流程，其采购订单审批流程如附图1.1所示。

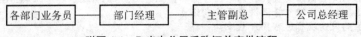

附图1.1 B光电公司采购订单审批流程

B光电公司一揽子采购协议审批流程如附图1.2所示。

附图1.2 B光电公司一揽子采购协议审批流程

（2）生产基地。B光电公司生产基地请购审批流程如附图1.3所示。

附图1.3 B光电公司生产基地请购审批流程

B光电公司生产基地采购订单与一揽子协议发放的审批流程如附图1.4所示。

附图1.4 B光电公司生产基地采购订单与一揽子协议发放的审批流程

任务:

（1）比较 B 光电公司及其生产基地的采购信息,并把这些信息整理在一张表上作为总结。
（2）为 B 光电公司及其生产基地设计采购部的组织结构及其主要岗位的岗位职责。
（3）在案例所提供信息（附图 1.5）的基础上,制作一张 B 光电公司总体采购流程审批流程图、一揽子采购协议审批流程图、生产基地的请购审批流程图、生产基地的采购发放审批流程图。

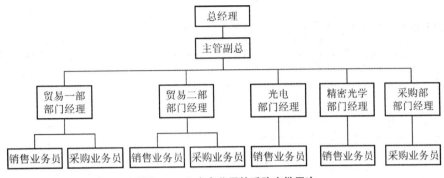

附图 1.5　B 光电公司的采购审批层次

（4）根据上面所提供的信息提出 B 光电公司审批权限的建议,并明确指出所做的各种假设和条件。

项目 2　案例分析

【职业道德评判小案例】

小张是某公司的采购人员,在采购的岗位上已任劳任怨地干了 10 年。在这 10 年中,他与许多供应商打交道,并且与不少供应商建立了良好的关系,每逢过年过节,这些供应商会对小张有所"表示",少则一份挂历,多则几百元不等的现金。小张对这些"表示"也一一笑纳,但小张有个原则,从不向供应商张口要什么。小张的观点是在"不牺牲公司利益"的情况下,获得供应商的好处也没什么关系。

观点一：小张的行为是对的,供应商对小张是善意的"表示"。
观点二：小张的行为是错的,供应商对小张是贿赂行为。

问题：
（1）每位同学选择其中一个观点进行论述,并阐明理由。
（2）如何处理好与供应商的关系?

【业务案例分析】

案例一

C 集团的采购员老王,正面临着一项困难的供应商抉择——复印机租赁合同的竞争者最后只剩下 A 和 B 这两家公司。A 公司给出了更为有利的报价,但是老王对以前与 A 公司的合作经历并不满意。C 集团使用的 225 台复印机,其中的 100 台是根据一份 4 年期的合同从 A 公司租赁的。

4 年前,C 集团与 A 公司签订了一份为期 4 年的租赁复印机合同。A 公司是一家大型的跨国公司,在市场中占主导地位,它以每次复印大约 0.07 元的投标价格获得了合同。但在合同的执行过程中,A 公司表现得很一般,它所提供的所有复印机不仅都没有放大功能,而且不能保证及时维修。

4 年后,合同期满,双方需要重新签订合同。这一次当地一家小公司 B 获得了合同。激烈的竞争和生产复印机成本的降低,使 B 公司提供了每次复印 0.05 元的价格。另外,B 公司提供了多种规格和适应性很强的机型,有放大、缩小等多种功能。老王对 B 公司比较满意,并准备与其签订 4 年的合同。B 公司总经理承诺将提供关于每一台复印机的服务记录,而且还允许老王决定何时更换同类型的复印机,即老王有权决定可随时更换掉经常出故障的复印机。

在 C 集团与 A 公司过去的 4 年合作期间,A 公司曾不断地向 C 集团介绍 A 公司的其他系列产品,老王对此很反感,这是因为：其一,在老王从事采购工作的 6 年间,A 公司曾先后更换了 13 位销售代表；

其二，C集团明确规定所有采购都要由采购总部来完成，而A公司的代表虽然也明知这项规定，却有时仍直接与最终的使用者进行联系而不通过C集团的采购总部。

老王曾进行过招标，共收到了19份复印机租赁合同的投标。老王把范围缩小到5家，其中包括A公司和B公司，最后经过筛选，确定为A和B这两家公司。淘汰其他投标者的主要理由：一是那些供应商缺乏供应的历史记录，不能满足C集团的业务要求；二是没有服务系统，也没有计划要安装服务系统。这次A公司的投标中包括重新装备的复印机，并提供了与B公司相似的服务，而且价格竟比B公司还要低20%。

老王在考虑这些影响他在短期内做出决策的因素时，感到有些忧虑：显然A公司提供了一个在价格方面很有吸引力的投标，但在其他方面又如何呢？另外，他又很难根据过去的表现来确定A公司投标的合理性。同时，B公司是家小公司，对老王来说是新的供应商，又没有足够的事实保证其确能提供所承诺的服务。如果签订的采购合同不公平，日后势必带来一些消极的影响。老王必须权衡许多问题，并被要求在3天内向采购部提出一份大家都能接受的方案。

分析：

（1）A公司与B公司各存在什么问题？

（2）如果你是老王，该怎么处理这些问题？

案例二

3年前，胡经理开了一家饺子馆，生意红火，可他却说赚不到钱。刚开始一两10个饺子，定价5元，即每个饺子的销售价格为0.5元。直接成本为饺子馅、饺子皮、佐料和燃料，每个饺子的成本大约0.2元。虽然存在差价空间，可是胡经理的小店老是赚不到钱，原因在于每天都有大量剩余原料，这些采购的原料不能隔天使用，算上人工、水电、房租等间接成本，每个饺子的成本就接近0.4元了。如果每天卖出1 000个饺子，同时多余500个饺子的原料，相当于亏损100元左右，而且每个饺子的物流成本最高时达到0.1元，加上粮油涨价等因素，利润越来越薄。所以，关键在于控制数量，准确供货。其实做饺子的数量很难掌握，做少了，就供不应求；做多了，就会剩余。

从理论上说，一般有两种供应方式，一种是每天定量供应，卖完即止，这样可能会损失客流量；另一种是定时供应，一般早上10:00开始，晚上9:00结束。根据以往的经验预测，每天面粉的用量比较大，因为不管什么馅都要用面粉，所以这一部分的需求量相对比较固定。

后来，胡经理又开了两家连锁店，原料供货就更需要统筹安排了。饺子馅的原料要根据前一天的用量进行每日预测，然后根据原料清单进行采购，一天采购两次，下午会根据上午的消耗进行补货，晚上采购第二天的预计需求量。

胡经理咨询了有关物流专家，明白这是需求波动和有限生产能力之间的冲突。在大企业里，通常会提高生产柔性去适应市场需求，可是对于经营规模有限的小店来说，要做到这一点太难了，所以有人建议想办法调整客户的需求来适应有限的生产能力。用餐高峰大概在每天12:00—13:00和19:00—20:00这两个时段，胡经理就选择在11:00—11:45和18:00—18:45两个时段推出九折优惠计划，有效分散了客流。

如果遇到需求波动比较大的情况，也就是说某种馅的饺子的需求量非常大的时候，如客户需要白菜馅的饺子，可白菜馅没有了，胡经理就要求店员推销牛肉馅饺子或羊肉馅饺子；同时，改进店面环境，安装空调，提供报纸杂志，使客户的等待时间从平均5min延长到平均10min。

由于做饺子的时间长了，客户需求的种类和数量相对固定下来，每个饺子的物流成本得到了有效控制，大约在0.02元，这主要就是控制了采购人工和运输车辆的成本，从而提高了利润率。

分析：

（1）为什么3年前胡经理的饺子馆生意火爆却赚不到钱？

（2）从理论上讲，饺子馆的供应方式有几种？各自的特点是什么？胡经理采用的是哪一种？

（3）胡经理是如何降低饺子馆的采购成本的？

项目2　综合实训

【实训资料】

假如你是一家电器公司的采购主管，负责采购一种特殊的电子零件。之前，你采购过两次这种零件，第一次以1 500元单价采购了5个，第二次以1 350元单价采购了5个。这次，你要采购10个这种零件。

1. 供应商报价

你要求供应商对本次采购进行报价。供应商的报价见附表2-1。

附表2-1 供应商报价表

项 目	价 格/元
直接人工成本：18小时	261
制造间接费用(占直接人工成本的100%)	261
原材料成本	385
管理费用(占售出商品成本的10%)	90
利润	100
总的单位价格	1 097

供应商指出，在该种零件的成本估算中，采用了90%的学习曲线，这个改进比率在整个生产过程中是可以实现的。生产第一批5个产品需要20小时的技术开发时间和96小时的生产时间。当采购要求供应商提供生产第二批5个产品所需要的时间时，供应商告诉采购方这项信息还没有，因为第二批产品还在生产中。

供应商直接人工的工资率是：技术开发人员为20元/小时，熟练车间工人为11元/小时，不熟练车间工人为8.54元/小时，预计年工资增长率为10%。

供应商的物料清单见附表2-2。

附表2-2 供应商的物料清单

数 量/个	种 类	单位价格/元
10	电阻器	12
1	集成电路	15
5	电容器	20
5	二极管	110
1	变压器	150
1	包装	40
其他材料		3
10%废料补贴		35
总 计		385

供应商间接费率、间接管理费用和管理成本由供应商的会计部门每半年修改一次，这种修改是以经验为依据的。废品率是依据所有产品的经验得出的。

2. 采购方对报价的分析

采购方指出，技术开发可用于第一次采购，如果采购需要技术开发，那么需求数量也是很少的。供应商技术开发部门年工资增长率6%是比较合理的。

过去的采购记录表明变压器的供应商以附表2-3所示的价格报价。

附表2-3 供应商数量及报价分布

数量/个	单位价格/元
1～5	200
6～10	150
11～25	120

任务：
现在，采购方对供应商的报价提出了质疑，假如你作为采购方的采购主管，请完成下列任务。
（1）比较案例中供应商的报价信息，并把这些信息整理在一张表上作为总结。
（2）为采购方计算供应商人工工资率、直接人工工时与总人工成本，并进行合理性判断，最后对你的结论进行分析。
（3）对供应商的原材料进行成本分析，并使用上述新人工成本与新原材料成本，得出新的电子零件成本估算。
（4）根据上面的信息，并根据你所做的各种假设和条件，提出采购方的电子零件采购谈判策略建议。

项目3　案例分析

【职业道德评判小案例】

面对即将到来的营销旺季，合并后的国美永乐"战车"终于启动。此次国美永乐作为一个整体，以国内最大的家用电器零售商的身份出现，国美、永乐首次在实战中"展示"整合供应链联合采购的市场实力。之前，国美与永乐的一些合作是两家单位、单笔采购，更多的是形式上的合作，双方在供货商、市场等方面还存在竞争，而此次联合采购，国美永乐作为整体，是一个系统进行采购，这将为国美、永乐带来共赢。国美永乐作为一个整体，采购数量变大，厂商也会给予更大的让利，如之前国美、永乐分别单独采购100万元的产品，厂家给每家返10个百分点的利润；而现在国美永乐作为整体采购200万元，厂家的返利就能达到20个百分点，双方同时享受让利。

原来国美、永乐作为两家企业分别与厂商交易，厂商分别购买部件进行生产，而两家企业联合以后一起下订单，厂家的生产就更具有计划性。厂家既降低了生产成本，同时又能加快产品的流通。订单变大，厂家给卖场的返利更多，为产品提供的优惠和赠品也更多，而消费者就能买到性价比很高的产品。

问题：
（1）集中采购具有哪些优势？
（2）采购人员应具备什么样的职业素养？

【业务案例分析】

案例一

江苏电信公司加强物资采购集中管理，实行重点采购物资由省公司统一招标确定价格，并统一进行货款支付，有效地降低了通信工程的建设成本。如某年上半年通过对交换设备、电缆、光缆等重点项目进行公开招标，使采购价格平均降低了20%，节约资金达1.22亿元。同年年初以来，江苏电信公司着力强化物资采购的集中管理，制定了通信设备器材采购集中管理暂行办法，按照设备类别、年投资额和对网络"三性"的影响程度，对通信设备器材分别采取省公司统谈统签、统谈分签、确定采购范围委托市分公司集中采购的方式进行采购。由于实行了采购集中管理，该公司在统谈中获得了有利的谈判条件，既坚持了同种设备全省同价，规范了厂商在全省各地的报价，也坚持了开放技术、开放市场，形成了竞争，有效降低了工程建设成本。

分析：
集中采购给江苏电信公司带来了哪些好处？

案例二

中电投蒙东能源集团公司（简称"蒙东能源集团"）是中国电力投资集团公司下属的一家国有大型综合能源企业，下辖白音华煤电公司、中电霍煤集团、通辽发电总厂、通辽热电厂、赤峰热电厂、元宝山电厂等十多家企业。

在分散的采购模式下，各电厂都设有独立的采购部门负责本电厂的采购工作。在拥有各自独立的采购部门的同时，各电厂也设有相应独立的仓库，二级仓库的数量总共为18个，总的仓库年运营费用在集团公司的费用支出中占很大的比例。同时，为了保证运输，各电厂还配备了相应规模的运输设备。各电厂采购的流程简洁、采购过程简短、采购的产品直接运送到各个电厂的仓库，能够保证所需要的原材料及时地供应到各生产部门。

分析：
蒙东能源集团分散采购具有哪些特点？

案例三

2020年10月，经批准，××公司建设××城市社会保障卡系统。项目投资规模为2亿元，资金来源为企业自筹加银行贷款。招标采购内容和行政监督部门核准的招标方式见附表3-1。

附表3-1　××公司建设××城市社会保障卡系统的招标方式

项目内容	采购数量	招标方式	要求到货时间
32KB 接触式IC卡	1 000 万张	公开招标	2021年5月31日
读卡机具	10 000 台	公开招标	2021年3月31日
触摸屏	500 台	公开招标	2021年3月31日
小型机	100 台	邀请招标	2021年2月28日
存储设备	150 台	公开招标	2021年2月28日
某品牌服务器	1 批	不招标	2021年2月28日
某品牌数据库软件	300 套	不招标	2021年2月28日
台式电脑	500 台	公开招标	2021年5月31日
笔记本电脑	100 台	公开招标	2021年5月31日
打印机	500 台	公开招标	2021年5月31日
复印机	100 台	公开招标	2021年5月31日
电话机	500 台	公开招标	2021年5月31日
传真机	100 台	公开招标	2021年5月31日

用户提出的32KB接触式IC卡投标人资格要求包括：注册资本超过1 000万元、IC卡产品通过某电子产品质量认证中心检测、具有芯片生产厂家的投标授权、具有社会保障卡销售业绩。经过市场调查了解到，本项目所需32KB接触式IC卡由IC卡芯片和IC卡卡基两个部分组成，芯片成本占IC卡总成本的80%。IC卡芯片由专门的芯片厂家生产，这类厂家较少；IC卡卡基由卡基厂家生产，并负责集成芯片成为最终产品。卡基厂家非常多。本项目所需的32KB接触式IC卡要求具有特殊的SSF33算法，目前具有满足要求的现成芯片产品并且通过某电子产品质量认证中心检测的只有一家企业，即H公司。其他芯片厂家要开发出满足本项目要求的芯片并且通过某电子产品质量认证中心检测需要2个月时间。

分析：

结合案例分析招投标采购的优缺点。

案例四

海尔物流的特色是借助物流专业公司力量，在自建基础上少量外包，总体实现采购JIT、原材料配送JIT和成品配送JIT的同步流程。同步模式的实现得益于海尔的现代集成化信息平台。海尔用CRM（Customer Relationship Management 的缩写，即客户关系管理）与BBP电子商务平台架起了与全球用户的资源网、全球供应链资源网沟通的桥梁，从而实现了与用户的零距离沟通，提高了自身对订单的响应速度。

海尔物流整合了集团内分散在28个产品事业部的采购、原材料仓储配送，通过整合内部资源，来获取更优的外部资源，建立起强大的供应链资源网络。供应商的结构得到根本的优化，能够参与到前端设计与开发的国际化供应商比例从整合前的不到20%提高到82%，有几十家世界五百强企业都已成为海尔的合作伙伴。

海尔实行并行工程，一批跨国公司以其高科技和新技术参与到海尔产品的前端设计中，不仅保证了海尔产品技术的领先性，增加了产品的技术含量，而且大大加快了开发速度。海尔采购订单滚动下达到供应商一般的订单交付周期为10d，加急订单为7d。战略性物资（如钢材），每月采购一次，但3个月与供应商谈判协商一次价格。另有一些供应商通过寄售等方式为海尔供应，即将物资存放在海尔物流中心，但在海尔使用后才结算，供应商可通过B2B网站查询寄售物资的使用情况，属于寄售订单的海尔不收取相关仓储费用。

海尔的BBP采购平台由网上订单管理平台、网上支付平台、网上招标竞价平台和网上信息交流平台有机组成。网上订单管理平台使海尔的全部采购订单由网上直接下达,同步的采购计划和订单提高了订单的准确性与可执行性,使海尔采购周期由原来的10d减少到了3d,同时供应商可以在网上查询库存,根据订单和库存情况及时补货。网上支付平台则有效提高了销售环节的工作效率,使支付准确率及及时率达到100%,为海尔节约了近千万元的差旅费,同时降低了供应链管理成本。网上招标竞价平台通过网上招标,不仅使竞价、价格信息管理准确化,而且防止了暗箱操作,降低了供应商管理成本,实现了以时间消灭空间。网上信息交流平台使海尔与供应商在网上就可以进行信息互动交流,实现了信息共享,强化了合作伙伴关系。除此之外,海尔的ERP系统还建立了其内部的信息高速公路,将用户信息同步转化为企业内部信息,实现了以信息替代库存,接近零资金占用。

在采购JIT环节上,海尔实现了信息同步、采购同步、备料同步和距离同步,大大降低了采购环节的费用。信息同步保障了信息的准确性,实现了准时采购。采购同步、备料同步,使供应链上原材料的库存周期大大缩减。已有多家国际化供应商在海尔建立的两个国际工业园建厂,还有多家国际化分供方正准备进驻工业园,与供应商、分供方的距离同步有力保障了海尔JIT采购与配送。

分析:
(1)海尔的JIT采购表现在哪些方面?
(2)海尔的JIT采购带来了哪些好处?

项目3 综合实训

【实训资料】

假如你作为一家上市公司的招标部门主管,负责招标采购一家新建工厂的装修材料及工程。

假如招标文件规定投标有效期为90d,保修期为终验后12个月。

开标后,招标人组建了5人评标委员会,其中采购部1人,招标代理机构1人,从公司专家库抽取3人。评标委员会采用了以下评标程序对投标文件进行评审和比较:

(1)评标委员成员签到。
(2)由招标人确定评标委员会主任委员。
(3)学习招标文件,讨论并通过招标代理机构提出的评标细则。该评标细则对招标文件中评标标准和方法中的一些指标进行了具体量化。
(4)对投标文件的封装进行检查,确认封装合格后进行拆封。
(5)逐一查验投标人的营业执照、资质证书、系统集成资质证书、ISO 9000、ISO 14000等证书原件,并对相关问题与投标人进行面对面的现场澄清。
① 投标人A在开标后递交了一份降价声明,承诺在投标价的基础上优惠10%。投标有效期90d。评标委员会接受了该价格优惠,对A的评标价进行了核减。
② 投标人B在01包设备1中多报了M功能模块,该模块价值10万元人民币。对02包设备2未报价。投标有效期60d。评标委员会澄清后得知B投标人02包设备已停产,无法提供,并将投标有效期改为90d。
③ 投标人D的报价中直接注明"保修期为到货后12个月"。
④ 作为评标委员会成员的招标人代表希望投标人D再适当考虑一下降低报价的可能性。
⑤ 要求投标人B、投标人D细化其投标方案,并根据其现场应答作为其评标标准。
(6)按讨论后确定的评标细则,对投标人资质、业绩、项目经验、项目管理、技术性能、售后服务等进行打分。
(7)按讨论后确定的评标细则,对投标报价进行评审打分。
(8)评分汇总。
(9)推荐中标候选人,完成并签署评标报告。
(10)评标结果。

在上述评标过程中,还发生了以下事件:

【事件1】评标专家甲在初步评审时,发现投标人C的03包设备某功能模块单价明显高于正常的市场价格水平,与其他投标人相应模块平均价格相比,高出3倍多,但该投标人投标总价与其他投标人投标报价相比,处于平均偏低的水平,因此建议对该投标人的投标报价进行详细分析,同时所有评标委员会成员应分工对其他投标人的投标报价进行分析,并视情况要求相关投标人澄清、说明或者补正。

招标人代表认为,对投标价格进行必要的分析是评标工作内容,但是投标人比较多,如果评标时开展该项工作并进行澄清、说明和补正,在时间上不允许,建议由招标人在签订合同前针对中标人,进行分析和必要的澄清、说明或者补正。其他评标委员会成员对该意见均不持异议。在评标报告中,建议招标人在签订合同前对中标人的投标价格进行详细分析和必要的澄清、说明或者补正。

【事件2】评分汇总结束后，评标委员会某成员提出某项技术方案分数不合理，希望评标委员会重新讨论并重新打分。评标委员会意见产生分歧，一部分人认为打分是个人行为，不能重新打分；一部分人认为该成员提出的问题是有道理的，应该重新打分。最后，经评标委员会举手表决后，少数服从多数，重新对该项技术进行了打分。

任务：
（1）资料中评标过程有何不妥？请说明理由并提出解决建议。
（2）事件1中评标委员会成员是否可以分工对投标文件进行分析？
（3）事件1中招标人代表是否有权以评标时间不足为由要求评标委员会不进行澄清？
（4）事件1中是否可以在评标报告中建议招标人在签订合同前对中标人的投标价格进行详细分析和必要的澄清、说明或者补正？
（5）事件2中评标委员会的做法是否妥当？请说明理由并提出解决建议。

项目4　案例分析

【职业道德评判小案例】

采购员与供应商的业务员永远有斗不完的嘴，业务员的各种心理战术与技巧往往让采购员招架不住，好说歹说又上了供应商的当，怎样能让供应商心甘情愿地把货物以合理价给你？怎样才能在采购员与业务员的关系中保持相对优势呢？所谓"干一行，学一行"，多学习别人的采购技巧吧，积累经验，假以时日，你也会成长为一位优秀的采购员。

某超市在本地的总代理购入某种化妆品，发现价钱竟比同行业其他公司的购入价高，因而超市总经理请求总代理阐明原委。但是，总代理未能解释其中道理，也不愿意降价。这样一来，采购员就委托原产国的某贸易商先行购入这种化妆品，再转运至该超市。由于总代理的利润偏高，这种转运布置虽然费用增加，但总成本还是比经过总代理购入的价格低。

问题：
（1）采购员事前如何做好议价退让方案？如何区别有价值和无价值的谈判条件？
（2）采购员应具备什么样的谈判心理和道德评判标准？

【业务案例分析】

在竞争日益激烈的经济社会，对一家公司来说，最有效的加速发展和提高赢利能力的机会就是快速、高效地采购直接或间接生产资料。因此，苏商在线提供了具备下列特点的网上采购成本管理系统，帮助客户增强综合竞争优势。

（1）自动化的网上采购流程。用户在网上选择产品，无须长途跋涉，多方咨询；当采购申请提交后，会自动进入客户定制的审批流程进行审批；审批完毕后，订单自动会发送给供应商实施。
（2）灵活的产品选择和系统维护。用户可以在网上增加新的供应商或删除不合格的供应商，选择新的产品并与供应商协商产品的合同价格。
（3）开放的系统结构。基于XML结构的系统可以很容易地和其他系统衔接，使得更多的合作伙伴可以参与。
（4）可定制的业务逻辑。用户可以随意定制自己的业务逻辑，如审批流程。
（5）全球化的交易系统。提供多语言和多币种的支持，使得业务更加全球化。
（6）个性化配置。苏商在线的系统提供的一个重要功能就是个性化。有了个性化，用户可以配置自己需要的内容、设置等。

苏商在线网上采购成本管理系统的功能如下所述：
（1）供应商认证。
① 供应商确认。确认可以提供符合标准的产品和服务的供应商。
② 认证供应商管理。基于内部和外部的相关数据，生成和维护认证供应商名单，并通过与供应商卡片数据的链接，即时更新。
（2）货源搜寻。
① RFQ/RFP。如询价/询盘、支持复杂的业务流程定制、报价/报盘分析。
② 招标/竞标管理。如招标书自动发布、竞标分析。
③ 供应商合同洽谈。如标准合同条款、采购决策支持。
④ 合同管理。如合同文档管理、合同条款量化和监控、合同条款的预录、合同重新洽谈的预警。
⑤ 交易和洽谈。如采购和销售流程自动化、浏览和搜索功能。

（3）采购管理。
① 业务流程定制。定制业务流程和审批规则。
② 订单协作。与供应商和物流提供商的订单自动传递、协作。
③ 订单管理。如采购申请、采购审批、订单传输、订单追踪和订单协调。
（4）追踪与监控。
① 自助服务。了解产品信息。
② 订单追踪与监控。实时显示订单状态。
（5）报告及分析。
① 供应商卡片。基于供应商的表现记录提供详细的历史信息。
② 采购报告。详细地分析公司的采购行为，包括供应商分析、采购行为分析、产品消费分析等。
（6）内容管理（产品目录管理和产品信息管理）。
① 对于买方。一站式、格式统一的产品目录；目录描述和内容的更新；对目录进行定制、搜索等。
② 对于供应商。统一的格式发布；安全的内容管理；客户化的显示格式；内容的集成化管理。
苏商在线网上采购成本管理系统的收益有以下几个方面：
（1）降低成本。通过更有效的供应商管理及采购自动化处理，用户的采购成本会大大降低，从而提高了利润率。
（2）增加采购透明度。通过使用网上采购，用户可以消除"暗箱交易"，对采购支出进行控制。
（3）增强和供应商的合作。通过网上采购管理系统，用户和供应商不仅在订单交易上进行沟通，而且可以在询价报价及供应商选择上进行交流，因此提高了合作水平。
（4）提高采购效率。由于订单在网上的自动化处理，因此减少了人工干预，提高了订单处理速度。

分析：
（1）苏商在线如何通过网上采购为客户创造供应链增值？
（2）根据案例进一步优化与完善苏商在线网上采购功能（如网上逆拍卖、供应链商务协同等）。

项目4　综合实训

【实训资料】

假如你是一家大型广告公司的高级采购人员，办公室经理告诉你，公司需要为创作人员和行政人员采购100台高规格台式打印机，预计每台机器每年打印20 000张，最多3年后报废并更换这些打印机。

预计30位创作人员（画家、美术设计师、动漫设计师）要比行政人员使用更具有特色的打印机，他们的工作是创作出高质量的艺术品，并展示在广告牌、杂志和其他媒体上，而且他们要通宵工作，周末也不休息。70位行政人员主要使用机器打印文件和信函，他们只在办公时间使用。

虽然两者的要求不同，而且行政人员不太可能使用创作人才需要的功能，但都认为最好采购一种有助于全公司标准化的打印机。你的供应市场调研表明有3个潜在的供应商：A公司、B公司和C公司，他们都能提供同样高规格的打印机。你的质量评价表明，所有供应商的打印机质量都差不多，但你只有采购A公司产品的实际经验。A公司报价见附表4-1。

附表4-1　A公司报价表

每台价格	600元
速度	10张/分钟
效率	800平均页数/墨盒
每个墨盒成本	50元（必须用A公司墨盒）
上门维修	免费1年，以后每上门一次100元（只限办公时间）
供应商地点	100km
使用寿命	15年
去年销售额变动百分比	20%
公司规模和详情	跨国公司制造商

A公司的产品工作做得很好,但你会发现内部用户对其服务并不满意,抱怨打电话给A公司要求支持服务时等待时间太长,同时反映A公司的员工服务态度不好。

在回答你的标准询价明细单时,B公司报价见附表4-2。

附表4-2　B公司报价表

每台价格	只限租用,20元/月(最短租用3年)
速度	10张/分钟
效率	800平均页数/墨盒
每个墨盒成本	50元(必须用B公司墨盒)
上门维修	如果现付,全保5年,10 000元(由维修分包商提供24h服务)
供应商地点	5km
使用寿命	2年
去年销售额变动百分比	140%
公司规模和详情	新的地方企业建立的批发商(批发的型号不多)

C公司报价见附表4-3。

附表4-3　C公司报价表

每台价格	560元或者租用25元/月(包括每年免费维修或升级)
速度	12张/分钟
效率	600平均页数/墨盒
每个墨盒成本	45元(能用任何墨盒)
上门维修	20元/(台·年),全保(24h上门服务)
供应商地点	50km
使用寿命	10年
去年销售额变动百分比	5%
公司规模和详情	以北京为基地的中等规模的批发商(批发的型号很多)

注:调研表明,10%的打印机每年需要维修一次,20%的打印机两年维修一次,40%的打印机三年维修一次。

任务:

(1)比较从3个供应商处收集的信息,并把这些信息整理在一张表上作为总结。

(2)准备能清楚显示括号中因素的报价分析表(每个供应商供应的物品在3年中的价格和总成本、需要考虑的非价格因素、每个报价及供应商的优缺点)。

(3)在资料所提供信息的基础上制作一张就供应商的报价及其他特定问题进行说明的表格。

(4)根据这些信息提出满足采购需求的建议,必须明确指出所做的各种假设和条件。

项目5　案例分析

【职业道德评判小案例】

M灯饰公司主要开发、设计、生产装饰灯具。由于灯饰是五金配件组成的,平时需要大量的库存,而仓库人员的主要工作是负责日常的收发货和物料的管理,以及负责车间生产中需要的备料。由于物料的摆放混乱,经常会出现找不到物料的情况,且仓库的面积不大,物料繁多使得仓库有效面积得不到最大限度的利用。除此以外,平时在管理和发料时没有遵循"先进先出"的原则,也没有做到重点管理,导致仓库管理混乱。

该公司的仓库管理员工作差错多，效率低。譬如说，在储存管理中的入库、搬运、盘点、出库等各个环节都离不开人工操作，但在每个操作流程中操作人员都会出现错误，导致货物出现问题。另外，员工缺乏责任心，在操作时对货物进行不正当的操作，对物品安全不负责任，还有一些工作人员在上班期间聊QQ、浏览购物网站等。

问题：
（1）该公司应如何加强对仓库管理员的业务培训和提高其职业素养？如何区别有贡献和无贡献的仓库管理员？
（2）采购员应具备什么样的职业道德？公司应如何制定赏罚规章来提高员工的积极性和职业素养？

【业务案例分析】

案例一

H公司是一家中小型企业，主要供应商和客户均在国外。该公司采用订单驱动的生产模式，产品品种多、批量小，所需的原材料品质要求高、种类繁杂，对仓库的利用程度高，仓库的日吞吐量也较大。因此，该公司选择在距车间较近的地方建造自营仓库，仓库采用拣选货区和存储区混合使用的方式。

1. H公司原仓库布局

H公司仓库有三层。一、二层分别存储主料、辅料；三层主要用于存放成品，按照各个车间来划分存储区域。一层用于存放主料，主料质量大，考虑到楼板的承载能力，将其置于一层是合理的选择。由于每单位主料的重量均不在人工搬运能力的范围之内，一层的搬运设备主要是平衡重式叉车。一层通道宽3～4m，满车可以在仓库通行及调转方向。货区布置采用的是垂直式，主通道长且宽，副通道短，便于存取查拣，且有利于通风和采光。

二层仓库存放辅料，部分零散的物料使用货架存放，可节省空间。大部分物料直接放置于木质托盘上，托盘尺寸没有采用统一标准。托盘上的物料采用重垂堆码方式，其高度在工人能力所及的范围之内。物料搬运借助手动托盘搬运车完成，操作灵活轻便，适合于短距离水平搬运。通道比一层仓库窄，主通道宽约2m。

H公司原仓库布局如附图5.1所示。

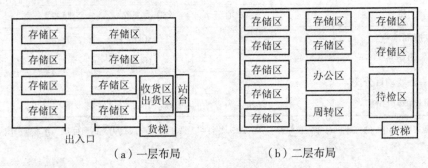

附图5.1 原仓库布局

2. 存在的问题

H公司采用将存储区与拣货区混合使用的布局方法，给仓管员及生产带来诸多问题和不便。首先，H公司在确定所需的仓库空间类型的时候，对于整体工作流程的需要并未充分考虑。该公司仓库的库存物料始终处于不断地变化之中，由于物料消耗速度不同，导致置于托盘的物料高度参差不齐，很多物料的堆垛高度不足1m，严重地浪费了存储空间。其次，仓管员和领料员还是停留在以找到物料为目的的阶段，未关注设计合理的行走时间、行走路线及提高工作效率等问题。

3. 改进措施

首先，H公司对于从国外购进的部分不合格原材料，在需要批退或者转入下一个订单时，不能与正常的物料混放在一起，需要专门设立一个不良品隔离区，以区分不良品与正常品。其次，H公司客户对原材料的要求不同，可以根据客户的要求设置特定的区域分别存放。H公司仓库小部分空间用于半永久性或长期存储，大部分空间则暂时存储货物，因此，仓库布局应注重物料流动更快速、更通畅。仓库一层可以部分设立半永久性存储区用于存放不经常使用的主料，部分空间用作拣货区，用来存放消耗快、进化频繁的大客户的主料。仓库二层增设不良品隔离区放置检验不合格的原材料和产品，并可在最深处设置半永久存储区存放流通量很低的物料；余下的空间作为拣货区，以方便仓管员快速拣货。

仓库空间改进后的一、二层布局如附图5.2所示。

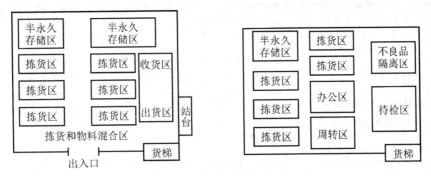

附图5.2 改进后的一、二层布局

中小制造企业的自营仓库主要用于存储生产过程需要的原材料,由于每天的生产消耗速度快、仓库日吞吐量大,因此,在对企业业务流程分析的基础上,将仓库划分多个有效的区域,并采用适合于中小制造企业将拣货区与存储区分开的布局设计方案,能够降低仓库内部的物流量与物流成本,进而提高企业效益。

分析:

(1) H公司是如何改进其仓库布局,从而提高仓储效率的?该公司仓库作业的瓶颈是什么?

(2) 根据案例设计H公司的仓库生产设备配置方案和装卸搬运设备配置方案,并提出进一步的优化策略。

案例二

Z集团是一家低压电器生产销售企业,主要设计制造各种低压工业电器、部分中高压电器、电气成套设备、汽车电器、通信电器、仪器仪表等,其产品达150多个系列、5 000多个品种、20 000多种规格。在全国低压电器行业中,Z集团率先在国内建立了三级分销网络体系,经销商达1 000多家;同时,建立了原材料、零部件供应网络体系,协作厂家达1 200多家。

1. 自动化立体仓库的功能

Z集团自动化立体仓库是公司物流系统中的一个重要部分。它在计算机管理系统的高度指挥下,高效、合理地储存各种型号的低压电器成品,准确、实时、灵活地向各销售部门提供所需产成品,并为物资采购、生产调度、计划制订、产销衔接提供了准确信息。同时,它还具有节省用地、减轻劳动强度、提高物流效率、降低储运损耗、减少流动资金积压等功能。

2. 自动化立体仓库的工作流程

Z集团自动化立体仓库的占地面积达1 600m²(入库小车通道不占用库房面积),高度近18m,有3个巷道(6排货架)。其作业方式为整盘入库、库外拣选。其基本工作流程如下:

(1) 入库流程。仓库二、三、四层两端6个入库区各设1台入库终端,每个巷道口各设2个成品入库台。需入库的成品经入库终端操作员输入产品名称、规格型号和数量。控制系统通过人—机界面接收入库数据,按照均匀分配、先下后上、下重上轻、就近入库、ABC分类的原则,管理、计算、自动分配每一个货位,并提示入库巷道。搬运工可依据提示,将装在标准托盘上的货物由电瓶车送至该巷道的入库台上。监控机指令堆垛将货盘存放于指定货位。

库存数据入库处理分两种类型:一种是需要操作员在产品入库之后,将已入库托盘上的产品名称(或代码)、型号、规格、数量、入库日期、生产单位等信息在入库客户机上通过人—机界面输入;另一种是托盘入库。

(2) 出库流程。底层两端为成品出库区,中央控制室和终端各设1台出库终端,在每一个巷道口设有一个LED显示屏幕用于提示本盘货物要送至装配平台的出门号。需出库的成品,经操作人员输入产品名称、规格、型号和数量后,控制系统按照先进先出、就近出库、出库优先等原则,查出满足出库条件且数量相当或略多的货盘,修改相应账目数据,自动地将需出库的各类成品货盘送至各个巷道口的出库台上,经电瓶车取出并送至汽车上。同时,出库系统在完成出库作业后,在客户机上形成出库单。

(3) 回库空盘处理流程。底层出库后的部分空托盘经人工叠盘后,操作员输入空托盘回库作业命令,搬运工依据提示用电瓶车送至底层某个巷道口,堆垛机自动将空托盘送回立体库二、三、四层的原入口处,再由各车间将空托盘拉走,形成一定的周转量。

3. 自动化立体仓库的主要设施

（1）托盘。所有货物均采用统一规格的钢制托盘，以提高互换性，降低备用量。这种托盘能满足堆垛机、叉车等设备装卸，又可满足于输送机上下平衡运行。

（2）高层货架。采用特制的组合式货架、横梁结构。这种货架结构美观大方，省料实用，易安装施工，属于一种优化的设计结构。

（3）巷道式堆垛机。根据仓库的特点，堆垛机采用下部支承、下部驱动、双方柱形式的结构。该设备在高层货架的巷道内按 X、Y、Z 这 3 个坐标方向运行，将位于各巷道口入库台的产品存入指定的货格，或将货格内产品运出送到巷道口出库台。该设备设计与制造严格按照国家标准进行，并对结构强度和刚性进行精密地计算，以保证机构运行平稳、灵活、安全。该设备配备有安全运行机构，以杜绝偶发事故，其运行速度为 4～80m/min（变频调速），升降速度为 3～16m/min（双速电机），货叉速度为 2～15m/min（变频调速），通信方式为红外线，供电方式为滑触导线方式。

4. 计算机管理及监控调度系统

该系统不仅对信息流进行管理，而且对物流进行管理和控制，集信息与物流于一体。同时，它还对立体库所有出入库作业进行最佳分配及控制，并对数据进行统计分析，以便对物流实现宏观调控，最大限度地降低库存量及资金的占用，加速资金周转。

在日常存取活动中，尤其是库外拣选作业中，难免会出现产品存取差错，因而必须定期进行盘库。盘库处理通过对每种产品的实际清点来核实库存产品数据的准确性，并及时修正库存账目，达到账物统一。盘库期间堆垛机将不做其他类型的作业。在操作时，对某一巷道的堆垛机发出完全盘库指令，堆垛机按顺序将本巷道内的货物逐次运送到巷道外，产品不下堆垛机，得到回库的命令后，再将本盘货物送回原位并取出下一盘产品。依此类推，直到本巷道所有托盘产品全部盘点完毕，或接收到管理系统下达的盘库暂停的命令进入正常工作状态。若本巷道未盘库完毕便接收到盘库暂停命令，待接到新的指令后，再继续完成盘库作业。

Z 集团高效的供应链、销售链大大降低了物资库存周期，提高了资金的周转速度，减少了物流成本和管理费用。自动化立体仓库作为现代化的物流设施，对提高该企业的仓储自动化水平无疑具有重要的作用。

分析：

（1）Z 集团自动化立体仓库在公司物流系统中的位置是怎样？功能如何？

（2）自动化立体仓库都有哪些设施？在日常存取活动中，怎样对自动化立体仓库所有出入库作业进行最佳分配及控制？

项目 5　综合实训

【实训资料】

仓库选址重心法是解决单一仓库选址的一个常用模型。该选址模型提供了解决企业管理中重大问题的决策依据，可以多次重复应用于各种形式的物流网络设计，能给管理人员制定决策带来很大的帮助并最终给企业带来收益。

1. 前期准备

（1）设定实训初始条件。

仓库选址重心法是一个相当复杂的问题，影响因素相当多，所以不妨假设在实训教学过程中单位货品运入和运出成本是相等的，不考虑在不满载的情况下增加的特殊配送费用，使用数学位置坐标系（经常采用经度和纬度建立坐标）标出各个地点的位置。

根据各点在坐标系中的横纵坐标值求出总配送成本最低的位置坐标 X 和 Y，具体公式为

$$X_0 = (\sum X_i T_i) / (\sum T_i), \quad Y_0 = (\sum Y_i T_i) / (\sum T_i)$$

式中，(X_0, Y_0)——仓库选址的理论最佳选址位置；

(X_i, Y_i)——现有需求点 i 的位置坐标；

T_i——第 i 个需求点的配送量。

（2）实训班级的学生分组。

假设物流实训班级的学生人数为 40 名，将全班学生分成 8 个小组，每组 5 人，每组设置选址决策分析员 1 名、选址实施员 3 名、选址记录计算员 1 名。其中，决策分析员的主要职责是确定选址方法，选用选址工具，分析选址结果，分析理论仓库选址位置与实际实训结果仓库选址位置差异等；选址实施员的主要职责是确定坐标系位置，标出需求点位置，凿洞穿线，确定配送量的模拟硬币数量，绑定硬币，标出实训的仓库选址具体位置等；选址记录计算员的主要职责是记录决策分析员所提供的决策数据与决

策结果，记录选址实施员实施过程所产生的相关数据与结果，利用位置坐标系与仓库选址重心法公式计算仓库理论位置坐标。

（3）准备实训所需的工具。

某地地图模型图纸 A3 纸每组 1 张；A3 纸大小的硬纸板每组 1 张，要求能在硬纸板上至少凿穿 6 个细小光滑的洞；重量可忽略不计且长度为 0.5m 的白色细线每组至少 6 条；重量可近似为零的小型薄膜袋每组至少 8 个。另外，学生自备硬币每人至少 9 枚，透明胶每组 1 卷，宣传类大白纸每组一张，小图钉至少每组 10 枚，小铅笔每组 1 支，直尺与铅笔每组 1 支，白板笔每组 1 支，清晰的实训内容与实训要求每组 1 份。

2. 实训过程

由于仓库选址重心法追求的目标是总配送成本最小，即式中 T_C——总配送成本、V_i——需求点 i 的配送量、R_i——从位置待定的仓库到 i 点的配送费率、d_i——从位置待定的仓库到 i 点需求地的配送距离，所以能够使得总配送成本最小的仓库位置即是最佳的仓库位置。

假定仓库至各个需求点的单位物品数量配送费 $C = V_{xd}$（其中，V 为配送费率，d 为配送距离）一样，配送量 V 不一样。

某公司在该地区 6 个需求点的位置标在地图上，根据统计得出各个需求点的每月平均配送量是：A 区——3 万吨、B 区——4 万吨、C 区——6 万吨、D 区——7 万吨、E 区——2 万吨、F 区——3 万吨，假设单位距离的配送费一样。

任务：

（1）请用仓库选址重心法进行实训，并在图上标出仓库选址的具体位置。

（2）建立位置坐标系，并利用仓库选址重心法公式计算仓库的位置坐标。

（3）在图上比较这两个位置，若有差异，请试着分析其原因。

每个小组拿到实训内容与要求后，由选址的决策分析员召集选址实施员与记录员共同讨论，制定出详细的实训步骤、实训方法、实训的注意事项等，然后组织小组成员开始实训。

项目6 案例分析

【职业道德评判小案例】

青岛一地区被曝出发生大宗商品融资诈骗案件，涉案企业为青岛某矿业有限公司。

本案中该矿业有限公司对 4 家不同的仓储公司分别出具仓单，然后利用银行信息不对称的漏洞，去不同银行重复押以骗取贷款。据报道称，青岛当地至少有 17 家中资银行卷入铜、氧化铝等有色金属融资业务，而这 17 家金融机构涉足该地区有色金属贸易融资业务的融资额在 148 亿元上下，其中进出口银行一家就在 40 亿元上下，多家银行涉及金额都在 10 亿元上下。

此次事件波及领域广泛，影响深远，国内外一些知名媒体竞相报道。据报道，该地区融资诈骗事件将相关公司拖入了一场全球诉讼的泥潭，在花旗集团、南非标准银行、荷兰银行等分别在不同的国家提起诉讼后，此次事件更是引起了全球铜价的下跌。

问题：

（1）物流公司应如何明确其仓单质押业务的风险条件，对业务展开过程中面临的主要风险进行分析？如何区别所有权明确和存在所有权纠纷的仓单，并提出风险防范措施？

（2）仓单质押业务相关人员应具备怎样职业道德？物流公司应如何制定信用风险、实物风险、管理风险等内部风险控制规范，来提高员工的法律风险意识和道德素质？

【业务案例分析】

案例一

几年前还很少有人关注汽车物流，现在汽车物流俨然成了汽车行业的宠儿，很多公司都希望通过降低物流成本来提高竞争力。作为国内最大的合资汽车企业，上海通用汽车是如何降低物流仓储成本的呢？

秘诀一：精益生产及时供货

随着汽车市场竞争越来越激烈，很多汽车制造厂商采取了价格竞争的方式来应战。而要降低成本，很多厂家都从物流这个被视作"第三大利润"的源泉入手。有资料显示，我国汽车工业企业，一般的物流成本起码占整个生产成本的 20% 以上，差的公司基本在 30%～40%，而国际上物流做得比较好的公司，成本都控制在 15% 以内。上海通用汽车在合资当初就决定，要用一种新的模式，建立一个在"精益生产"方式指导下的具有全新理念的工厂。

精益生产的思想内涵很丰富，最重要的一条就是像丰田一样——即时供货，即时供货的外延就是缩短交货期。所以，上海通用汽车在成立初期，就在现代信息技术的平台支撑下，运用现代的物流观念做到交货期短、柔性化和敏捷化。

从生产实践来说，上海通用汽车每年都有一个及以上新产品下线上市，这是敏捷化的一个反映。而其物流最根本的思想就是怎样缩短供货周期来达到低成本、高效率。这个交货周期包括从原材料到零部件，再从零部件到整车，每一段都有一个交货期，这是敏捷化至关重要的一个方面。

秘诀二：循环取货驱除库存"魔鬼"

上海通用汽车有多种车型，在国内外还拥有一百多家供应商，拥有北美和巴西两大进口零部件基地。那么，上海通用汽车是怎样提高供应链效率、减少新产品的导入和上市的时间并降低库存成本的呢？

为了把库存这个"魔鬼"赶出自己的供应链，上海通用汽车的部分零件，如有些是本地供应商所生产的，会根据生产的要求在指定的时间直接送到生产线上去生产。这样，因为不进入原材料库，所以保持很低或接近于"零"的库存，省去大量的资金占用。有些用量很少的零部件，为了不浪费运输车辆的运能，充分节约运输成本，上海通用汽车使用了叫"牛奶圈"的小技巧：每天早晨，上海通用汽车的汽车从厂家出发，到第一个供应商那里装上准备好的原材料，然后到第二家、第三家，依此类推，直到装上所有的材料，然后返回。这样做的好处是，省去了所有供应商空车返回的浪费。传统的汽车制造厂商以前的做法是成立自己的运输队，或者找运输公司运送零件，都不是根据需要来供给的，因此存在某些缺陷。有的零件根据体积或数量的不同，并不一定能装满一卡车，但为了节省物流成本，他们经常装满一卡车配送，容易造成库存高、占用面积大等问题。

而且，不同供应商的送货缺乏统一的标准化管理，在信息交流、运输安全等方面，都会带来各种各样的问题。如果想要管好它，必须花费很多的时间和很大的人力资源。上海通用汽车聘请一家第三方物流供应商，由他们来设计配送路线，然后到不同的供应商处取货，再直接送到上海通用汽车，利用"牛奶取货"或者叫"循环取货"的方式来解决这些难题。通过循环取货，上海通用汽车的零部件运输成本下降了 30% 以上。这种做法体现了上海通用汽车的一贯思想：把低附加值的零部件外包出去，集中精力做好制造、销售汽车的主营业务，即精干主业。

秘诀三：建立供应链预警机制追求共赢

上海通用汽车所有的车型国产化都达到了 40% 以上，有些车型已达到 60% 甚至更高。这样可以充分利用国内外的资源优势，在短时间内形成自己的核心竞争力。上海通用汽车也因此非常注重协调与供应商之间的关系。

上海通用汽车采取的是"柔性化生产"，即一条生产流水线可以生产不同平台多个型号的产品，如同时生产别克标准型、较大的别克商务旅行车和较小的赛欧。这种生产方式对供应商的要求极高，即供应商必须处于"时刻供货"的状态，会产生很高的存货成本。而供应商一般不愿意独自承担这些成本，就会把部分成本计算在给上海通用汽车供货的价格中。如此一来，最多也就是把这部分成本转嫁到上游供应商那里，并没有真正降低整条供应链的成本。

为克服这个问题，上海通用汽车与供应商时刻保持着信息沟通。上海通用汽车有一年的生产预测，也有半年的生产预测，生产计划是滚动式的，基本上每周进行一次滚动，在此前提下不断调整产能。这个运行机制的核心是要让供应商看到公司的计划，让他们能根据公司的生产计划安排自己的存货和生产计划，减少对存货资金的占用。

如果供应商在原材料、零部件方面出现问题，也要给上海通用汽车提供预警，这是一种双向的信息沟通。如果某个零件预测出现了问题，无法满足需求，上海通用汽车就会利用公司的资源甚至全球的资源来做出响应。新产品的推出涉及整个供应链，需要国内所涉及的零部件供应能同时提供新的零部件，而不仅仅是整车厂家推出一个产品这么简单。作为整车生产的龙头企业，上海通用汽车建立了供应商联合发展中心，在物流方面也制定了很多标准流程，使供应商依据上海通用汽车产量的调整来调整他们的产品。

目前市场上的产品变化很大，某一产品虽然现在很热销，但几个月后可能需求量就不大了。上海通用汽车敏捷化的要求就是在柔性化共线生产的前提下能够及时做出调整。但这种调整不是整车厂自己做调整，而是让零部件供应商一起做调整。

市场千变万化，供应链也是千变万化的，对突发事件的应变也是如此。例如，某段时间上海通用汽车在北美的进口零部件出现了问题，就启动了"应急计划"，不用海运而改用空运。又如，考虑到世界某个地区存在战争爆发的可能性，将对供应链产生影响，上海通用汽车就尽可能增加零部件的库存，而且也预警所有的供应商，让他们对有可能受影响的原材料进行库存。归根结底，供应链就是要贯彻一个共赢的概念。

分析：

（1）上海通用汽车如何通过精益生产、循环取货等措施降低物流仓储成本，从而为公司和客户创造供应链增值的？

（2）根据案例进一步优化与完善上海通用汽车物料管控与仓储管理功能（如仓库管理系统、循环盘点、仓库与生产部进行协同等）。

案例二

东方药业公司是一家以市场为核心、以现代医药科技为先导、以金融支持为框架的新型公司，是西南地区经营药品种较多、较全的医药专业公司。它有着庞大的销售网络，该网络以昆明为中心，辐射整个云南省乃至全国，包括医疗单位网络、商业调拨网络和零售连锁网络。

1. 仓储系统的现状和产生的原因

（1）仓库的现代化程度低，设备陈旧落后。货物进不来出不去，在库滞留时间过长，或因保管不善而破损、霉变，损失严重，加大了物流成本。这与企业的经济实力及远景规划有关，企业建立仓库仅将其作为存放货物的地方，因此对设备现代化的要求很低，而且廉价的劳动力使得企业放弃改造设备的打算，大量的手工作业使得人员不至于闲置，"不怕慢，只怕站"的思想在人们心中根深蒂固，降低了工作效率。

（2）仓库的布局不合理。由于企业业务的不确定性，导致不同品种的零散物品占据很大的仓库面积，大大降低了仓库的利用率；而且，堆码、分区都很混乱，给出入库、盘点等工作带来诸多不便，往往是提货员拿着一张提货单在仓库里来回寻找，既影响了工作效率，也影响了配送，降低了服务质量。

（3）库存成本过大。企业目前没有一套库存控制策略，包括经济订货批量、订货间隔期、订货点、安全或保险库存等，这一切造成了库存的增大和库存成本的提高。

（4）仓库管理信息系统不完备，其信息化和网络化的程度低。这是受企业的经济实力、人员素质及现代化意识等因素的影响。企业的储运部只有一台计算机，接收订单、入账、退货单处理、报损、退厂、查询等工作都只能由它来完成，工作量大而繁，易出错，同时也影响了整个管理链条中的信息传递和库存管理控制。

2. 仓储系统合理化改造的建议和方法

（1）重视对原有仓库的技术改造，加快实现仓储的现代化。目前，医药行业的仓库类型主要分为生产物流中的制药原料及成品库和销售物流中的战略仓库，大多数企业比较倾向于采用高位货架结合窄通道高位驾驶三向堆垛叉车的立体仓库模式。在此基础上，根据实际需要，尽可能引进国外先进的仓储管理经验和现代化物流技术，有效地提高仓库的储存、配送效率和服务质量。

（2）完善仓库功能，逐步实现仓库的社会化。加快实现仓库功能多元化是市场经济发展的客观要求，也是仓库增加服务功能、提高服务水平、增强竞争力、实现仓库社会化的重要途径。在市场经济条件下，仓库不应该仅仅是存储商品的场所，更要承担商品分类、挑选、整理、加工、包装、代理销售等职能，还应成为集商流、物流、信息流于一身的商品配送中心、流通中心。在一些发达国家，基本上都把原来的仓库改造成商品的流通加工配送中心。基于东方药业公司目前的规模及实力，企业应实现现有仓库向共同配送的库存型配送中心的转化，商品进入配送中心后，先分类储存，再根据用户的订货要求进行分拣、验货，最后配送到各连锁店和医疗单位。这种配送中心作业简单，只需要将进货商品解捆后，每个库区都以托盘为单位进行存放即可。

（3）建立完备的仓库管理系统。东方药业公司收购的众多子公司存在程度不等的存货管理不善问题，各种过期和滞销存货及应收款项使得这些子公司步履维艰。所以，东方药业公司物流管理的建设必须改变存货管理的低效率现状，降低库存成本和存货滞销风险，解决在整个管理链条中的信息传递问题。

（4）减少作业环节。每一个作业环节都需要一定的活劳动和物化劳动消耗，采用现代技术手段和实行科学管理的方法，尽可能地减少一些作业环节，既有利于加速作业的进度，又有利于降低成本。

（5）进行正确的仓储设施布置。采用"L"形和"U"形布局，以保证物品单一的流向，既避免了物品的迂回和倒流，又减少了搬运环节。

分析：

（1）东方药业公司是如何提高其仓储系统效率的？该公司装卸搬运合理化的意义是什么？

（2）根据案例设计东方药业公司的仓储系统绩效考核评分指标体系，并提出进一步的优化方案。

项目6 综合实训

【实训资料】

假如你们班同学在宁波开了一家家电厂,但由于自己企业不精于生产电线和插头,所以就向电线厂进行采购。他在网上找到一家深圳的供应商,经过仔细的考察认证,他觉得该供应商是可靠而讲信誉的,于是决定向该供应商购买10 000个标准欧式插头。但是问题又出现了,该供应商在深圳,用什么方式可以让这批货尽快存入自己的仓库呢?请帮同学想想能有什么方式让商品以最低的成本、最佳的效率到达仓库。

1. 实训准备

(1) 分组:将全班学生分成若干个小组,平均每小组为10人,每组均指定1名负责任、成绩较好的同学担任仓库主管。

(2) 布置课前任务:先让学生预习教材内容,查找相关资料。

(3) 教师:提前1周给学生布置任务。

(4) 学生:利用课外时间以小组合作的方式进行调研并完成任务书的内容,可通过两种方式进行调研:网上查询、到企业仓库咨询。

2. 实训过程

(1) 商品入库方式。

① 通过情境分析,请同学来发表自己的看法:托运入库(通过第三方运输部门帮助送货);送货入库(供货方自己送货到买方);自提入库(买方自己去供货方仓库提货);过户(货物仓位不变,所有权变化);退货入库(销售出去的东西重新回到仓库);移仓(企业内部货物仓位的变化)。

② 教师出题,学生分四组进行讨论,最后各组派代表发表意见,进行巩固。

A. 假如你收到了同学的来信。如果我们把信件看作货物,而你的手就看成仓库,那么入库采用的是什么方式?

B. 同学A有一批货物储存在一个公共仓库,而此时同学B急需这批货,所以就向同学A购买,而问题是同学B的仓库都满了。A同学只能购买了货物后,仍将货物储存在这个公共仓库中。这是什么方式?

C. 一个自动化立体仓库中,专门将香飘飘奶茶储存在第10行中,因为销售量好,所以进货后第10行就放满了,只能再储存在其他空位上。随着奶茶的卖出,第10行的货架空出来了,将放在其他位置上的奶茶统一整理到第10行中。这是什么方式?

D. 如果同学在本地购买,他只要一个电话打到电线厂,指定某一型号电线和插头,该电线厂都能在当天将货送到同学的仓库。这是什么方式?

E. 如果我们把信件换成你妈妈寄给你的好吃的呢?注意是邮政包裹,而不是快递。这是什么方式?

F. 如果你妈妈采用的是家附近的一家快递公司呢?

G. 有一天同学的工厂着急要货,他实在等不及电线厂送货,便自己去电线厂取货了。这是什么方式?

(2) 入库交接组织。

托运入库方式下的商品交接流程如附图6.1所示。

附图6.1 托运入库方式下的商品交接流程

(1) 车站、码头交接(提运员)。

通过教师演示,请指出教师在车站码头作为提运员交接时哪些做对了、哪些做错了。根据同学的回答进行归纳总结,这样更容易理解掌握:了解所接运的商品的品名、型号、特性及装卸搬运的注意事项;了解到货时间和交货情况;组织装卸人员、工具和车辆,按时前往提货;通知仓库做好接运商品的准备工作;核对商品的品名、规格、型号、数量;查看商品的包装、封印是否完好,有无沾污、受潮、水渍、油渍等异状;若有疑点或不符,应当场要求运输部门检查,并做相应记录;按照规定方式运输回仓库。

(2) 仓库交接(仓库保管员)。

这一块内容请同学上台来演示,下面的同学仔细观察,表演的同学哪里做得对、哪里做得不对?然后归纳:接收准备,安排货车停车位置和商品存放位置,准备卸车工具;接收单据;卸车搬运;检查包装;核对实物;签收。

(3) 入库验收模拟操作。

请各小组按照教师的指示布置座位入座,并临时把各小组命名为A仓库、B仓库、C仓库、D仓库,各仓库自行选出仓库主管(上课前10min准备好)。

根据教师下发的商品和相关单据,各仓库办理商品验收入库手续。时间为15min[任务提示:办理验收入库时,对拿到的商品进行点数并与货单和商品验收单核对,数量多出或少出来的,填写商品溢余短缺报告单(附表6-1);仔细检验商品的外观和内在品质,有轻微质量问题的,填写商品残损变质报告单(附表6-2),有重大质量问题的,拒收并做好记录;按照质量合格的实收数填制商品入库收单(附表6-3)]。

各仓库主管填写本次商品入库验收记录表(附表6-4),并到台前展示所在仓库验收情况,时间为2~3min。

附表6-1 商品溢余短缺报告单

仓库: 　　　　　　　　　　　　年　月　日　　　　　　　　　　　　NO.

商品编号	品名	规格型号	包装细数	单位	单价	应收	实收	溢余	短缺	金额
溢余(短缺)原因										
处理意见										

仓库主管　　　　　　　　保管　　　　　　　　复核　　　　　　　　制单

附表6-2 商品残损变质报告单

仓库: 　　　　　　　　　　　　年　月　日　　　　　　　　　　　　NO.

商品编号	品名	规格型号	包装细数	单位	数量	原来单价	原来金额	重估单价	重估金额	原因
审核意见					领导指示					

附表6-3 商品入库验收单

发货单位:
发货单号:
合同编号:　　　　　　　　　　　年　月　日　　　　　　　　存放仓库:

商品编号	品名	规格型号	包装细数	单位	单价	应收		实收	
						数量	金额	数量	金额
		合 计							

会计　　　　　　　　记账　　　　　　　　验收　　　　　　　　制单

附表6-4 验收情况记录

商品品名：		应收数量：		实收数量：		有无溢余：	
数量溢余原因							
商品品质情况							
单据情况							
制单人				仓库主管			

任务：
（1）危险品入库交接要做好哪些工作？
（2）请运用 ISO 9001 质量管理体系为仓储管理员岗位设计作业指导书。

项目7 案例分析

【职业道德评判小案例】

某商场电器区在对商品库存进行自查时发现：灯饰柜有两个商品账实不符。经查，2021年1月13日和5月21日各有一台吸顶灯退回，但交接本上却无记录。后查实是柜组长黄某使用顾客遗留的电脑小票进行退货，而在办理退货时服务台值班员戴某和刘某没有严格按规定操作，使得黄某顺利地将所退的现金据为己有。

问题：
（1）为什么会发生该事件？如何防范？
（2）库存管理人员应具备什么样的职业道德？

【业务案例分析】

A公司是一家专门经营进口医疗用品的公司，对于它这样的贸易公司而言，因其进口产品交货期较长、库存占用资金大，库存管理显得尤为重要。

1. ABC分类法的理论依据

ABC分类法是意大利经济学家帕累托首创的，他在研究个人收入的分布状态时发现，少数人的收入占全部人口收入的大部分，而多数人的收入只占一小部分。该方法的核心思想是在决定一个事物的众多因素中分清主次，识别出少数的但对事物起决定作用的关键因素和多数的但对事物影响较小的次要因素。80/20法则是ABC分类法的指导思想。所谓80/20法则，简单地说，就是20%的因素带来80%的结果。但是，80/20法则也不是绝对的，可能是25%和75%或者16%和84%等。

总之，80/20法则作为一个统计规律，是指少数的因素起着关键作用。ABC分类法正是在这个原则的指导下，试图对物料进行分类，以找出占用大量资金的少量物料，并加强对它们的控制与管理；而对那些占用少量资金的大多数物料，则实施较松的控制和管理。一般来说，人们将占用了65%~80%的价值的15%~20%的物品划分为A类，将占用15%~20%的价值的30%~40%的物品划分为B类，将占用5%~15%的价值的40%~55%的物品划分为C类。不过这种划分也不是绝对的，要根据实际情况加以划分。ABC分类法不仅应用了上述理论，而且运用了数理统计、运筹学、系统工程等方面的知识，并结合库存的实际情况采用定性和定量相结合的分析方法进行库存管理。

2. ABC分类法在A公司的应用

A公司按销售额的大小，将其经营的28种产品排序，划分为A、B、C类。排序在前3位的产品占到总销售额的97%，把它们归为A类产品；第4至7位的产品每种产品的销售额均大于0.1%，把它们归为B类产品；其余的21种产品（共占销售额的1%），把它们归为C类产品。其库存物品的ABC分类见附表7-1。

附表7-1 A公司医疗用品库存物品的ABC分类

类别	库存物品	销售价值/万元	销售价值	占总库存
A类	3种	5625	97%	11.5%
B类	4种	116	2%	15.4%
C类	21种	58	1%	73.1%

3. 安全库存存货管理的应用

在此基础上，A公司对A类产品实行连续性检查策略，即每天检查其库存情况。但由于该公司每月的销售量不稳定，所以每次订货的数量不相同。另外，为了防止预测的不准确及工厂交货的不及时，该公司还设定了一个安全库存量。根据资料显示，该类产品的订货提前期为2个月，即如果预测在6月销售的产品，应该在4月1日下订单给供应商，才能保证产品在6月1日出库。该公司对A类产品的库存管理方案为"安全库存＝下一个月预测销量的1/3"。

订货时间为"当实际的存货数量＋在途产品数量＝下两个月的销售预测数量＋安全库存"时，就下订单，即"订货数量＝第三个月的预测数量"。

A公司对B类产品采用周期性检查策略，每个月检查库存并订货一次，目标是每月检查之后两个月的销售数量应在库里（其中一个月的用量视为安全库存），另外在途还有一个月的预测量。每月订货时，再根据当时剩余的实际库存数量，决定需订货的数量，这样就会使B类产品的库存周转率低于A类产品的库存周转率。

对于C类产品，该公司则采用了定量订货的方法，根据历史销售数据，得到产品的半年销售量，为该种产品的最高库存量，并将其两个月的销售量作为最低库存。一旦库存达到最低库存时，就订货，将其补充到最低库存量。这种方法比前两种方法更省时间，但是库存周转率更低。

A公司在对产品进行ABC分类以后，又对客户按照购买量进行了分类。该公司发现在69位客户中，前5位的客户购买量占全部购买量的75%，将这5位客户定为A类客户；到第25位客户时，其购买量已达到95%，因此，把第6至25位的客户归为B类，把第26至69位的客户归为C类。对于A类客户，实行供应商管理库存，一直保持与他们的密切联系，随时掌握他们的库存状况；对于B类客户，基本上可以用历史购买记录，以需求预测作为订货的依据；而对于C类客户，有的是新客户，有的一年也只购买一次，因此，只在每次订货数量上多加一些，或者用安全库存进行调节。

4. A公司库存管理的效果

对于A公司这种经营进口产品且产品种类繁多、各产品的需求量变化幅度较大的企业来说，库存管理显得尤为重要，甚至关系到企业的生死存亡，所以必须采取适当的措施对库存实施控制与管理。而A公司对库存进行ABC分类控制与管理，是符合自身的企业特点的。首先，该公司经营的产品种类繁多且各产品的需求量变化幅度较大，对其产品进行ABC分类，有利于库存管理、销售量统计、需求预测、订货计划编制、成本控制及会计核算等环节的实施。对其产品进行重点控制，这样大大降低了因上述原因而造成的库存管理成本，提高了这类产品的库存周转率。其次，在ABC分类的前提下，该公司对A类产品进行连续性检查策略，这样防止了因A类产品缺货而造成的缺货损失，同时也避免了因盲目进货而带来的不必要的存储成本。由于A类产品的订货周期为两个月且销售价值占总销售价值的97%左右，所以对A类产品实施重点控制和管理是有必要的，也可以尽可能地把库存成本降至最低。再次，该公司对客户也进行了ABC分类管理，这一方案的实施，不仅有利于掌握重要客户的市场信息，而且可以提高这类客户的满意程度。除此之外，这更有利于公司对未来市场的需求预测，从而避免了因信息不对称而进行盲目预测销售量致使公司蒙受损失的情况。最后，A公司对其产品和客户ABC分类后，公司的内外经营环境得到了很大的改善，树立了良好的企业形象，提升了企业的市场竞争力。

现今的企业环境，零库存只不过是一种理想状态，对于大量、大批生产型的企业来说，这是不可能做到的。所以，必须对库存实施控制与管理，应用定量和定性相结合的分析方法对企业进行全面的分析，采用适当的库存管理方法，使库存管理成本降至最低，目的只有一个——长期使企业的利益最大化。

分析：
除了ABC分类法以外，还有什么方法适用于该公司的库存分类管理？

项目7　综合实训

【实训资料】

假如你是一家位于深圳的连锁超市公司的仓库部库存控制专员，负责公司配送中心的库存管理工作。作为该公司的仓库部库存控制专员，请你完成下列任务。

任务：

1. 配送中心订货量的确定与计算

该配送中心某种物品的年总需求量为2 000单位，单位物品的购入价格为60元，每次的订货成本为270元，单位物品的年储存费率为单价的20%。如果这种物品采用定量订货方式，那么每次订货量为多少？如果采用定期订货方式，还需要确定哪些量？请比较两种订货法的异同，并尝试求出定量订货方式的年最小库存成本。

2. ABC 分类法的应用

该配送中心对库存的 20 种商品进行了盘点，各库存品种占用的资金及相应的库存金额比例见附表 7-2。

附表 7-2　连锁超市公司配送中心库存情况

品名	库存金额/万元	库存金额累计/万元	库存金额比例	库存金额累计比例	品种比例	品种累计比例
A	44	44	1%	1%	5%	5%
B	46	90	1%	2%	%5	10%
C	48	138	1%	3%	5%	15%
D	120	258	3%	6%	5%	20%
E	280	534	7%	13%	5%	25%
F	1 200	1 735	30%	43%	5%	30%
G	40	1 777	1%	44%	5%	35%
H	30	1 803	1%	45%	5%	40%
I	1 000	2 801	25%	70%	5%	45%
J	220	3 028	6%	76%	5%	50%
K	160	3 188	4%	80%	5%	55%
L	32	3 220	1%	81%	5%	60%
M	28	3 248	1%	82%	5%	65%
N	320	3 568	8%	90%	5%	70%
O	180	3 748	4%	94%	5%	75%
P	70	3 818	2%	96%	5%	80%
Q	46	3 864	1%	97%	5%	85%
R	50	3 914	1%	98%	5%	90%
S	44	3 958	1%	99%	5%	95%
T	42	4 000	1%	100%	5%	100%

该配送中心 ABC 分类法标准如下：

A 类——品种数所占比例为 15%～20%，库存资金所占比例为 75%～80%。
B 类——品种数所占比例为 20%～25%，库存资金所占比例为 10%～15%。
C 类——品种数所占比例为 60%～65%，库存资金所占比例为 5%～10%。

请你根据以上信息，填写 ABC 分析表（附表 7-3）。

附表 7-3　ABC 分析表

库存分类	品名	库存金额/万元	库存金额累计/万元	库存金额比例/（%）	库存金额累计比例/（%）	品种比例	品种累计比例
A 类						5%	5%
						5%	10%
						5%	15%
						5%	20%

续表

库存分类	品名	库存金额/万元	库存金额累计/万元	库存金额比例/(%)	库存金额累计比例/(%)	品种比例	品种累计比例
B类						5%	25%
						5%	30%
						5%	35%
						5%	40%
						5%	45%
C类						5%	50%
						5%	55%
						5%	60%
						5%	65%
						5%	70%
						5%	75%
						5%	80%
						5%	85%
						5%	90%
						5%	95%
						5%	100%

项目8　案例分析

【职业道德评判小案例】

某啤酒集团仓储部经理热爱本职工作，对企业忠诚，特别是对自己管理的仓储业务勤于思考、勇于变革，不断地探索降低成本之道，为提高企业经济效益做出了巨大贡献。多年来，他带领的团队积极借鉴国内外物流公司的先进经验，并结合自身的优势，制订了新的仓储物流改革方案。根据这一方案，集团成立了仓储调度中心，对全国每个市场区域的仓储活动进行重新规划，对产品的仓储、转库实行统一管理和控制。从提供单一的仓储服务，到对产成品的市场区域分布、流通时间等进行全面的调整、平衡和控制，集团的仓储调度成为销售过程中降低成本、增加效益的重要一环。通过改革，集团的仓库面积由7万多平方米下降到不足3万平方米，产成品平均库存量由12 000t下降到6 000t，使得集团的直接和间接经济效益都得到明显的提高，集团的整体营销水平和市场竞争能力也大大提高。

问题：

（1）结合案例分析仓储成本分析的意义之所在。

（2）如何提高自身的素养，为企业创造更大的效益？

【业务案例分析】

美国布鲁克林酿酒厂在美国分销布鲁克林拉格啤酒，已经经营多年，虽然在美国还没有成为名牌酒，但在日本却已打开了一大片市场。

1. 布鲁克林酿酒厂对运输成本进行控制

布鲁克林酿酒厂将它的第一箱布鲁克林拉格运到日本后，在最初的几个月里使用了各种航运承运人，最后，日本J航运公司被选为布鲁克林酿酒厂唯一的航运承运人。J航运公司之所以被选中，是因为它向布鲁克林酿酒厂提供了增值服务。J航运公司在其国际机场的终点站交付啤酒，在飞往东京的商航班上安排运输，并通过其日本报关酒行办理清关手续。这些服务有利于保证其承运的产品完全符合保鲜要求。

2. 布鲁克林酿酒厂对物流时间与价格进行控制

啤酒之所以能达到新鲜的要求,是因为这样的物流作业可以在啤酒酿造后的1周内将啤酒从酿酒厂直接运送到顾客手中。新鲜啤酒能超过一般的价值定价,高于海运装运的啤酒价格的5倍。虽然布鲁克林拉格在美国是一种价位亲民的啤酒,但在日本却是一种溢价产品,获得了极高的利润。

3. 布鲁克林酿酒厂对包装成本进行控制

布鲁克林酿酒厂改变包装,通过装运小桶装啤酒而不是瓶装啤酒来降低运输成本。虽然小桶重量与玻璃瓶的重量相等,但减少了因玻璃瓶破碎而使啤酒损毁的机会。此外,小桶啤酒对保护性包装的要求也比较低,这将进一步降低装运成本。

分析:

(1) 结合案例分析仓储成本的构成。

(2) 结合布鲁克林酿酒厂的物流成本管理现状,分析降低仓储成本的对策。

(3) 结合案例分析降低仓储成本的重要性。

项目8 综合实训

【实训资料】

假如你是一家储运公司的人力资源部绩效考核专员,负责公司仓库的绩效管理工作。

1. 平衡计分卡提出的背景

在信息时代,企业的成功依赖于对知识资产的持续投资和管理,依赖于从职能专业化向基于顾客的流程运作的转变。传统的财务模式绩效管理偏重有形资产的评估和管理,对无形资产和智力资产的评估与管理显得无力。

顾客需求的日趋个性化和多样化,要求不断地提高系统的柔性、快速响应、创新和优质服务水平,以满足客户群体的愿望。

产品与服务的创新和改进将日益取决于员工职业化技能的提高、先进信息技术的应用和组织内部关键流程的协同作用,而传统财务模式绩效管理不能完成这一过程的指导和评价。

当企业实施以上转变时,其成败是不能用传统的、短期性的财务指标衡量的,由此产生了建立平衡计分卡的必要性。平衡计分卡采用衡量企业未来业绩的驱动因素的方法,具有战略管理的功能,具体思路如附图8.1所示。

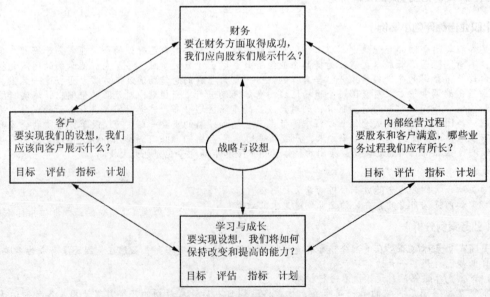

附图8.1 战略性平衡计分卡图

据相关评估指出,全世界排名前千名的企业中,约60%的企业正在使用或正在试用平衡计分卡。市场竞争越来越激烈,迫使企业去寻找提升效率与自身能力的方法,这也是企业考虑使用平衡计分卡的深远意义之所在。

2. 平衡计分卡的结构与指标

平衡计分卡作为业绩评估系统，需要考虑协调各种根本不同的战略指标之间的平衡，努力达到目标的一致；鼓励员工按照企业的最大利益努力工作；凝聚组织，增加沟通，其核心就在于"平衡"。因此，在设计平衡计分卡时，管理者必须选择一套指标。总体来说，平衡计分卡的结构如下：

（1）产出（财务）方面。如资本报酬率、现金流、项目盈利等指标。

（2）学习与成长方面。从创新和学习角度评价企业运营状况，可用新服务收入所占比例、提高指数、雇员建议数、雇员人均收益等指标。

（3）顾客方面。如顾客满意度指数、市场份额、价格指数、顾客排名调查等指标。

（4）内部业务过程方面。如与顾客讨论新工作的小时数、投标成功率、返工、安全事件指数、项目业绩指数等指标。

在通常情况下，平衡计分卡将关键性衡量指标按下列方法分类：

（1）结果性指标和驱动性指标。

① 结果性指标。用以说明战略结果，一般属于"滞后指标"，它告诉管理人员发生了什么，如加快周转时间。

② 驱动性指标。属于"超前指标（或领先指标）"，它揭示实施战略时关键领域的进展，并用来影响组织中的行为。例如，驱动性指标鼓励员工特别关注周转时间并努力于周转时间的减少，最终促使成果指标的实现。

（2）财务指标和非财务指标。

① 财务指标。如费用标准、收益标准、资本标准等。

② 非财务指标。如具有弹性的预算计划方案、用于新产品研发的方案、用于提高销售人员质量的方案、公关方案等。这类标准在评价上可能需要运用主观的判断，其中部分指标是客观的。还有无形标准，如工作能力、雇员建议、员工忠诚、顾客满意度、社区的形象等。

（3）内部指标和外部指标。

① 内部指标。如质量、产量、员工满意度、变革的力量、职业安全、对市场的反应速度等。

② 外部指标。如顾客满意度、产品的市场形象、顾客忠诚度（重复购买）、企业的社会声誉等。优秀的企业大都注重外部指标，因为内部指标相对稳定、良好；而提升企业的核心竞争力，必须在稳定良好的内部指标的基础上提高对外部指标的关注。

3. 仓库客服岗位日常工作内容

（1）财务。

① 资金回笼率。督促每月客户账单的开出，跟踪对账情况，根据客户的正常付款期，促使资金及时回笼；税款及其他代垫费用及时回笼。

② 坏账率。已造成而客户不予认可的特殊费用或已开出的账单（发票）收不回来的款项。

（2）客户。

① 服务投诉率。错误操作、延误操作等造成的投诉；突发事件的应变措施不及时造成的投诉；服务方式、服务态度等方面的投诉。

② 后续维护满意率。相关业务的咨询、查询；其他服务的延伸；有效单证的及时交接。

（3）内部经营过程。

① 工作数量及质量。记录的准确性、完整性、及时性（业务跟踪）；根据记录卡设权值计算工作量。

② 风险控制。运输保险的确认与执行；特殊货物的提前安排；影响公司正常运作的其他风险。

③ 其他相关业务环节的配合。公司制度的执行（如考勤制度等）；部门业务惯例的执行（如物流动态信息提供、安全规范等）。

（4）学习与成长。

如业务培训、岗位资格证书的获得、业务互动等。

任务：

如果你作为该公司的绩效考核专员，请使用平衡计分卡设计公司仓库客服岗位的绩效考核指标体系。

项目9　案例分析

【职业道德评判小案例】

2017年5月12日，名为"WannaCry"的勒索软件蠕虫席卷全球，它通过MS17-010漏洞在全球范围大爆发，感染了大量的计算机。该蠕虫感染计算机后会向计算机中植入敲诈者病毒，导致计算机大量文件被加密。而受害者的计算机被黑客锁定后，病毒会提示受害者支付价值相当于300~600美元的比特币才可解锁。

国内外许多企事业单位的网络系统纷纷中招。英国NHS（全民医疗体系）旗下多家医疗机构遭受网络攻击，导致多家公立医疗机构的计算机系统瘫痪，包括一些急诊病人在内的许多患者就医预约被迫取消。西班牙电信公司也深受其害，员工被通知不要打开计算机。俄罗斯多个地区政府部门的计算机集体死机，而政府部门的信息都是机密。在中国，各大高校是重灾区，临近毕业季，许多学生的毕业论文被篡改加密，这些学生都欲哭无泪。

网上报道称，该病毒只攻击Windows系统的计算机，手机等终端不会被攻击，包括Unix、Linux、Android等系统都不会受影响。后来，微软针对"永恒之蓝"的系统漏洞，发布了相应补丁。但据报道，"WannaCry"出现了新变种，每小时能够感染3 600台计算机，大约每秒一台，甚至有专家预测升级版的"WannaCry"有可能会卷土重来。为了避免这些突发事件造成巨大损失，人们还是要提前做好准备，防患于未然，升级安装补丁。

问题：
（1）大数据时代带来哪些威胁？
（2）试说明大数据时代物流信息系统工作人员应具备的职业道德。

【业务案例分析】

消费者从超市货架上取走一瓶某公司生产的洗发水，这对于该公司来说，就意味着它的1 500家供应商、25.3万平方米的生产基地、9个区域分仓、300个商超和经销商都因此而受到牵动。这是构成该公司供应链体系的一些基本节点。

1. 深度数据挖掘与需求分析

不同于家电、汽车等耐用消费品比较容易预测消费趋势和周期，快速消费品行业由于消费者的购买频次更高、消费结构更为复杂，以及销售过程中充满许多不确定性，企业较难做出需求预测。最头疼的情况是大客户采购，这种情况可能使超市的现有库存顷刻间耗尽。为了避免类似的手忙脚乱，又不想增加库存加大成本，更不想丢失客户，该公司需要准确地预测未来的销售情况。每天，分散在全国各地的业务人员巡店后，将销售数据输入一个手持终端，源源不断地把销售情况汇总到公司的中心数据库。与此同时，直接与公司总部数据库对接的诸如沃尔玛POS机系统和经销商的库存系统等，将店里的销售和库存数据及时反映到公司的中心数据库，使不论无论身处上海中国总部还是身处伦敦全球总部的管理人员，都能了解到中国超过1万家的零售门店在任何一天内的销售情况和业务数据。其余还有7万多个销售终端，数据更新以周为单位，这些大样本的数据来源，可以保证销售预测的波动（如难以预料的团购情况）能被控制在合理的范围水平内。

但仅仅通过汇总购买行为这类数据，还不足以准确预测出未来一段时间内的需求，那些代表预测销量和实际销量的分析曲线，只是依赖数学模型和复杂的计算完成了理论上的工作，还需要做进一步的分析。这就需要其他的业务数据，如对某产品制订的促销方案是降价还是买赠、在某时段内投入了多少宣传力度、覆盖了多少区域或渠道等，都会影响产品最终增加的销量，同时还要与其他业务部门诸如生产、采购、财务、市场等团队进行协同，共同利用这些数据，预测和分析结果。

该公司按照16个品牌的产品形态划分出四大业务类别，每个品类都有一个团队来预测产品的销售情况，并进一步分析影响采购、生产环节的实际运作。当洗发水以瓶为单位售出后，采购部门得到的信息则是原材料A和包装材料B又将会有新的需求，在系统里一瓶洗发水会被分解成40多种原材料，这些数据会落实在其物料清单上。

2. 全球协同采购

按照公司实行的全球化范围的采购与生产体系，消费者购买行为对采购、生产的影响就是全球性的。该公司旗下400多个品牌的产品在全球270个生产基地生产，所有涉及原料和包装材料的采购问题，包括采购地和供应商的选择，以及采购规模与频次的安排，都是统一进行调配的。这种全球化的操作将在成本集约上体现出规模效应，但同时也对公司的供应商管理水平提出了挑战。

该公司在上海成立了全球采购中心后，从中国向全球出口原料及成品，这里生产的牙膏最远销售到智利，使中国的供应商总数规模达1 500家左右。利用大数据与业务分析，一些能够同时提高合作方效率的合作会在这里开展，一些在内部被评定为A级的供应商被视作战略合作伙伴，他们会为生产提供定制化的材料，而自己的设计与研发人员也会对供应商的设备、流程等十分熟悉，双方会针对一款新产品在早期就开始合作，公司会从技术方面对供应商提供指导。

该公司利用大数据对供应商进行管理，有一套全球共同执行的标准。一个跨部门的管理团队每年会重新审核供应商等级，对A级供应商更是到场审计两次，不仅包括技术水平、产品质量、资金规模等常规指标，而且包括绿色、环保、用工条件等社会责任方面的情况，如果其中哪个方面没能达到要求，就将面临从采购名单里消失的风险。

3. 高效协同生产

每当商品售出时，生产部门就要和计划部门对接对售出产品的数据并做出响应。根据售出产品的相关数据，生产计划经理进行分析并做出决策。除了通过需求计划经理得到需求预测，还必须获得其他业务信息，如通过采购团队掌握所有供应商的交货能力，通过工厂负责人了解目前生产线上的实际产能等。然后，将这些信息汇聚在一起统筹分析，做出下一段时期内的产能供应水平定位。

根据这些大数据，工厂最终制订出生产计划，指挥一个年产值达上百亿元的生产系统在每一周、每一天里如何调度它的每一家工厂、每一条生产线，以及按照速度和专长的不同安排生产（洗发水生产线就有10多条），尽可能达到产能最大化，以满足那些分散在全国各地甚至世界其他地区不断增长的购买需求。关于消费者打算在何时何地购买这瓶洗发水的行为，将给公司的分析人员带来一道复杂的统筹学问题。

4. 渠道供应链管理，赢在货架

该公司在全国设有9个销售大区，首先成品从合肥生产基地的总仓发往上海、广州、北京、沈阳、成都等城市的区域分仓。为了保证这瓶洗发水能够准时到达最终的货架，分销资源计划员既要规划路线，又要考虑库存成本和各条运输线上波动的运输能力。例如，春节将是其产品的销售旺季，而临近春节时往西方向的铁路线会很拥挤，公路运输也比较忙，这还没有考虑很多发生在路上的临时突发状况。因此，必须有充足的数据进行详细周密的分析，并与其他业务部门协商做出决策。

该公司用活了数据，从超市货架上每个产品的变化，一直到自己的供应商，这是一条能产生出高价值的数据链路，而利用链路上每一节点的数据来优化和改进业务，使得业务运营获得了骄人的成绩。例如，通过对缺货的分析，找出导致一瓶洗发水在货架上缺货的真正原因：是门店方面没有及时下单，还是系统虚库存，又或者是因为库存堆放问题等，找到真正的原因后才能改进缺货率；又如，与商超启动了回程车项目优化，在合肥总仓、乐购嘉善总仓、乐购合肥门店之间，把双方的取货、发货和运输线路放在一起进行分析和优化设计，减少了返程时的空车率，节约了物流成本，同时也完成了公司对碳排放降低的要求；再如，通过分析与优化，提升了服务效率和客户的投资回报率。

分析：
分析大数据时代给该公司带来的影响。

项目9　综合实训

【实训资料】

海尔最先从一个亏损的企业，经过多年的发展，发展成为多元化、集团化、国际化的企业，它是如何做到的呢？这就是因为海尔在全集团范围内以现代物流革命为突破口，对原来业务流程进行了重新设计和再造，并以市场链为纽带对再造后的流程进行了整合，在业务流程上与国际化大公司全面接轨，实现国际化扩展效益，大大提高了海尔的国际竞争力，连国内订单也纷至沓来，因而在经营规模较大的条件下，实现了高速度发展，而取得这一切的核心在于海尔的业务流程增强了企业的竞争力。

为什么说海尔的物流革命非常必要呢？

（1）在新经济时代，企业需要按订单生产。中国加入WTO了，所有企业都面临着世界一体化的冲击。网络技术使所有企业都到了一个平台上，企业的优势被放大，速度成为取胜关键，所以，企业都感觉到了用户对时间的要求。现代企业运作的驱动就是订单，若没有订单就没有物流，也就只能进行仓库库存生产。

（2）不物流就无物可流。如果没有订单的话，采购回来的物品就只能进行库存，因为不知道采购回来的物品销售给谁，结果就只能降价亏本出售。这样就是价格战的本质表现了，如果企业没有别的出路、没有足够的实力，最后的恶果只能是亏损、倒闭，就是无物可流了。

1. 海尔的做法

（1）成立物流推进本部。传统流程模式并不能实施物流革命，所以必须对流程进行再改造，这就需要把原来的组织结构（即直线职能式的金字塔结构）改成扁平的组织结构，所以海尔成立了物流推进本部，该部设有采购、配送、仓储的3个事业部，统一实施对集团内部物流的运作管理，也就是所谓的统一采购、统一材料配送、统一成品配送，使得采购、生产支持、物资配送从战略上一体化。

（2）实施采购JIT，整合全球供应链资源，全球集中采购。海尔将采购集中，这样才能在全球范围内挑选最合适、最便宜的质优的零部件，使供应商减少，集团采购人员也优化到了三分之一，大大降低了成本。对外改买卖关系为战略合作伙伴关系，从采购管理向资源管理转变，实现了公平、互动、双赢。和供应商共同开发设计，大大提高了产品的技术含量，同时也大大提高了产品开发的效率。对外实施日付款制度，对供应商付款及时，为企业树立了一个良好的形象。建立工业园，大大提高了企业的竞争力，也吸取了当地政府的招商引资，给当地提供了更多的就业岗位。

（3）实施原材料配送JIT。海尔成立国际物流立体库，实现了围绕订单进行的仓库革命，也就是一切都以订单为核心，因为没有订单的生产就是库存生产，库存生产也就意味着亏损。海尔建立了两个现代智能化的国际中心仓库及自动化物流中心，使得海尔能很好地围绕订单来生产，从而避免了浪费现象。这两个仓库的建立，使海尔的平均库存周转时间减少了12天，而占地面积只是以前的十分之一。看板拉动料件配送，建立快速响应订单的生产组织系统。海尔对最基本的物流容器单元化、集装化、标准化进行全面改革，从而达到了以"以时间消灭空间"的目的。这样的好处有两点：一是使资金周转迅速；二是让现场更加明亮整洁，大大缩短了对订单的响应时间。

（4）实施成品分拨物流JIT。海尔扩大了配送物流网络，使产品能够及时送达用户手中。海尔建立了很多仓库资源，同时又与多家运输公司建立了密切的关系，做到了物流中心城市6～8h配送到位，区域配送24h到位，缩短了向客户供货的时间。

（5）采用ERP系统。海尔采用最先进的ERP系统，极大地缩短了对订单的响应时间。同时，海尔使用B2B采购平台，从网上获得供货商的订单，并且网上付款率达到了80%，使供应商的费用得到了节约。同时，海尔还实现了信息代替库存，使海尔的零件库存量可以3天内保障数十万台产品的顺利生产。

2. 海尔现代物流的实质

（1）观念的再造。海尔实施的现代物流管理是在一种现代物流基础上的业务流程再造，首要目的就是观念再造。观念再造后，改以前的计划生产为以订单为中心来生产，不仅改变了以前的那种有可能亏损的方法，而且达到了更好地为客户服务的目的。

（2）机制的再造。海尔的物流革命是建立在"市场链"基础上的业务流程再造，以订单信息流为中心，带动物流和资金流的运行。

（3）构筑核心竞争力。海尔的物流革命促进海尔"3个零"目标的实现。"3个零"就是品质零缺陷、服务零距离、运营零资本。

任务：

（1）结合大数据环境下海尔采购所做的改变分析海尔的挑战。

（2）结合大数据环境下海尔采购所做的改变分析海尔的机遇。

（3）请选择一个采购或仓储调查目标，自行设计调查方案和调查内容。

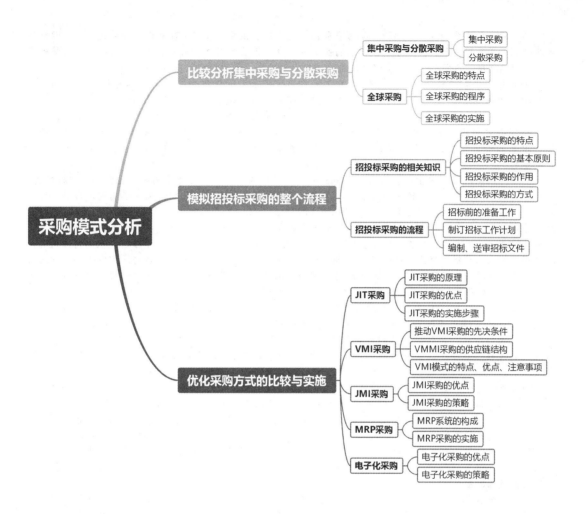

操作。网站信息根据角色和权限的不同，相互之间严格保密并且可以全程追溯。

（1）网站的主体框架。网站系统主要由数据库服务器（后台）和浏览、应用服务器（前台）及防火墙组成。整个系统架构在中国石化内部网上，对外与互联网连接；各分（子）公司既可通过互联网又可通过中国石化内部网访问网站；中国石化的客户、物资采购供应商通过互联网直接访问网站。

（2）网站系统的主要构成。中国石化物资采购电子商务网的主要构成如图3.1所示。

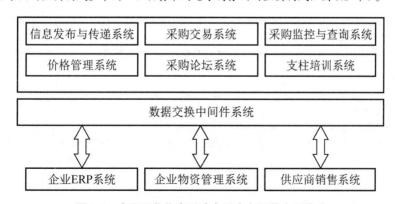

图 3.1　中国石化物资采购电子商务网的主要构成

（3）网站的主要功能。网站的主要功能包括采购管理、供应商管理、信息发布和系统管理。网站系统共设计了 5 类用户角色：领导用户、采购业务员用户、供应商用户、网上采购监控用户和系统管理员用户。网站包括信息发布、采购管理、采购监控与查询功能、采购论坛和自助培训 5 个部分。

网上采购业务流程的设计完全体现了中国石化现行采购管理体制，共有总部直接集中采购、总部组织集中采购和企业自行采购 3 种采购类型，以及协议采购、询比价采购、动态竞价采购、招标采购、配送采购、特殊采购 6 种采购方式。对于总部直接集中采购，操作主体为总部业务员，企业计划员提报订单后，由总部业务员进行操作，合同执行完毕后由企业采购员核销合同；对于总部组织集中采购和企业自行采购，操作主体为企业业务员，企业业务员按照网上采购流程自行完成采购业务操作。

询比价采购流程适用于一般大宗、通用且为买方市场的物资，分为公开询比价和定向询比价两种。其中，定向询比价要求供应商必须在 3 家及以上，其具体操作流程为：计划员录入采购需求订单，检查无误后呈报到采购网站；计划员根据订单编制询价方案，采购方式确定为（公开、定向）询比价采购，经领导审批后下达给采购员；采购员根据询价方案编制询价书，并将询价书在网上发布；供应商在网上查看询价书，并根据询价书报价（编制报价书）；到达报价截止期后，采购员揭示报价，组织对报价进行打分评价；采购员根据报价书编制采购方案，并报领导审批；采购员根据审批后的采购方案编制询比价通知，并发给参与报价的全部供应商；采购员根据询比价结果编制采购合同，并对采购合同执行情况进行打分评价；合同执行完毕后，采购员对合同进行核销操作。

中国石化物资采购电子商务网的建设与发展，是中国石化以信息化带动工业化，利用网络信息技术改造和提升传统产业取得的重大成果，标志着中国石化彻底告别了传统的物资采购模式，全面进入网络化采购新时代。与传统的采购模式相比，电子商务具有无可比拟的优越性。在统一的平台上，按照统一的流程，在统一的供应商网络内实施采购业务，使中国石化物资采购工作发生了脱胎换骨式的变化。

（1）借助电子商务，中国石化传统采购模式实现了重大变革。中国石化生产建设所需的大部分物资实现了网上采购，信息封闭、资源割裂已经成为历史，其迈进了电子化采购时代。

（2）借助电子商务，中国石化显著地规范了采购业务。对需求计划、采购询价、供应商报价、确定供应商、确定价格等传统采购业务进行改造，实现了采购流程的统一。将订单提报、询价方案、询价书、报价书、采购方案、合同等采购关键环节固化在系统中，实现了采购过程的公开。物资需求信息、询报价信息、审批信息、合同信息保存在系统中，各级经过授权的管理人员可以随时调阅、查询、分析，实现了采购数据的永久追溯。

（3）借助电子商务，中国石化显著地降低了成本和费用。统一规范的采购业务流程、严格界定的供应商范围、总部发布的采购指导价格都嵌入电子商务系统中，发挥了中国石化统一对外的优势，采购费用明显下降。而且，利用互联网传递采购需求、发询价、收报价，极大地节省了出差、开会、发传真、打电话的费用。

（4）借助电子商务，中国石化实现了采购信息的快速传递和广泛共享。总部与各分（子）公司之间，各分（子）公司之间，总部、各分（子）公司与供应商之间可以按照权限范围查阅相关采购业务操作进展情况、合同执行情况、供应商业绩考评等信息。

（5）借助电子商务，中国石化极大地提高了工作效率。采购业务上网，鼠标点击之间完成业务操作，采购信息瞬间传递到各分（子）公司和供应商，采购时间从过去的一两周缩短到现在的两三天甚至几个小时，工作效率显著提高。

（资料来源：https://kaoshi.china.com/caigou/learning/800725-1.htm［2021-01-10］，有改动）

问题：

（1）中国石化的物资采购为什么要采取电子商务网站系统？
（2）中国石化物资采购电子商务网系统的主要功能有哪些？
（3）简述中国石化物资采购电子商务网系统中的采购流程。
（4）中国石化的物资采购为什么要采取电子商务网站系统？取得了哪些成效？

任务 1　比较分析集中采购与分散采购

》【任务目标】

（1）培养分析能力与创新能力。
（2）掌握集中采购与分散采购两种采购模式选择的方法。

》【任务内容】

针对业务案例分析中的"案例一"和"案例二"分析：
（1）江苏电信公司为什么要采取集中采购模式？
（2）蒙东能源集团为什么要采取分散采购模式？
（3）影响集中采购与分散采购两种采购模式选择的因素有哪些？如何进行采购模式选择决策？
（4）江苏电信公司、蒙东能源集团能否进行全球采购？如何实施？

》【组织方法】

（1）以学习小组为单位，在学习集中采购、分散采购、全球采购等资讯的基础上，针对业务案例分析中的"案例一"进行分析，完成任务内容。
（2）小组讨论与研究，在统一意见的基础上，形成最终分析报告，制作汇报展示PPT，选派一名成员说明。

》【考核评价】

考核项目	考核要求	分值	得分
调查研究和资料收集	查找相关资料，学习采购模式分析与选择的知识，要求过程资料完整、翔实	20	
现场讨论情况	小组成员发表采购模式分析与选择的想法，要求口头描述，内容全面、完整	20	
报告编制	编制采购模式分析与选择报告，既要有创新，又必须具有现实可操作性，要包括目标、措施、步骤，采用书面形式，内容全面、完整	20	
汇报展示	制作PPT并说明采购模式分析与选择，要求PPT简洁、明了，汇报清晰且有条理	20	
团队精神	通力合作，分工合理，相互补充	10	
	发言积极，乐于与组员分享成果，组员参与积极性高	10	

【知识库】

一、集中采购与分散采购

1. 集中采购

集中采购是指同一企业内部或同一企业集团内部的采购管理集中化的趋势,即通过对同一类材料进行集中化采购来降低采购成本。

为实现集团采购业务集中管控的业务需求,集中采购包括几种运作模式。具体采用哪种模式,取决于集团对下属公司的股权控制、税收、物料特性、进出口业绩统计等因素,但一个集团内可能同时存在几种集中采购模式。

(1) 集中订货、分开收货、集中付款模式。集团总部或采购公司负责管理供应商及制定采购价格等采购政策,并且负责采购订货工作。分支机构提出采购申请,前者进行汇总、调整,并根据调整结果下达采购订单,发收货通知单给分支机构;分支机构根据收货通知单或采购订单进行收货及入库;前者汇集后者的入库单进行与外部供应商货款结算,并根据各分支机构的入库单与分支机构分别进行内部结算。

(2) 集中采购后调拨模式。集团总部或采购公司负责管理供应商及制定采购价格等采购政策,并且负责采购订货工作。分支机构提出采购申请,前者进行汇总、调整,并根据调整结果下达采购订单,前者完成后续的收货、入库、外部货款结算处理。根据各分支机构的采购申请,前者启动内部调拨流程,制订调拨订单并作调拨出库,后者根据调拨订单作入库处理。最后,对两者作内部结算处理。

2. 分散采购

分散采购是集中采购的完善和补充,有利于采购环节与存货、供料等环节的协调配合,有利于增强基层工作责任心,可使基层工作富有弹性和成效。

与集中采购相对应,分散采购是由企业下属各单位(如子公司、分厂、车间或分店)实施的满足自身生产经营需求的采购。

(1) 分散采购适用的采购主体包括:二级法人单位、子公司、分厂、车间;离主厂区或集团供应基地较远,其供应成本低于集中采购时的成本;异国、异地供应的情况。

(2) 分散采购适用的采购客体包括:小批量、单件、价值低、总支出在产品经营费用中所占比重小的物品;分散采购优于集中采购的物品,包括费用、时间、效率、质量等因素均有利于分散采购,且不影响正常的生产与经营的情况;市场资源有保证,易于送达,较少的物流费用;分散后,各基层有这方面的采购与检测能力;产品开发研制、试验所需要的物品。

二、全球采购

全球采购一般是指不包括企业行为的"官方采购",如联合国、各种国际组织、各国政府等机构和组织,为履行公共职能,使用公共性资金所进行的货物、工程和服务的采购。

全球采购的对象包罗万象,既有产品、设备等各种各样的物品,也有房屋、构筑物、市政及环境改造等工程,还有种种服务。

1. 全球采购的特点

(1) 全球范围内采购。全球采购范围扩展到全球,不再局限于一个国家或一个地区,可以在全球范围内配置自己的资源。因此,全球采购应充分和善于利用国际市场、国际资源,尤其是物流随着经济全球化进入全球物流时代后,国内物流实际上是国际物流上的一个环节,要从国际物流的角度来处理物流具体活动。

（2）风险性增大增强。全球采购通常集中批量采购，采购项目和品种集中、采购数量和规模较大，牵涉的资金比较多，而且跨越国境、手续复杂、环节较多，存在许多潜在的风险。

（3）采购价格相对较低。因为全球采购可以在全球配置资源，所以可以通过比较成本方式，寻找价廉物美的产品。

（4）选择客户的条件严格。因为全球采购的供应商来源广，所处环境复杂，所以，应制定严格的标准和条件去筛选和鉴别供应商。

（5）渠道比较稳定。虽然供应商来源广，采购线长、面广、环节多，但由于采购商与供应商一般会形成战略合作伙伴关系，所以采购供应渠道相对比较稳定。

2. 全球采购的程序

（1）通过市场调查、讨论和其他途径，包括立法，来确定产品/服务的规格和标准，以及需要的数量和质量。

（2）通过可行的各种途径，包括贸易指南、贸易协会、贸易展览会和网络空间（互联网），来寻找最合适的供应商。

（3）制订一个谈判计划，包括产品的规格、与国际/国内标准的一致性、价格、可用性、销售条款、国际支付协议（信用证、往来账户、跟单托收等）、承运人名称、保险、进出口单据和发货日期。

（4）签订合同时，要依据卖方供应链网络确定交货日期、交货地点、货物数量，与卖方的开证行处理好资金安排，并且在遵循买卖合同、相关规则和跟单托收的情况下处理进口和关税文件。

（5）管理供应链，包括下列活动：从供应商经营场所以集装箱运货至进口商的集装箱内陆验关堆场（Inland Clearance Depot，ICD）或者港口，要以交货日期为准；在进口商ICD或港口经营场所清关；把集装箱装到船上运至目的港，然后通过集装箱轮转船；港口卸货清关，在港口或ICD或买方经营场所支付进口关税；就支付协议和贷款规定与开证行保持联络；等等。

（6）在整个运输过程中在线访问跟踪调查货物。

（7）提货并对产品进行全方位评估，包括运输延期、损害索赔、支付协议（货币、进口报关等）。

（8）制定产品的后续策略，不断地对产品进行评估，以便以后的订单做准备或必要的调整。对于固定的供应商，要与之保持沟通，并培养感情。

3. 全球采购的实施

全球采购需要投入大量的资源和精力，采购经理必须明确企业的采购需求和采购目标，重点在选择和发展供应商上，对国外供应商进行全面的评估，并从总成本、质量、配送及整个过程中的责任分配等方面考虑。为了寻找全球范围内的潜在供应商，评估它们的能力及与已选择的供应商建立更牢固的关系，采购部门应该有全球意识，并掌握与全球采购相关的知识和培养全球采购的能力。

任务2　模拟招投标采购的整个流程

▶【任务目标】

（1）培养创新能力与策划能力。
（2）掌握实际编制招标文件的方法。

【任务内容】

根据招投标采购资讯知识,结合业务案例分析中的"案例三",从采购方的角度编制招标文件。

【组织方法】

(1)根据招投标采购资讯知识,结合业务案例分析中的"案例三",小组每位成员都要编制招标文件初稿。
(2)在小组每位成员独立策划的基础上,以小组为单位,运用头脑风暴等方法,组织深入讨论,统一意见。
(3)以小组为单位进行系统的招标策划,查找资料,编制招标文件。
(4)由小组选派一名成员以 PPT 的形式展示小组的招标文件。

【考核评价】

考核项目	考核要求	分值	得分
调查研究和资料收集	查找相关资料,学习招投标采购的知识,要求过程资料完整、翔实	20	
现场讨论情况	小组成员发表编制招标文件的想法,要求口头描述,内容全面、完整	20	
报告编制	编制招标文件,既要有创新,又必须具有现实可操作性,要包括目标、措施、步骤,采用书面形式,内容全面、完整	20	
汇报展示	制作 PPT 并说明招标文件,要求 PPT 简洁、明了,汇报清晰且有条理	20	
团队精神	通力合作,分工合理,相互补充	10	
	发言积极,乐于与组员分享成果,组员参与积极性高	10	

【知识库】

一、招投标采购的相关知识

招投标采购是一种适于实施投资规模较大的建设工程项目和物资采购行为的有组织、规范化地实现采购的交易运作方式。它先将工程项目、物资、服务的采购规则、条件等内容以公开的方式发出邀请,召集若干承包商或供应商,以秘密的方式报价投标,在公开、公正、公平原则基础上进行竞争,通过招标机构规范的评估,择优选择中标者,实现节约资金、资源优化配置的目的。

1. 招投标采购的特点

(1)程序性。招投标程序由招标人事先拟定,不能随意改变,招投标当事人必须按照规定的条件和程序进行招投标活动。而且,这些设定的程序和条件不能违反相应的法律法规。

（2）公开性。程序公开，结果公开，招标的信息和程序向所有投标人公开，开标也要公开进行，使招投标活动接受公开的监督。

（3）一次性。在招标项目的招投标活动中，投标人只能进行一次递价，以合理的价格定标。标在投递后一般不能随意撤回或者修改，招标不像一般交易方式那样，在反复洽谈中形成合同，任何一方都可以提出自己的交易条件进行讨价还价。投标价一旦通过开标大会唱标，核验无误签字后，就不能更改。有些单位招标报几次价，实际上是不合法的。

（4）公平性。这种公平性主要是针对投标人而言的，任何有能力、有条件的投标人均可在招标公告或投标邀请书发出后参加投标。在招标规则面前，各投标人均具有平等的竞争机会，招标人不能有任何歧视行为。

2. 招投标采购的基本原则

（1）公开原则。公开原则就是要求招投标活动具有高的透明度，实行招标信息公开、招标程序公开、招标的一切条件和要求公开、公开开标、公开中标结果。

（2）公平原则。公平原则就是要求给予所有投标人平等的机会，使其享有同等的权利，并履行相应的义务，不能歧视任何一方（遵循国际上通行的不歧视原则）。

（3）公正原则。公正原则就是要求评标时，按事先公布的标准对待所有投标人。

（4）诚实信用原则。诚实信用原则就是平时讲的诚信原则，在招投标活动中诚信主要体现在不得规避招标、串通投标、泄漏标底、划小标段、骗取中标、非法允许转包等。

3. 招投标采购的作用

招投标采购既有利于深化企业改革，推进企业技术进步，也有利于企业提高资金利用率，提高技术引进的成功率和实用性，促进企业的消化吸收，推动企业技术进步。另外，投标方如果中标成功，必然提供先进技术、合理价格，以满足企业要求，从而激励企业重视技术进步、提高市场竞争力。

4. 招投标采购的方式

招投标采购的方式主要有公开招标和邀请招标等。

（1）公开招标是指招标人以招标公告的方式邀请不特定的法人或者其他组织投标。

（2）邀请招标是招标人以邀请书的方式邀请特定的法人或者其他组织投标。

二、招投标采购的流程

（1）招标前的准备工作。

① 检查项目招标必须具备的两个基本条件：一是招标项目按照国家有关规定需要履行项目审批手续的，应当先履行审批手续，而且已经取得了批准；二是招标人应当有进行招标项目的相应资金，或者资金来源已经落实。

工程施工招标条件有初步设计及概算、招标方案、资金、图纸及技术资料、其他。

② 确定、细化招标方案。

③ 若是委托招标，要选择好招标代理机构。

（2）组建招标工作班子、签订招标委托协议、制订招标工作计划。

（3）编制、送审招标资格预审文件，编制、送审招标文件，准备和编制标底（如设标底时）。

① 资格预审文件是招标人指导投标人如何通过资格预审的文件，其主要内容包括：申请人须知晓附件（包括资格预审必要条件标准——最低标准、附加条件标准和招标工程

项目概况）；资格预审申请书与各种附表（资格预审文件按规定经过审定核准后，才能发资格预审公告）。

②编制招标文件（标书）。

A.招标文件的性质与作用：投标人编制投标文件的依据；评标委员会进行评标时评标标准和评标方法的根据；招标人和中标人拟定合同文件的基础；汇总招标人发包或采购所需各项要求的最重要、最完整、具有法律效力的重要文件。

B.招标文件的主要内容示例。

【示例1】工程施工项目招标文件的主要内容，由10个部分构成：投标邀请、投标须知（包括评标标准与方法）、合同条款、合同格式、技术条款、投标文件格式、工程量清单与报价单、辅助资料表、资格审查表（用于后审）、图纸。

【示例2】机电设备国际公开招标文件的主要内容，由8个部分构成：投标邀请、投标须知、合同条款、合同格式、各种附件与表格、投标资料表、合同条款资料表、货物需求一览表及技术规格。

C.招标文件的送审。主管部门有规定的，应按规定的方式和办法送审。只有按规定经审批同意后，才能正式印刷，才能对外发布招标公告和发售招标文件。

D.编制招标文件的注意事项。准确、完整，不能有遗漏；文字严密、明确、周到细致，不能模棱两可；如有修改，应当在提交投标文件截止时间至少15天前发出书面通知；应当给投标人编制投标文件留有足够时间；招标文件必须公开载明评标标准和评标方法；招标文件会审应尽量请设计和监理单位代表参加；主体工程和关键工程不能分包，非主体、非关键的分包应经招标人同意；要有可操作性，不开空头支票。

任务3　现代采购模式的比较与实施

》【任务目标】

（1）培养分析能力与创新能力。
（2）掌握现代采购模式分析与应用的方法。

》【任务内容】

针对业务案例分析中的"案例四"分析：
（1）海尔的JIT采购表现在哪些方面？
（2）海尔的JIT采购带来了哪些好处？
（3）为了实现JIT采购，海尔在哪些环节和范围应用了VMI采购、JMI采购、MRP采购手段？如何应用？

》【组织方法】

（1）以学习小组为单位，在学习JIT采购、VMI采购、JMI采购、MRP采购等资讯的基础上，针对业务案例分析中的"案例四"进行分析，完成任务内容。
（2）小组讨论与研究，在统一意见的基础上，形成最终分析报告，制作汇报展示PPT，选派一名成员说明。

【考核评价】

考核项目	考核要求	分值	得分
调查研究和资料收集	查找相关资料,学习现代采购模式分析与应用的知识,要求过程资料完整、翔实	20	
现场讨论情况	小组成员发表现代采购模式分析与应用的想法,要求口头描述,内容全面、完整	20	
报告编制	编制现代采购模式分析与应用报告,既要有创新,又必须具有现实可操作性,要包括目标、措施、步骤,采用书面形式,内容全面、完整	20	
汇报展示	制作PPT并说明现代采购模式分析与应用,要求PPT简洁、明了,汇报清晰且有条理	20	
团队精神	通力合作,分工合理,相互补充	10	
	发言积极,乐于与组员分享成果,组员参与积极性高	10	

【知识库】

一、JIT采购

JIT采购又称准时制采购,是准时制生产系统的重要组成部分。JIT系统是指企业在生产自动化、电算化的情况下,合理规划并大大简化采购、生产及销售过程,使原材料进厂到产成品出厂进入市场能够紧密衔接,尽可能减少库存,从而达到降低产品成本,全面提高产品质量、劳动生产率和综合经济效益目的的一种先进生产系统。JIT采购是JIT系统得以顺利运行的重要内容,是JIT系统循环的起点,推行JIT采购是实施JIT生产经营的必然要求和前提条件。

1. JIT采购的原理

传统的采购都是一种基于库存的采购,采购的目的都是填充库存,以一定的库存来应对用户的需求。虽然这种采购也极力进行库存控制,但是由于机制问题,其压缩库存的能力是有限的。

在JIT采购模式下,要求全过程各阶段都要具有高水平的质量、良好的供应商关系及对最终产品需求的准确预测。JIT采购意味着在必要的时候供应必要的物料,不要过量采购。其主要特点是拉动作业,只有在下道工序有需求时才开始按需用量生产,采取标准化计划,按日产批量采购和投产,把库存降到最低限度。JIT采购策略体现了供应链管理的协调性、同步性和集成性,供应链管理需要JIT采购来保证供应链的整体同步化运作。

JIT采购的基本原理是以需定供,即供方根据需方的要求,按照需方需求的品种、规格、质量、数量、时间、地点等要求,将物品配送到指定的地点。

JIT采购的原理虽简单,但内涵却很丰富,如下所述:

(1)在品种配置上,保证品种有效性,拒绝不需要的品种。

(2)在数量配置上,保证数量有效性,拒绝多余的数量。

(3)在时间配置上,保证所需时间,拒绝不按时的供应。

(4)在质量配置上,保证产品质量,拒绝次品和废品。

(5) 在地点配置上，保证送货上门的准确性。

(6) JIT 采购是一种直接面向需求的采购模式。

JIT 采购的目的主要是保证供货保质保量地完成。为了达到这样的目标，JIT 采购涉及 4 个要素，即供应商、采购数量、供货质量、货物运输。总之，JIT 采购是关于物资采购的一种全新的思路，企业实施 JIT 采购具有重要的意义。

2. JIT 采购的优点

JIT 作为一种先进的采购模式，不仅可以有效克服传统采购的缺陷，提高物资采购的效率和质量，而且可以有效提升企业的管理水平，为企业带来巨大的经济效益。其主要优点包括以下几个方面：

(1) 有利于暴露生产过程隐藏的问题，从深层次上提高生产效率。JIT 采购方式设置了一个最高标准、一种极限目标，即原材料和外购件的库存为零、质量缺陷为零。同时，为了尽可能地实现这样的目标，JIT 采购提供了一个不断改进的有效途径，即降低原材料和外购件库存—暴露物资采购问题—采取措施解决问题—降低原材料和外购件库存。

(2) 消除了生产过程的不增值过程，提高了企业采购的效率。企业生产过程中存在大量的不增加产品价值的活动，如订货、修改订货、收货、装卸、开票、质量检验、点数、入库及运转等，而把大量时间、精力、资金用在这些活动上是一种浪费。JIT 采购精简了采购作业流程，消除了这些浪费，极大地提高了工作效率。

(3) 进一步减少并最终消除原材料和外购件库存。JIT 采购模式不仅对企业内部的科学管理提出了严格的要求，而且对供应商的管理水平提出了更严格的要求。JIT 采购既是一种采购方式，也是一种科学的管理模式，在客观上将大大提高用户企业和供应商企业的科学管理水平。JIT 采购有利于企业减少流动资金的占用，加速流动资金的周转，同时有利于节省原材料和外购件库存占用空间，从而降低库存成本。

(4) 使企业真正实现柔性生产。JIT 采购使企业实现了需要什么物资就能供给什么样的物资、什么时间要就能什么时间供应、需要多少就能供给多少的目标，从而使原材料和外购件库存降到最低水平。从这个意义上来说，JIT 采购最能适应市场需求变化，使企业能够具有真正的柔性。

(5) 有利于提高采购物资的质量。一般来说，实施 JIT 采购，可以使购买的原材料和外购件的质量提高两三倍。而且，原材料和外购件质量的提高，又会引起质量成本的降低。

(6) 有利于降低原材料和外购件的采购价格。由于供应商和制造商的密切合作、内部规模效益与长期订货，再加上消除了采购过程中的一些浪费，就使得购买的原材料和外购件的价格得以降低。

3. JIT 采购的实施步骤

JIT 采购模式和传统的采购模式有一些显著差别，企业要实施 JIT 采购模式，必须遵循一定的实施步骤：

(1) 创建 JIT 采购班组。JIT 采购班组的作用就是全面处理 JIT 有关事宜，制定 JIT 采购的操作规程，协调企业内部各有关部门的运作，协调企业与供应商之间的运作。JIT 采购班组除了包括本企业采购供应部门有关人员之外，还包括本企业及供应商企业的生产管理人员、技术人员、搬运人员等。企业一般应成立两个 JIT 采购班组：一个是专门处理供应商事务的班组，任务是培训和指导供应商的 JIT 采购操作、衔接供应商与本企业的操作流程、认定和评估供应商的信誉、能力，与供应商谈判签订准时化供货合同，向供应商发放免检签证等；另一个班组专门协调本企业各个部门的 JIT 采购操作、制定作业流程、指导和培训操作人员、进行操作检验、监督和评估。这些班组人员对 JIT 采购的方法应有充分的了解和认识，必要时要进行培训。

（2）制订计划。确保 JIT 采购有计划、有步骤地实施，企业要有针对性地制定采购策略，制定出具体的分阶段改进当前传统采购的措施，包括减少供应商的数量、供应商的评价、向供应商发放签证等内容。在这个过程中，企业要与供应商一起商定 JIT 采购的目标和有关措施，保持经常性的信息沟通。

（3）精选少数供应商建立伙伴关系。供应商和企业之间是互利的伙伴关系，意味着双方充满了一种紧密合作、主动交流、相互信赖的和谐气氛，共同承担长期协作的义务。在这种关系的基础上，双方发展共同的目标，分享共同的利益。企业可以选择少数优秀供应商作为工作对象，抓住一切机会加强与他们之间的业务往来。

（4）进行试点工作。企业可以先从某种产品、某条生产线或某些特定原材料的试点开始，进行 JIT 采购的试点工作。在试点过程中，取得企业各个部门的支持是很重要的，特别是生产部门的支持。

（5）搞好供应商培训，确定共同目标。JIT 采购是供需双方共同的业务活动，单靠采购部门的努力是不够的，需要供应商的配合。只有供应商也对 JIT 采购的策略和运作方法有所认识和理解，才能获得供应商的支持和配合。因此，企业需要对供应商进行教育和培训，使双方达成一致的目标，相互之间能够很好地协调做好采购的准时化工作。

（6）给供应商颁发产品免检证书。在实施 JIT 采购策略时，核发免检证书是非常关键的一步，而颁发免检证书的前提是供应商的产品 100% 合格。为此，核发免检证书时，要求供应商提供最新的、正确的、完整的产品质量文件，包括设计蓝图、规格、检验程序及其他必要的关键内容。经长期检验且达到目标后，所有采购的物资就可以从卸货点直接运至生产线。

（7）实现配合节拍进度的交货方式。向供应商采购的原材料和外购件，目标是要实现这样的交货方式：当生产线正好需要某种物资时，该物资刚好到货并运至生产线，生产线拉动其所需的物资，并在制造产品时使用该物资。

（8）继续改进，扩大成果。JIT 采购是一个不断完善和改进的过程，需要在实施过程中不断总结经验教训，从降低运输成本、提供交货的准确性、提高产品质量、降低供应库存等各个方面进行改进，不断提高 JIT 采购的运作绩效。实行 JIT 采购效益非常好，操作也非常简单，但对企业管理基础和信息化建设基础要求较高。作为一种先进的采购模式，JIT 采购模式能为企业带来显著的经济效益，已经引起了越来越多国内企业的重视。

二、VMI 采购

供应商管理库存（Vendor Managed Inventory，VMI）采购是指用户只需要将自己的需求信息向供应商连续及时传递，由供应商自己根据用户的需求信息预测用户未来的需求量，并根据这个预测需求量制订生产计划和送货计划，而用户库存量的大小是由供应商自主决策的采购模式。

VMI 采购的基本思想是，在供应链机制下，采购不再由采购者操作，而是由供应商操作，要求供应商对下游企业库存策略、订货策略及配送策略进行计划和管理。

1. VMI 运行的先决条件

（1）企业在供应链中的地位。即实施企业是否为"核心企业"或供应链中至关重要的企业，它要求实施企业必须具备较高管理水平的人才和专门的用户管理职能部门，用以处理供应商与用户之间的订货业务、供应商对用户的库存控制等其他业务；而且，必须有强大的实力推动 VMI，使供应链中的企业都按照它的要求来实行补货、配送、共享信息等目标框架协议。

（2）信誉良好的合作伙伴。VMI 在实施过程中要求零售商（在制造业为生产商）提供销售数据，而供应商要按时准确地将货物送到客户指定的地方，这一点对生产商的要求尤其高。

2. VMI 系统的供应链结构

由于核心企业在供应链中所处的位置不同，形态也有所不同，所以一般按核心企业的位置不同分为两类：一是供应链下游为核心企业；二是供应链上游为核心企业。由于核心企业在 VMI 系统中的位置不同，导致核心企业与其合作伙伴的合作方式不同，如核心企业在上游时一般选择自营物流，而在下游时可以选择自营物流，也可以选择外包物流，这会导致 VMI 运行结构的变化。

（1）供应商—制造商 VMI 运作模式。在这种运作模式中，除了制造商要为核心企业以外，一般还有如下特点：生产规模比较大，制造商的生产一般比较稳定，即每天对零配件或原材料的需求量变化不是很大；要求供应商每次供货数量比较小，一般满足一天的零配件，有的甚至是几个小时；供货频率要求较高，有时甚至要求一天两三次的供货频率；为了保持连续的生产，一般不允许发生缺货现象。

由于这种模式中的制造商必定有几十家甚至上百家供应商为其供应零配件或原材料，如果让每一个供应商都要在制造商的附近建立仓库的话，显然是不经济的，所以可以在制造商的附近建立一个供应商库存管理中心。

（2）供应商—零售商 VMI 运作模式。当零售商把销售等相关信息通过电子数据交换（Electronic Data Interchange，EDI）传输给供应商后（通常是一个补货周期的数据），供应商根据接收到的信息对需求进行预测，然后将预测的信息输入物料需求计划系统，并根据现有企业内的库存量、零售商仓库的库存量、生产补货订单来安排生产计划并进行生产，生产出的成品经过仓储、分拣、包装、运送给零售商。

（3）核心企业—分销商 VMI 运作模式。这种模式由核心企业充当 VMI 中的供应商角色，其运作模式与前两种模式大致相同，由核心企业收集各个分销商的销售信息并进行预测，然后按照预测结果对分销商的库存进行统一管理与配送。由于这种模式下的供应商只有一个，所以不存在必须在分销商附近建立仓库的问题。核心企业可以根据与各个分销商之间的实际情况，统一安排对各个分销商的配送问题，可以保证每批次都是以经济批量的方式发货，并且每次配送的路线都可以调整为最佳配送路线。

3. VMI 采购模式的特点

VMI 采购模式的提出，主要源于对供应链管理模式功能集成化的考虑，即 VMI 采购模式的基本设想是力图通过集成供应链上各节点企业的库存控制职能，达到降低整体库存费用的目的。VMI 采购模式的基本内涵是通过供应商和用户之间实施战略性合作，采取对双方来说能实现成本最低化的方案，并在双方满意的目标框架下由供应商管理库存的方法。同传统的库存控制方法相比，VMI 采购模式具有以下几个特点：

（1）合作性。VMI 采购模式的成功实施，客观上需要供应链上各企业在相互信任的基础上密切合作。

（2）互利性。VMI 追求双赢的效果，主要考虑的是如何降低双方的库存成本，而不是考虑如何就双方的成本负担进行分配的问题。

（3）互动性。VMI 要求企业在合作时采取积极响应的态度，以实现反应快速化，努力降低因信息不畅而引起的库存费用过高的状况。

（4）协议性。VMI 的实施，要求企业在观念上达到目标一致并明确各自的责任和义务，具体的合作事项都通过框架协议明确规定，以提高操作的可行性。

4. VMI 采购模式的优点

（1）供应商拥有库存，对于零售商来说，可以省去多余的订货部门，使人工任务自动化，也可以从过程中去除不必要的控制步骤，使库存成本更低、服务水平更高。

（2）供应商拥有库存，供应商会对库存考虑更多，并尽可能进行更为有效的管理，通过协调对多个零售生产与配送进一步降低总成本。

（3）供应商能按照销售时点的数据对需求做出预测，能准确地确定客货批量，减少预测的不确定性，从而减少安全库存量，使存储与供货成本更小。

（4）供应商能更快响应用户需求，提高服务水平，使得用户的库存水平降低。

5. VMI 采购模式的注意事项

（1）信任问题。这种合作需要一定的信任，否则就会失败。零售商要信任供应商，不要干预供应商对发货的监控；供应商也要多做工作，使零售商相信他们不仅能管好自己的库存，也能管好零售商的库存。只有相互信任，通过交流和合作才能解决存在的问题。

（2）技术问题。只有采用先进的信息技术，才能保证数据传递的及时性和准确性，而这些技术往往价格昂贵，所以要利用 EDI 技术将销售点信息和配送信息分别传输给供应商和零售商，利用条码技术和扫描技术来确保数据的准确性，并且要求库存与产品的控制和计划系统都必须是在线的、准确的。

（3）存货所有权问题。确定由谁来进行补充库存的决策以前，零售商在收到货物时，所有权同时也转移变为寄售关系，供应商拥有库存直到货物被售出。同时，由于供应商管理责任增大、成本增加了，所以双方要对条款进行洽谈，使零售商与供应商共享系统整体库存下降。

（4）资金支付问题。过去，零售商通常在收到货物 1~3 个月以后才支付货款，现在，不得不在货物售出后就支付货款，付款期限缩短了，零售商也要适应这种变化。

三、JMI 采购

联合库存管理（Jointly Managed Inventory，JMI）是一种在 VMI 的基础上发展起来的上游企业和下游企业权利责任平衡和风险共担的库存管理模式。JMI 采购强调供应链中各个节点同时参与，共同制订库存计划，使供应链过程中的每个库存管理者都从相互之间的协调性考虑，保持供应链各个节点之间的库存管理者对需求的预期一致，从而消除了需求变异放大现象。这种库存管理策略打破了各自为政的库存管理模式，有效地控制了供应链的库存风险，是一种新的有代表性的库存管理思想。

1. JMI 采购的优点

（1）由于 JMI 将传统的多级别、多库存点的库存管理模式转化为对核心制造企业的库存管理，核心企业通过对各种原材料和产成品实施有效控制，就能达到对整个供应链库存的优化管理，简化了供应链库存管理运作程序。

（2）JMI 在减少物流环节降低物流成本的同时，提高了供应链的整体工作效率。JMI 可使供应链库存层次简化，运输路线得到优化。在传统的库存管理模式下，供应链上各企业都设立自己的库存，随着核心企业分厂数目的增加，库存物资的运输路线将呈几何级数增加且重复交错，这显然会使物资的运输距离和在途车辆数目增加，其运输成本也会大大增加。

（3）JMI 系统把供应链系统管理进一步集成为上游和下游两个协调管理中心，从而部分消除了由于供应链环节之间不确定性和需求信息扭曲现象导致的库存波动。通过协调管理中心，供需双方共享需求信息，因而提高了供应链的稳定性。从供应链整体来看，JMI 减少了库存点、相应的库存设立费和仓储作业费，从而降低了供应链系统中总的库存费用。

供应商的库存直接存放在核心企业的仓库中，不仅保障核心企业原材料、零部件供应、取用方便，而且保障核心企业可以统一调度、统一管理、统一进行库存控制，为核心企业的快速高效地生产运作提供了强有力的保障条件。

（4）JMI 模式也为其他科学的供应链物流管理，如连续补充货物、快速反应、准时化供货等创造了条件。

2. JMI 的实施策略

（1）建立供需协调管理机制。为了发挥 JMI 的作用，供需双方应本着合作的精神，建立供需协调管理的机制，明确各自的目标和责任，建立合作沟通的渠道，为供应链的 JMI 提供有效的机制。没有一个协调的管理机制，就不可能进行有效的 JMI。建立供需协调管理机制，要从以下几个方面着手：

① 建立共同合作目标。要建立 JMI 模式，首先供需双方必须本着互惠互利的原则，建立共同的合作目标。为此，要理解供需双方在市场目标中的共同之处和冲突点，通过协商形成共同的目标，如用户满意度、利润的共同增长和风险的减少等。

② 建立联合库存的协调控制方法。JMI 中心扮演着协调供需双方利益的角色，起着协调控制的作用，需要对库存优化的方法进行明确确定。这些内容包括库存如何在多个需求商之间调节与分配、库存的最大量和最低库存水平、安全库存的确定及需求的预测等。

③ 建立一种信息沟通的渠道或系统信息共享。为了提高整个供应链需求信息的一致性和稳定性，减少因多重预测而导致的需求信息扭曲，应增加供应链各方对需求信息获得的及时性和透明性。为此，应建立一种信息沟通的渠道或系统，以保证需求信息在供应链中的畅通和准确性，要将条码技术、扫描技术、销售点（Point of Sale，POS）系统和 EDI 技术集成起来，并且要充分利用因特网的优势，在供需双方之间建立一个畅通的信息沟通桥梁和联系纽带。

④ 建立利益的分配、激励机制要有效运行。基于协调中心的库存管理，必须建立一种公平的利益分配制度，并对参与协调库存管理中心的各个企业（如供应商、制造商、分销商或批发商）进行有效的激励，防止机会主义行为，增加协作性和协调性。

（2）发挥两种资源计划系统的作用。为了发挥 JMI 的作用，在供应链库存管理中应充分利用目前比较成熟的两种资源管理系统：制造资源计划（Manufacturing Resource Planning，MRP II）和配送需求计划（Distribution Requirements Planning，DRP）。原材料库存协调管理中心应采用制造资源计划系统 MRP II，而产品联合库存协调管理中心则应采用物资资源配送计划 DRP，这样就可在供应链系统中把两种资源计划很好地结合起来。

（3）建立快速响应系统。快速响应系统是在 20 世纪 80 年代末发展起来的一种供应链管理策略，目的在于减少供应链中从原材料到用户过程的时间和库存，最大限度地提高供应链的运作效率。快速响应系统被公认为是一种有效的管理策略，经历了 3 个发展阶段：第一阶段是商品条码化，通过对商品的标准化识别处理加快订单的传输速度；第二阶段是内部业务处理的自动化，采用自动补库与 EDI 系统提高业务自动化水平；第三阶段是采用更有效的企业间的合作，消除供应链组织之间的障碍，提高供应链的整体效率，如通过供需双方合作来确定库存水平和销售策略等。

四、MRP 采购

MRP 实质上是生产企业用来制订物料需求计划、进行生产管理的一个应用软件。它不仅可以制订出企业的物料投产计划，而且可以用来制订外购件的采购计划，非常适合在加工、制造、装配企业中使用，配合使用计算机可以迅速制订出比较复杂的生产计划和采购计划。

MRP 就是利用物料清单、库存数据和主生产计划计算物料需求的一套技术，其基本任务如下：

（1）从最终产品的生产计划（独立需求）导出相关物料（原材料、零部件等）的需求量和需求时间（相关需求）。

（2）根据物料的需求时间和生产（订货）周期来确定其开始生产（订货）的时间。MRP 应用的目的之一是进行库存的控制和管理，按需求的类型可以将库存问题分为两种：独立需求库存和相关需求库存。独立需求库存是指被消费者消费或使用的制成品的库存，相关需求库存是指被用来制造最终产品的材料或零部件的库存。

MRP 的基本内容是编制零件的生产计划和采购计划。MRP 的依据是主生产计划、物料清单、库存信息。

1. MRP 系统的构成

（1）MRP 的输入。

① 主产品生产进度计划。主产品生产进度计划一般是主产品的一个产出时间进度表。主产品是企业生产的用以满足市场需要的最终产品，一般是整机或具有独立使用价值的零件、部件、配件等。

主产品出产进度计划来自企业的年度生产计划。年度生产计划覆盖的时间长度一般是 1 年，在 MRP 中用 52 周来表示。但是，主产品出产进度计划不一定是 1 年，要根据具体的主产品的出产时间来定。要注意一个基本原则，即主产品出产进度计划所覆盖的时间长度要不少于其组成零部件中最长的生产周期；否则，这样的主产品出产进度计划不能进行 MRP 系统的运行。

② 主产品结构文件。主产品结构文件不仅是一个物料清单，而且提供了主产品的结构层次、所有各层零部件的品种数量和装配关系。它一般用一个自上而下的结构树表示，每一层都对应一定的级别，最上层是 0 级，即主产品级，0 级的下一层是 1 级，对应主产品的一级零部件，这样一级一级地往下分解，一直分解到最末一级 n 级。

③ 库存文件。库存文件又称库存状态文件，包含各个品种在系统运行前的期初库存量的静态资料，但主要提供并记录 MRP 运行过程中实际库存量的动态变化过程。

由于库存量的变化与系统的需求量、到货量等各种资料的变化是相联系的，所以库存文件实际上提供和记录各种物料的各种参数随时间的变化而变化。这些参数包括以下 3 个方面：

A. 库存量。库存量是指每周库存物资的数量，包括现有库存量和未来各周的计划库存量两种。在开始运行 MRP 之前，仓库中可能还有库存量，叫现有库存量，也叫本期期初库存量。

B. 计划到货量。计划到货量是指在本期 MRP 计划之前已经购进在途或者生产在产，预计要在本次 MRP 计划期的某个时间到达的货物数量。

C. 总需求量。总需求量是指主产品及其零部件在每一周的需求量。其中，主产品的总需求量与主生产进度计划一致，而主产品的零部件的总需求量则根据主产品出产进度计划和主产品的结构文件推算得出。

（2）MRP 的输出。

① 净需求量。净需求量是指系统需要外界在给定的时间提供的给定物料的数量。这是物资资源配置最需要回答的主要问题，即到底生产系统需要什么物资、需要多少、什么时候需要。

净需求量的计算方法如下所述。

A. 当本周计划库存量大于 0 时，因为不缺货，所以净需求量为 0。

B. 当本周计划库存量小于 0 时，又分成两种情况：一是当本周计划库存量小于 0 而上周计划库存量大于等于 0 时，则本周净需求量就等于本周的缺货量，即本周计划库存量的绝对值；二是当本周计划库存量小于 0 而上周计划库存量也小于 0 时，则本周净需求量就等于本周的缺货量与上周的缺货量之差，即本周计划库存量与上周计划库存量之差的绝对值。

② 计划接受订货量。计划接受订货量是指为满足净需求量的需求，应该计划从外界接受订货的数量和时间。

③ 计划发出订货量。计划发出订货量是指发出采购订货单进行采购，发出生产任务单进行生产的数量和时间。

（3）MRP 的处理过程。

① 准备。在运行 MRP 之前，要做好几个方面的准备工作：一是确定物料编码，包括主产品和零部件的编码；二是确认主产品出产进度计划，它被表示成主产品各周的出产量；三是确认主产品的结构文件，它被表示成具有层级结构的树形图；四是准备好主产品及其所有零部件的库存文件，特别是各自的期初库存量、计划到货量。

② 逐级处理。先从层级码等于 0 的主产品开始，依次取各级层级码的各个零部件，进行处理。

③ 输出计划发出订货量。这是每一零部件发出的订货单，包括订货数量、订货时间，也包括交各车间加工制造的生产任务单，还包括交给采购部门采购的采购订货单。

2. MRP 采购的实施

（1）采购计划的确定。通过 MRP 系统的运行结果确定所需物料的计划发出订货的订货量和订货时间，这就是订货计划，也就是采购计划。根据这个计划规定的时间发出订货，订货量取计划中规定的订货量，如果经过一个采购提前期，则采购回来的物资刚好可以赶上这一周的需求。

（2）MRP 采购的注意事项。包括资源的调查、供应商认证、询价及洽商、生成请购单、采购单跟踪、验收入库、结算。

（3）MRP 采购的特点。包括需求的相关性、需求的确定性、计划的精细性、计算的复杂性。

实施 MRP 采购除了上述步骤外，还必须有一定的基础条件，最重要的基础条件有两点：一是企业实施了 MRP 管理系统；二是企业有良好的供应商管理。

五、电子化采购

电子化采购的方式主要包括公开招标、邀请招标、竞争性谈判、询价采购和单一来源的协议采购。电子化采购既是电子商务的重要形式，也是采购发展的必然，它不仅仅是形式上和技术上的改变，更重要的是改变了传统采购业务的处理方式，优化了采购过程，提高了采购效率，降低了采购成本。通过电子采购目录，采购商可以快速找到更多的供货商；根据供应商的历史采购电子数据，可以选择最佳的货物来源；通过电子招标、电子询比价等采购方式，可以形成更加有效的竞争，降低采购成本；通过电子化采购流程，可以缩短采购周期，提高采购效率，减少采购的人工操作错误；通过供应商和供应链管理，可以减少采购的流通环节，实现端对端采购，降低采购费用；通过电子信息数据，可以了解市场行情和库存情况，科学地制订采购计划和采购决策。

电子化采购是指在互联网上进行公司之间（Business To Business，B2B）的购买与销售活动。作为众多B2B网站的一个重要部分，电子化采购有时也被称为供应商交换。参与电子化采购的企业一般希望能有效地控制库存清单，减少采购中间代理，并改善和缩短产品周期。从应用需求及发展方向上看，电子化采购有向计算机化的供应链管理集成的倾向，其基本特点是在网上寻找供应商和商品、网上洽谈贸易、网上订货及网上支付货款。

企业的电子化采购一般是通过应用相关的软件来实现的，不同的软件提供了不同的解决方案。这些解决方案各有其特点，但基本都包括这些流程：填写订购单—审核订购单—联系供应商—选择供应商—采购结算。

由此可见，在电子化采购的整个流程中，人工参与因素越来越少，信息的传递基本依赖网络进行，从而保证了采购过程的公正、高效，对克服采购过程中的"暗箱操作"十分有效。

1. 电子化采购的优点

电子化采购从根本上改变商务活动的模式，不仅使间接商品和服务采购过程自动化，极大地提高了效益、降低了采购成本，而且使企业在一定程度上避免因信息不对称而引起的资源浪费，有利于社会资源的有效配置，便于企业以更具有战略性的眼光进行采购。

电子化采购给企业带来的好处（对购买方而言）包括：节省采购时间，提高采购效率；采购成本显著降低；优化了采购及供应链管理；加强了对供应商的评价管理；增强了服务意识，提高了服务质量；增加交易的透明度，减少"暗箱操作"。

电子化采购给企业带来的好处（对企业而言）包括：显著降低采购成本；有效提高采购效率；优化采购管理；保证采购质量；增加交易的透明度；加强供应双方之间的业务联系；适应电子商务发展大潮。

2. 电子化采购的策略

（1）逐步实现企业内部的信息化。加快内部信息化建设已成为企业的当务之急，企业应通过建设企业内联网，应用企业资源计划（Enterprise Resource Planning，ERP）管理系统，先把企业进货、销货、存货、生产、财务、计划等各个环节通过网络连接起来，再把网络延伸到企业外部，与电子化采购平台对接，这样才能成为电子化采购的真正受益者。

（2）设计开发符合企业自身特点的电子化采购平台。企业开展电子化采购，要求把采购请求形成、请购单填写、采购审批、订单下达等各项采购工作都通过网络并借助计算机软件来实现。因此，电子化采购平台的作用显得十分重要，要设计出符合企业需要的采购平台，为企业更好地开展采购业务服务。

（3）加强采购管理人员培训。电子化采购的有效实施离不开高素质的管理人员，这些人员应掌握专业的采购管理知识，同时还必须有较高的计算机和网络应用的知识水平，懂得电子商务的运作，能够充分利用网络为企业的生产经营活动服务。这样的人才在国内传统企业中是十分缺乏的，因此，加强人员培训、提高现有管理人员的素质是一项十分重要的任务。

（4）坚定不移地推进电子化采购的实施。电子化采购作为企业电子商务发展的基本应用，是企业电子商务实施的重要组成部分，也是对传统采购方式的一次革命。

作为企业领导和采购管理人员，必须认清电子化采购的发展趋势，认识到其在降低成本、提高效率，进而提升企业竞争力中的重要作用，要坚定不移地推动企业电子化采购的实施。

3. 电子化采购的注意事项

电子化采购虽然具有种种优点，但并非可以应用于任何产品和服务。

（1）并非所有的采购客体都适用。据相关数据分析，只有40%左右的产品或服务适于电子化采购，如工程类项目，其项目标书通常涉及复杂的规定和大量的文件，需要进行复杂的考虑，因此不适于完全在网上进行招投标。

（2）并非所有的采购方式都适用。这是由各种采购方式的特点所决定的，由于竞争性谈判需要与供应商不断地就价格和产品要求谈判以达成协议，所以必须进行面对面的接触，选取适当的采购方式。例如，电子化采购平台已能满足招投标采购、询价采购方式的要求，一些电子化采购平台主要采取的采购方式也是竞争性招投标采购。

思考题

（1）简述集中采购和分散采购的优缺点。
（2）全球采购应如何实施？
（3）简述招投标采购的基本流程。
（4）JIT采购的优点有哪些？应如何实施？
（5）VMI采购需要哪些先决条件？应注意哪些事项？
（6）MRP采购应如何组织实施？
（7）你认为电子化采购在电子商务环境下将如何实现？请简要说明。

项目 4
采购价格与成本管理

【学习目标】

知识目标	（1）了解影响采购总成本的重要因素。 （2）掌握物资采购询价与报价的技巧。 （3）理解采购价值工程的概念及其功能。 （4）掌握价值工程的一般工作程序
技能目标	（1）能够分析影响采购报价的因素。 （2）能够制订采购价格调查流程和采购询问方案。 （3）能够运用价值工程的相关知识制订产品采购成本优化策略
职业道德和素养目标	（1）遵循采购总成本最优原则，忠于企业，遵纪守法，洁身自爱，做到"君子爱财，取之有道"。 （2）培养学生坚定不移的毅力、百折不挠的精神、不达目的决不罢休的自信力

【思维导图】

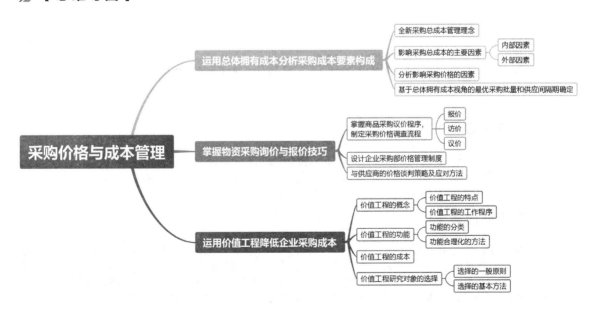

【案例导入】

张小姐是美丽人生健身俱乐部总部唯一的采购人员。这家俱乐部是一家连锁性质的健身俱乐部,在长江三角洲地区有十几家分部。她刚刚推行了一项之前设计的集中化采购计划,现在正在考虑如何处理一些"阻力"。美丽人生健身俱乐部由王先生创办并所有。王先生毕业后开办了第一家健身俱乐部,经过十几年的苦心经营,逐渐发展壮大。

张小姐24岁,结束了在一所职业技术学院物流课程之后,就加入了美丽人生健身俱乐部,成为一名采购人员。她的工作包括对采购的管理和对库存的控制。在大学之前,她曾经有过几年的工作经历。尽管她做过多种不同的工作,但是没有一种与采购或库存控制有直接联系,这是她在这一领域从事的第一份工作。

对以前美丽人生健身俱乐部的采购体系,一名职员是这样评价的:"如果说在张小姐来之前,美丽人生健身俱乐部真有什么采购体系的话,只能说它是非常松散的。"为了维持各健身中心的运作,美丽人生健身俱乐部需要很多不同的东西,包括机器和设备的部件,如动感单车配件和磨砂灯泡,以及办公用品和卫生用品。张小姐进入美丽人生健身俱乐部之前,每一家分部负责自己的采购事项,而绝大多数分部不保持库存而是随需随买。在总部,曾经有一名兼职人员来负责采购和库存控制,不过只负责总部的工作,不负责分部的物品采购,仅仅进行记录。

到美丽人生健身俱乐部的第一个星期,张小姐查阅了她所接替的那名兼职工作人员留下的两本记录。她对于俱乐部所使用的以健身中心为主的随需随买的采购体系感到诧异,认为这种情况下使用集中化采购会更有效。她向王先生谈了自己的想法,王先生鼓励她深入地调查研究。

于是,她就着手对这一问题进行了一些调查研究工作,结果发现集中化采购系统确实可以为俱乐部节省一大笔开支。例如,她找到了一家供应商,如果俱乐部向其批量购买卫生用品的话,这家供应商可以把价格降低一半左右。于是,在寻找更多的提供不同物品的供应商的同时,张小姐开始制定集中化采购体系的细节。

张小姐设计的集中化采购体系基本上将所有的采购集中到总部,分部的经理们不能再像原来那样购买各自中心所需的物品,如果有需求,他们要填一份请购单然后发到总部。这一工作的最后期限是每周一的下午5:00,在下周一,各分部所请购的物品将被送达。张小姐发现各分部所请购的物品不合适时,有权对之加以否定或是减少采购量。张小姐的计划立即得到了王先生的同意。

(资料来源:https://wenku.baidu.com/view/f58b19dd7f1922791688e890.html [2021-01-10],有改动)

问题:

(1)假如你是采购主管张小姐,请分析美丽人生健身俱乐部采购成本管理的问题,并设计出实施方案。
(2)阅读本案例后,你有什么体会?

任务1 运用总体拥有成本分析采购成本要素构成

【任务目标】

以学习小组为单位,设置你们的采购管理部门,增加对采购价格与采购总体拥有成本的理解,能够计算最优采购批量,培养团队合作精神和分工、协调能力。

【任务内容】

某建筑工程项目的年合同造价为2 160万元,项目采购部门按每万元10吨采购水泥,由同一家水泥厂供应,合同规定水泥厂按每次催货要求时间发货。项目采购部门提出了3个方案:A1方案,每月交货一次;A2方案,每2个月交货一次;A3方案,每3个月交货一次。根据资料得知,每次催货费用$C=5\,000$元,仓库保管费率F为储存材料费的4%,水泥单价(含运费)$P=360$元/吨。

请各学习小组完成以下任务：
（1）通过计算，在3个方案中进行优选。
（2）通过计算，寻求最优采购批量和供应间隔期。
（3）对采购成本要素构成进行工作分析，并书面表达。

【组织方法】

（1）以学习小组为单位，事先收集资料或进行实地调研，了解设置采购成本管理的目标、采购总成本的分类及注意事项；在此基础上模拟采购部门成本管理岗位的工作流程，运用采购总体拥有成本的相关知识制定最优采购批量策略，并对采购人员的成本管理工作进行分析。

（2）小组讨论与研究，小组成员分别扮演采购各岗位的不同角色，其中一位同学扮演负责人，负责设置过程的说明工作。

【考核评价】

考核项目	考核要求	分值	得分
采购部成本管理岗位分析材料	完成任务内容中采购部门成本管理岗位设置，内容包括岗位名称、岗位目标、岗位职责及对采购成本管理人员的要求等，要求方案采用书面形式呈现，内容全面、完整	40	
现场讨论最优采购批量和供应间隔期寻求方法	讨论并分配小组成员在任务内容中扮演的角色，制订最优采购批量和供应间隔期寻求方案，要求口头描述，内容全面、完整	20	
设置方案汇报	由小组负责人带领成员汇报寻求最优采购批量和供应间隔期的过程，要求表达清晰、完整、有效	20	
团队精神	通力合作，分工合理，相互补充	10	
	发言积极，乐于与组员分享成果，组员参与积极性高	10	

【知识库】

一、全新的采购总成本管理理念

沃尔玛公司创始人山姆·沃尔顿说过："采购人员不是在为公司讨价还价，而是在为顾客讨价还价，我们应该为顾客争取最低的价钱。"因此，采购人员的首要任务是买到价廉物美的东西，而采购总成本管理是通向全面客户满意的绝佳途径。

目前，社会对采购成本的认识误区有：成本就是价格，价格越低越好；成本管理就是谈判、压价；采购商永远不清楚供应商的成本，只能货比三家。

总体拥有成本（Total Cost of Ownership，TCO）是指物资采购部门从订货到在生产车间组装成成品，再到销售、使用、维修，直至报废的整个生命周期的总成本。

以总成本最低为依据的采购决策方法是指在采购系统所要提供的客户服务水平既定的前提下，对各种采购成本进行权衡，将能够实现采购总成本之和最小的方案作为最佳方案。

二、影响采购总成本的主要因素

1. 内部因素

（1）跨部门协作和沟通。采购业务涉及计划、设计、质保和销售等部门。由于需求预测不准，生产计划变化频繁，紧急采购多，采购成本高；由于设计部门未进行价值工程分析或推进标准化，过多考虑设计因素，导致物料差异大，形成不了采购批量，采购成本高；由于质量部门对质量标准过于苛刻，导致采购成本增加等。

（2）采购批量和采购批次。根据市场供需原理，物料的采购单价与采购数量成反比，即采购的数量越多，采购的单价就越低。企业间联合采购，可合并同类物料的采购数量，通过统一采购使采购价格大幅度降低，使各企业的采购费用相应降低。

（3）交货期、供货地点和付款期。供应商的交货期、供货地点和付款期等因素直接影响企业库存的大小及采购成本的高低。

（4）价格成本分析和谈判能力。采购价格分析、供应商成本构成分析是确定采购价格和取得同供应商谈判主动的基础。企业在实施采购谈判时，必须分析所处市场的现行态势，有针对性地选取有效的谈判议价手法，分别采取不同的议价方式，以达到降低采购价格的目的。

2. 外部因素

（1）市场供需状况。影响采购成本的最直接因素就是市场供需情况。在资源紧缺、供不应求时，供应商就会涨价；反之，则降价。

（2）供应商生产技术、质量水平。供应商的生产技术越先进，产品品质越优秀，产品销售价格就越高。因此，采购人员应根据需求部门对质量、技术功能及交货期的要求，合理选择供应商，达到良好的性价比。

（3）采购企业与供应商的合作关系。在全球经济一体化的大背景下，供求双方建立长期双赢的合作伙伴关系，通过双方共同努力，降低供应链成本，来实现降低采购成本的目的。

（4）供应商的销售策略。供应商报价与供应商的销售策略直接相关，如供应商为开拓市场获得订单，一般开始价格比较低，在占领市场后会提高价格。

（5）供应商成本。一般在新产品开发和投入阶段，采购数量少，供应商成本高；进入成长期后，随着采购量增加、技术成熟，供应商成本降低，产品价格就会降低。

3. 意外因素

自然灾害、战争等因素也会导致采购价格大幅上涨。

三、分析影响采购价格的因素

一般都会分析现实环境中对采购活动方面的影响因素，但是，采购价格的高低也受到各种因素的影响。对于国外采购来说，各个国家或地区的政治经济等环境均有不同，采购价格受到市场的供应关系及其他许多因素的影响，如规格、服务、交货期限、运输及保险等都对价格有相当大的影响。而对于国内采购而言，尽管商业环境、地区、时间与人力关系等方面有所不同，但其价格变动还是比较易于预测与控制的。其中，主要的影响因素有以下几个方面：

（1）采购物品的供需关系。当企业所采购的商品供过于求时，则采购企业处于主动地位，可以获得最优惠的价格；当企业需采购的物品为紧俏商品时，则供应商处于主动地位，就会趁机抬高价格。

（2）供应商成本的高低。这是影响采购价格最根本、最直接的因素。任何企业的存在都是因为利润，任何产品的生产都是受到利益驱动，供应商进行生产的目的就是获得利润。因此，采购价格一般在供应商成本之上，两者之差即为供应商的利润，供应商的成本是采购价格的底线。尽管经过谈判供应商大幅降价的情况时常出现，但这只是供应商报价中水分太多的缘故，采购价格的高低不是全凭双方谈判来决定的。

（3）规格与品质。采购企业对采购品的规格和品质要求越复杂，采购价格就越高。采购人员应首先确保采购物品能满足本企业的需要，质量能满足产品的设计要求，千万不要只追求价格最低，而忽略了质量。

（4）采购数量。如果采购数量大，供应商为了回报采购方或向采购方示好，必然在讨价还价中或多或少地降低采购价格，有时采购企业会享受供应商的数量折扣，从而降低采购的价格。因此，大批量、集中采购不失为一种降低采购价格的有效途径。

（5）生产季节与采购时机。当企业处于生产的旺季时，由于对原材料需求紧急，采购方不得不承受更高的价格。避免这种情况的最好办法是提前做好生产计划，并根据生产计划制订相应的采购计划，为生产旺季的到来提前做好准备。当然，这种时机往往就处于生产淡季。

（6）交货条件。交货条件也是影响采购价格的非常重要的因素，交货条件主要包括运输方式、交货期的缓急等。如果货物由采购方承运，供应商就会降低价格；反之，则提高价格。有时为了争取提前获得所需货物，采购方会适当提高价格。

（7）付款条件。在付款条件上，供应商一般都会规定现金折扣、期限折扣，以刺激采购方提前用现金付款。因此，这种付款条件在得到采购方的认可时，采购价格也就必然随之变化。

（8）商业信用。商业信用是指在商品交易中因延期付款或预收货款而形成的企业间的借贷关系，运用广泛，其具体形式有应收账款、应付账款和现金折扣等。

① 应收账款是企业购买货物暂未付款而欠对方的款项，即卖方允许买方在购货后一定时期内支付货款的一种形式。一般卖方利用这种方式促销，而对买方来说，延期付款就等于向卖方借用资金购进商品，可以满足短期的资金需要。

② 应付账款的信用条件可以分为免费信用、有代价信用、展期信用等。免费信用，即买方企业在规定的折扣期内享受折扣而获得的信用；有代价信用，即买方企业放弃折扣付出代价而获得的信用；展期信用，即买方企业超过规定的信用期推迟付款而强制获得的信用。

③ 现金折扣是企业对顾客在商品价格上所做的扣减，其主要目的在于吸引顾客为享受优惠而提前付款，缩短企业的评价收款期，并借此扩大销量。采购方应当考虑现金折扣所带来的收益与成本孰高孰低，抉择判断。

四、基于总体拥有成本视角的最优采购批量和供应间隔期确定

通常来说，资本的筹集属于负债部分，而资本的运作属于资产部分。在资产中，产品、在制品、材料等库存属于"盘存资产"，处在变现性高的流动资产中。企业的经营活动是从筹集资本开始的。从负债开始，无论何种负债都会发生资本费用，即所谓的利息。若筹集到资本，以材料、在制品或产品的形态库存而不加以运用，让资本费用（利息）不断发生，显然违背了财务的"资本筹集和运用"的基本原则。

库存以原材料、在制品、半成品、成品的形式存在于企业运营的各个环节，由于库存费用占库存物品价值的20%~40%，故企业库存成本控制是十分重要的。库存决策的内容集中于运行方面，包括：生产部署策略，如采用推式生产管理还是拉式生产管理；库存控

制策略，如各库存点的最佳订货量、最佳订货点、安全库存水平的确定等。

有三大类成本对采购数量决策起到决定性的作用，即采购成本、库存保管费和缺货成本。这些成本之间互相冲突或存在背反关系，要确定订购量补足某种产品的库存，就需要对相关成本进行权衡。

1. 采购成本

补货时采购商品的相关成本往往是决定再订货数量的重要经济因素。发出补货订单后，就会产生一系列与订单处理、准备、传输、操作、购买相关的成本。确切地说，采购成本可能包括不同订货批量下产品的价格或制造成本，生产的启动成本，订单经过财务、采购部门的处理成本，订单传输到供应地的成本，货物运输成本，在收货地点的所有物料搬运或商品加工成本。

2. 库存保管费

库存保管费是因一段时期内存储或持有商品而导致的，大致与所持有的平均库存量成正比。该成本可以分为4种：一是空间成本，即指因占用存储建筑内立体空间所支付的费用；二是资金成本，即指库存占用资金的成本；三是库存服务成本，即指保险和税收；四是库存风险成本，即指与产品变质、短少、破损或报废相关的费用。

3. 缺货成本

当出现缺货时，如果客户选择收回其购买要求，就产生了失销成本。该成本就是本应获得的销售利润，也可能包括缺货对未来销售造成的消极影响。如果延期交货不是通过正常的配送渠道来履行，那么可能因订单处理、额外的运输和搬运成本而产生额外的办公费用和销售成本。

上述3种成本中，暂不考虑缺货成本。采购成本与库存保管费随着订货次数或订货规模的变化而呈反向变化，随着订货批量增加，采购成本的下降比库存保管费的增加快，即采购成本的边际节约比库存保管费的边际增加额要多，使得总成本下降。当订货批量增加到某一点时，采购成本的边际节约额与库存保管费的边际增加额相等，这时总成本最小。此后，随着订货批量的不断增加，采购成本的边际节约额比库存保管费的边际增加额小，导致总成本增加。也就是说，随着订货规模或生产数量的增加，库存保管费增加，采购成本降低，总成本呈"U"形曲线，具体关系如图4.1所示。

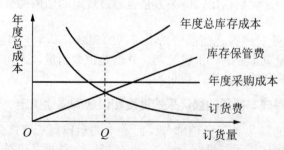

图 4.1 年度总成本与订货量关系图

由图4.1可见，库存保管费随订货量增大而增加，订货费随订货量增大而减少，而当两者费用相等时，总费用曲线处于最低点，这时的订货量为经济订货批量（Economic Order Quantity，EOQ），详细内容可参见本书项目7相关内容。

任务 2　掌握物资采购询价与报价技巧

▶【任务目标】

以学习小组为单位，设置你们的采购管理部门，增加对采购询价、报价策略与技巧的理解，能够设计制作相关流程图与表格，培养团队合作精神和分工、协调能力。

▶【任务内容】

假如你是 A 公司采购部主管，现在供应商 B 公司接到 A 公司上海分公司要买 10 台电脑的询价电话，又接到 A 公司总部询价 100 台电脑，A 公司 IT 部门询价某型号电脑配置和价格，并称需要 10 台笔记本电脑。B 公司心想，这家公司今年肯定有大的项目，频频添置新设备，立刻派人员拜访 A 公司，投之以"礼"。这样一来，A 公司整体的"采购力"被分散、被浪费，价格五花八门，很难有什么优势可言，采购也就无所谓什么"采购技术"，至于竞标也就变成一种形式。A 公司的电脑什么牌子都有，经常修理、升级，形成价格无优势、服务低水准、管理混乱、舞弊成风的局面，导致公司形象受损。

请各学习小组完成以下任务：
（1）为 A 公司制订采购价格调查流程和采购询价方案，并设计流程图及相关表格。
（2）为 A 公司设计采购部采购价格管理制度。
（3）寻求 B 公司报价策略。
（4）对物资采购报价、询价进行工作分析，并书面表达。

▶【组织方法】

（1）以学习小组为单位，事先收集资料或进行实地调研，了解企业采购部询价与报价的目标、采购询价与报价的分类及注意事项；在此基础上模拟采购部门报价管理岗位的工作流程，运用招投标采购的相关知识制定最优采购批量策略，并对采购人员的询价与报价管理工作进行分析。
（2）小组讨论与研究，小组成员分别扮演采购各岗位的不同角色，其中一位同学扮演负责人，负责设置过程的说明工作。

▶【考核评价】

考核项目	考核要求	分值	得分
采购部成本管理岗位分析材料	完成任务内容中采购部门报价管理岗位设置，内容包括岗位名称、目标、岗位职责及对采购报价管理人员的要求等，要求方案采用书面形式呈现，内容全面、完整	40	
现场讨论最优采购批量和供应间隔期寻求方法	讨论并分配小组成员在任务内容中采购部门里扮演的角色，制订采购价格调查流程和采购部采购询价方案，要求口头描述，内容全面、完整	20	
设置方案汇报	由小组负责人带领成员汇报寻求采购价格调查流程和采购部采购询价方案的过程，要求表达清晰、完整、有效	20	

续表

考核项目	考核要求	分值	得分
团队精神	通力合作，分工合理，相互补充	10	
	发言积极，乐于与组员分享成果，组员参与积极性高	10	

【知识库】

一、掌握商品采购议价程序并制定采购价格调查流程

1. 报价

采购行动的第一步就是报价。根据企业采购部采购诱因来看，有供应商主动报价的，有因顾客需求而主动寻求报价的，也有因企业本身商品销售的需要而寻求报价的，因此，可以将报价归纳为主动报价及被动报价两种情况。就国内目前的商业环境而言，供应商主动报价约占70%，企业主动询价约占30%。然而，这种归纳并非十分正确，企业采购人员应有主动出击寻求质优价廉的供应来源的能力与意愿。企业设计采购制度时，应预留一点弹性空间，让采购人员发挥，千万不要过分限制，这样才能制定出健全的采购标准。

不过，采购业务人才难找，这导致高层管理者很难放心地把采购业务授权给采购人员，甚至设置重重障碍。要打破这种现象，需要高层管理者耐心培养采购人才，而采购人员也应强化自己的商品知识、沟通和报价技巧。只有这样，采购人员才能真正发挥长处，为企业谋利。

而从采购来源的角度来看，产品有国内商品、国外商品的区分，还可分为刚上市的商品、已上市的商品，因此，商品的报价极为复杂。以下列举几个接受报价的原则供参考：

（1）分类报价原则。将不同类的物品分开处理。

（2）定期报价原则。每周定一天或两天为报价日，接受供应商报价。

（3）资料齐全原则。接受报价时，应把物品的基本资料建立齐全，必须详细规定供应商应提供哪些资料。

（4）报价单规范化。各部门所采用的报价单要规范化，以利管理。

（5）样品提供与保管。接受供应商报价时，最好向其要求提供实物样品，以便采购人员判断商品品质。同时，还要建立一份存档，作为未来合同品质的标准。

2. 访价

（1）初审。收集每周所接受的报价单，由采购人员先进行初审的工作，先剔除不合适的物品，再把企业本身需要的物品列出来整理成清单。

（2）通过初审的物品，必须进行访价的工作。访价的工作很重要的，绝对马虎不得，至少要调查三家竞争对手的价格，作为议价的基础。

（3）访价前的准备工作。访价前将应访对象、品项等事先记入访价表内，访价路线及时间也要妥善安排。

常见的企业采购价格调查流程如图4.2所示。

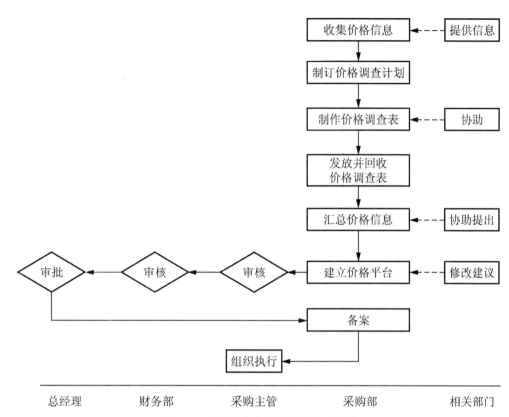

图 4.2　常见的企业采购价格调查流程

同时，还可以编制企业采购询价记录表（表 4-1）、企业询价结果一览表（表 4-2），通过流程和表格，对企业采购询价进行控制。

表 4-1　企业采购询价记录表

采购计划单号		询价单号		申请采购产品序号	
供应商	电话	供应商报价（单位：元）			备注
		出厂价	批发价	零售价	
	平均价				
询价员			询价日期		

表 4-2　企业询价结果一览表

日期：

请购单编号	材料编号	规格说明	单位	数量	备注

报价须知	（1）交货期限	□必须于_____年____月____日以前交清 □订购后____天内交清
	（2）交货地点	
	（3）付款办法	□交货验收合格后付款 □试车检验合格后付款
	（4）订购方法	□分项订购 □以总金额为准
报价期限	请于_____年____月____日____时以前予以报价	

3. 议价

（1）议价日。访价完成后的工作就是议价。议价最好定期实施，固定每月的某几日为议价日，或每周的某一天为议价日，如固定每月 5 日、15 日、25 日为议价日，或固定每周二为议价日。采购部应制定一套议价日制度要求供应商遵守，同时也要求企业内部人员遵守。

（2）议价。将通过市场调查的待采购商品在议价日安排供应商来议价，当然议价之前要有充分的准备，将要谈的条件列在表格内，作为谈判的底线。若供应商报价在底线之外，则退回报价；如果供应商报价在底线之内，则将采购谈判的结果上报采购部经理。

同时，还可以编制企业采购比价议价记录表（表 4-3），对企业采购比价、议价过程和结果进行控制。

表 4-3　企业采购比价议价记录表

项目	供应商简称	原询单价	货币类别	议价后单价	议价后总价	付款条件		价格条件	交货日期	交运方式	采购拟购
						方式	天数				
料号											
品名											
规格											
数量											
单位											
核准					检核						
承办单位主管					承办人						
备注											

二、设计企业采购部采购价格管理制度

根据企业相关管理制度的要求,企业采购部要提高采购质量,实现批量进货和规模效益,也为了进一步发挥企业采购部门的支撑作用,理顺关系、适度集中、规范行为,更好地服务于企业经营,以提高经济效益。

作为企业物资供应的主渠道,采购部要认真做好组织批量进货、提供信息、强化价格管理等工作,要定期发布待采购物品质量、技术标准、价格等方面的信息,把握好物资的价格、渠道关和型号、质量关,保证统购器材质优价廉。采购部要进一步改善服务,理顺物资供应渠道,做好对待采购物资价格管理工作,制定加强采购价格管理的制度和办法,并报企业最高管理层批准后实施。

同时,还可以编制企业采购价格管理制度表(表4-4),对企业采购比价议价过程和结果进行控制。

表4-4 企业采购价格管理制度表(示例)

名称	企业采购价格管理制度	编码	CG-001	版本	01
		页次	1/2	修改状态	00

第八条 成本分析表的提供方式
成本分析表提供方式一般有两种:
(1)由供应商提供。
(2)由采购部编制标准报价单或成本分析表,交给供应商填写。
第九条 成本分析步骤
成本分析意在降低成本、价格,步骤如下:
(1)确认设计是否超过规格要求。
(2)提出改善建议并检讨。
(3)检讨加工方法、加工工程。
(4)选定最合适的设备、工具。
(5)就制造费用、营销费用、利润空间进行压缩。
第十条 成本分析注意事项
(1)利用自己或他人的经验。
(2)应用会计查核手段。
(3)提高议价技巧。

相关说明			
编制人员		审核人员	批准人员
编制日期		审核日期	批准日期

企业高层领导要经常过问和检查采购部价格管理情况,及时发现问题并解决问题,更要协调做好本单位的物资供应采购工作,杜绝多头采购、盲目采购的现象发生。

三、与供应商的价格谈判策略及应付方法

与小的供应商相比,企业更愿与大的供应商合作,因为大的供应商资金雄厚,他们往往出于市场的考虑不会拒绝企业提出的要求,如降价、提供更高的赞助费等。这些供应商的商品品种较多,不计较个别商品赢利,只要整体能保持赢利,就能从心理上去接受企业的条件。而小的供应商往往斤斤计较,因为其商品品种较少,要求其降价促销一般会遭到强烈反对。但不管是大的供应商还是小的供应商,谈判时他们都会以利润不多为由,让采购员于心不忍;或者,指责采购员的工作、嫌收货慢、验货太挑剔等,从而使采购员不好

意思提出自己的要求,即使答应降价也做出忍痛割爱的姿态,并想得到相应补偿。

面对与供应商价格谈判的种种情况,采购员不能一味退让或强硬坚持,先要了解供应商的指责是否合理、对方是否清楚我方的观点,然后做出判断,最后就自己所了解到的信息和对方进行沟通。

1. 供应商"哭穷"并指责采购员的工作

供应商此举是不愿意做出让步,或虽然做出了让步,但想得到有利条件以补偿其不便之处。

采购员应对方法:作为企业,应认真听取其意见,了解他们的指责是否合理。或者,是否自己还解释得不够清楚;若是,则寻找机会向其解释明白。但是,首先应以诚恳的态度倾听,同时坚持自己的利益。

2. 供应商在谈判中突然保持沉默

供应商保持沉默是想使采购员感到不安,促使采购员不断地说话,以获得有用的信息。这属于一种以守为攻的防御策略,也是供应商在谈判中经常使用的手段,因为此时他们对采购价格不宜回应,想借此寻找一个转机。

采购员应对方法:碰到这种情况,采购员要想方设法让对方将这种意思表达出来,询问其沉默的缘由。

3. 供应商常会宣传自己的商品的优势

供应商这样做常是想给采购员造成一种错觉,让采购员相信他们的实力和资信等,促使采购员草率地答应他们的某些要求,或做出更大的让步,从而索取较高的进价等。

采购员应对方法:不要轻信供应商的一面之词,在自己未充分了解市场的情况下,应委婉地向供应商说明此事应暂缓,建议供应商将关键问题的细节集中以后再谈。

4. 供应商想方设法拖延时间

供应商常会使用种种方法来拖延时间,想从采购员处获取更多的信息。

采购员应对方法:事先周密计划,坚定目标,除非交易双方都有决策权,否则不要轻易透露自己的底牌。

5. 供应商最后通牒给采购员施加压力

譬如说,此时供应商会说:"我已尽力了,价钱不能再低,要么接受,要么作罢。"他们这样做是为了试探买方的反应,为使谈判进行下去,强逼买方做出让步。

采购员应对方法:不要作任何承诺,要知道对手正密切注视着你,此时也不必正面回答相关问题,宜寻找一个机会,转移到另一个话题上。

6. 供应商使用"红脸与白脸"策略

有时供应商会采用"红脸与白脸"的策略来争取更多的利益或做出更少的让步,并通过两者的配合来扰乱采购员的心绪,使其答应自己的要求。

采购员应对方法:根据双方的目标差距,在谈判中少去注意"红脸人"(态度缓和者),应努力转变"白脸人"(态度强硬者)的态度,设法去阐述谈判要求的合理性和充分性。

7. 供应商使用"让价一半"策略

人们在生活中经常使用"让价一半"策略,如在买衣服时,衣服标价1 000元,当自己将价格压至500元时,就觉得很划算了,但殊不知此衣服才值100元。采购员不能以供应商"让价一半"为目标,而要根据供应场的实际情况,评估这种退让是否对企业有利。

采购员应对方法:当遇到供应商主动或轻易降价让步时,采购员要明确供应商有谈判的意向，如供应商想独占你的市场，这时采购员要试着谈判更低的价格或更有利的条件。

8.供应商表示"我的职权有限"

有时，供应商会先派一名业务员来谈判，然后是业务经理，之后才是经理。而且，每次谈判都要采购员完全地投入，使采购员的信息完全向对方曝光，他们却不轻易作任何承诺，而是在他们认为有利时才表决，导致采购员不得不接受一些对企业不利的谈判结果。

采购员应对方法：必须认清形势，向供应商提出谈判双方地位不平等，要求对方派出地位相当的人员来谈，可向对方暗示不满意对方这种不尊重谈判的态度，为对方施加无形的心理压力，为以后的谈判埋下伏笔。

任务 3　运用价值工程降低企业采购成本

【任务目标】

以学习小组为单位，设置你们的采购管理部门，增加对采购物资价值工程的理解，能够计算并优化采购商品功能，培养团队合作精神和分工、协调能力。

【任务内容】

A企业准备研发一种新的咖啡壶，该咖啡壶有研磨、过滤、烧水、保温4种功能。为了进行成本控制，公司研发部和采购部共同对咖啡壶进行了分析，其结果见表4-5。

表4-5　咖啡壶功能分析

功　能	功能评分/分	预算成本/元
研磨	15	65
过滤	35	50
烧水	30	75
保温	20	40
合　计	100	230

请各学习小组完成以下任务：

（1）计算表4-6中的研磨、过滤、烧水、保温4种功能的功能系数、成本系数和价值系数。

表4-6　咖啡壶功能系数、成本系数和价值系数计算表

功　能	功能评分/分	预算成本/元	功能系数	成本系数	价值系数
研磨	15	65			
过滤	35	50			
烧水	30	75			
保温	20	40			
合　计	100	230			

(2)通过计算分析,在研磨、过滤、烧水、保温4种功能中,应该首选哪项功能作为成本降低的对象,并说明理由。

(3)对研发部新的咖啡壶产品成本要素构成进行价值工程分析,并书面表达。

【组织方法】

(1)以学习小组为单位,事先收集资料或进行实地调研,了解采购部与研发部成本管理的目标、新产品研发的流程及注意事项;在此基础上模拟采购部门成本管理岗位的工作流程,运用价值工程的相关知识制定新产品采购成本优化策略,并对采购人员的成本管理工作进行分析。

(2)小组讨论与研究,小组成员分别扮演采购各岗位的不同角色,其中一位同学扮演负责人,负责设置过程的说明工作。

【考核评价】

考核项目	考核要求	分值	得分
采购部新产品成本管理岗位分析材料	完成任务内容中采购部门新产品成本管理岗位设置,内容包括岗位名称、目标、岗位职责及对新产品成本管理人员的要求等,要求方案采用书面形式呈现,内容全面、完整	40	
现场讨论价值系数确定和最优价值分析寻求方法	讨论并分配小组成员在任务内容中采购部门里扮演的角色,制订价值系数确定和最优价值分析寻求方案,要求口头描述,内容全面、完整	20	
设置方案汇报	由小组负责人带领成员汇报寻求价值系数确定和最优价值分析的过程,要求表达清晰、完整、有效	20	
团队精神	通力合作,分工合理,相互补充	10	
	发言积极,乐于与组员分享成果,组员参与积极性高	10	

【知识库】

一、价值工程的概念

价值工程(Value Engineering,VE)也称价值分析(Value Analysis,VA),是指以产品或作业的功能分析为核心,以提高产品或作业的价值为目的,力求以最低寿命周期成本实现产品或作业使用所要求的必要功能的一项有组织的创造性活动。有些人也称其为功能成本分析。

价值工程涉及价值、功能和寿命周期成本3个基本要素。价值工程是一门工程技术理论,其基本思想是以最少的费用换取所需要的功能。它以提高工业企业的经济效益为主要目标,以促进老产品的改进和新产品的开发为核心内容。

价值工程中所说的"价值"有其特定的含义,与哲学、政治经济学、经济学等学科关于价值的概念有所不同。价值工程中的"价值"就是一种"评价事物有益程度的尺度"。价值高说明该事物的有益程度高、效益大、好处多,价值低则说明有益程度低、效益差、好处少。例如,人们在购买商品时,总是希望"物美价廉",即花费最少的代价换取最多、最好的商品。价值工程把"价值"定义为"对象所具有的功能与获得该功能的全部费用之比",用公式表示为

$$V=F/C$$

式中，V——价值；
F——功能；
C——成本。

功能是指产品的功能、效用、能力等，即产品所担负的职能或者说是产品所具有的性能；成本指产品周期成本，即产品从研制、生产、销售、使用过程中全部耗费的成本之和。衡量价值的大小主要看功能与成本的比值如何。人们一般对商品有"物美价廉"的要求，"物美"实际上就是反映商品的性能，质量水平；"价廉"就是反映商品的成本水平，顾客购买时考虑"合算不合算"就是针对商品的价值而言的。

1. 价值工程的特点

价值工程的主要特点是：以提高价值为目的，要求以最低的寿命周期成本实现产品的必要功能；以功能分析为核心；以有组织、有领导的活动为基础；以科学的技术方法为工具。

2. 价值工程的工作程序

价值工程已发展成为一项比较完善的管理技术，在实践中已形成了一套科学的工作实施程序。这套实施程序实际上是发现矛盾、分析矛盾和解决矛盾的过程，通常是围绕8个合乎逻辑程序的问题展开的：这是什么？这是做什么用的？它的成本是多少？它的价值是多少？有其他方法实现这个功能吗？新方案的成本是多少？新方案能满足功能要求吗？新方案能满足要求吗？

按顺序回答和解决这8个问题的过程，就是价值工程的工作程序和步骤，即选定对象，收集情报资料、进行功能分析、提出改进方案、分析和评价方案、实施方案、评价活动成果。

价值工程的一般工作程序见表4-7。由于价值工程的应用范围广泛，其活动形式也不尽相同，所以在实际应用中，可参照工作程序，根据对象的具体情况，应用价值工程的基本原理和思想方法，考虑具体的实施措施和方法步骤。其中，对象选择、功能分析、功能评价和方案创新与评价是工作程序的关键内容，体现了价值工程的基本原理和思想，都是不可缺少的。

表4-7 价值工程一般工作程序

工作阶段	设计程序	工作步骤		对应问题
		基本步骤	详细步骤	
准备阶段	制订工作计划	确定目标	对象选择	这是什么？
			信息收集	
分析阶段	规定评价（功能要求事项实现程度的）标准	功能分析	功能定义	这是做什么用的？
			功能整理	
		功能评价	功能成本分析	它的成本是多少？
	规定评价（功能要求事项实现程度的）标准	功能评价	功能评价	它的价值是多少？
			确定改进范围	

续表

工作阶段	设计程序	工作步骤		对应问题
		基本步骤	详细步骤	
创新阶段	初步设计（提出各种设计方案）	制订改进方案	方案创造	有其他方法实现这个功能吗？
	评价各设计方案，对方案进行改进、选优		概略评价	新方案的成本是多少？
			调整完善	
			详细评价	
	书面化		提出提案	新方案能满足功能要求吗？
实施阶段	检查实施情况并评价活动成果	实施评价成果	审批	新方案能满足要求吗？
			实施与检查	
			成果鉴定	

提高价值的基本途径有：功能不变，成本降低，价值提高；成本不变，功能提高，价值提高；功能提高的幅度大于成本增加的幅度；功能降低的幅度小于成本降低的幅度；功能提高，成本降低，价值大大提高。

二、价值工程的功能

价值工程认为，功能是对象满足某种需求的一种属性。认真分析一下价值工程所阐述的"功能"内涵，实际上等同于使用价值的内涵，也就是说，功能是使用价值的具体表现形式。任何功能无论是针对机器还是针对工程，最终都是针对人类主体的一定需求目的。

一个项目或产品不止一个功能，通常有多个功能。这就需要加以解剖，分成子项目、部件或零件，再一个一个地下功能定义。功能定义是否准确，取决于价值工程的工作人员对分析对象是否精通，因此工作人员必须对分析对象进行深入的研究。

1. 功能的分类

功能是对象能满足某种需求的一种属性，具体来说，就是功用、效用。产品都具有基本功能和辅助功能。基本功能是产品的主要用途，用户购买一种产品就是要使用它的基本功能。

从用户的立场出发，按功能的实用性可分为必要功能、不必要功能和缺乏功能。其中，不必要功能是指用户不需要的或对基本功能实现没有任何作用的辅助功能。不必要功能有两种形式，一是多余功能，取消它对产品的基本功能无任何影响；二是过剩功能，功能虽然必要，但在量上存在过剩。用户需要而不具备的功能，称为缺乏功能。

2. 功能合理化的方法

（1）通过功能分析，找出现存的全部功能，尤其是隐藏的功能，进行恰当的剔除、缩减、利用、增添、补足，从而确定合理的必要功能。

（2）进行功能的联合，即增加功能的数目。

（3）提高必要的功能水平，即功能水平的高低或能力的大小。

（4）改进各种必要功能的功能方式。

（5）进行必要的功能兼并。

三、价值工程的成本

价值工程中的产品成本（Cost）是指产品寿命周期的总成本。产品寿命周期从产品的研制开始算起，包括产品的生产、销售、使用等环节，直至报废的整个时期，在这个时期产生的所有费用与成本，就是价值工程的产品成本，即产品寿命周期的总成本。同时，产品寿命周期总成本 = 生产成本 + 使用成本，即 $C=C_1+C_2$。

产品寿命周期总成本构成如图4.3所示。

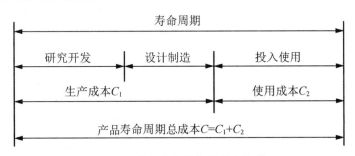

图4.3 产品寿命周期总成本构成

价值工程的成本与一般意义上的成本相比，最大的区别在于将消费者或用户的使用成本也计算在内。这使得企业在考虑产品成本时，不仅要考虑降低设计与制造成本，而且要考虑降低使用成本，从而使消费者或用户既买得合算又用得合算。

产品的寿命周期与产品的功能有关，这种关系的存在，决定了寿命周期费用存在最低值。

四、价值工程研究对象的选择

在一家企业或一个项目里，采购部并不是对所有产品都进行价值分析，而是有一定选择的。能否找准价值工程的研究对象，将直接关系价值工程的成败。因此，价值工程的第一步就是正确地确定研究对象。由于企业的产品和零件种类复杂、工序繁多，不可能将所有的产品都作为研究对象，所以企业往往将精力投入重点产品上。实际做法是：企业先就研究对象的特性达成共识，再采取一定的方法进行定量定性分析，之后依据分析和计算的结果确定研究目标。

1. 选择的一般原则

选择对象的原则主要根据企业的发展方向、市场预测、用户反映、存在问题、薄弱环节，以及提高劳动生产率、提高质量、降低成本的目标来决定对象，可以参考以下几点：

（1）从设计上看，结构复杂的、重量大的、尺寸大的、材料贵的、性能差的、技术水平低的部分等。

（2）从生产上看，产量多的、工艺复杂的、原材料消耗高的、成品率低的、废品率高的部分等。

（3）从销售上看，用户意见多的、竞争能力差的、卖不出去的、处于市场饱和状态、如不改进则会亏损的部分等。

（4）从成本上看，成本比同类产品成本高、价值低于竞争的产品、在产品成本构成中高的部分等。

2. 选择的基本方法

采用一些定性与定量的分析方法，有助于分析某些问题，帮助找出价值工程的主要对象。在定性选择时，先从设计、生产、销售和成本中选一个方面，再在选中的这个方面进行深入分析，并选择某一部分，最后把价值工程对象确定下来。

下面通过案例来介绍通过定量选择价值工程研究对象的基本方法。

【例】某企业准备建造一幢新的研发中心大楼，并通过设计竞赛选择了3种设计方案作为候选方案。

A方案：结构方案为框架轻墙体系，采用预应力大跨度楼板，墙体材料采用多孔砖及移动式隔墙，窗户采用单框中空玻璃窗，面积利用系数为91%，单方造价为1 438元/平方米。

B方案：结构方案采用框架剪力墙结构，面积利用系数为86%，单方造价为1 108元/平方米。

C方案：结构方案采用砖混结构体系，采用多孔预应力板，墙体材料采用黏土砖，窗户采用单玻璃塑钢窗，面积利用系数为82%，单方造价为1 082元/平方米。

各设计方案5种功能的权重及得分见表4-8。

表4-8　5种功能的权重及得分一览表

方案功能	功能权重	方案功能得分		
		A	B	C
结构体系	0.25	10	10	8
模板类型	0.05	10	10	9
墙体材料	0.25	8	9	7
面积系数	0.35	9	8	7
窗户类型	0.10	9	7	8

（1）用应用价值工程方法选择最优设计方案。

（2）为控制工程造价和进一步降低费用，拟对所选的最优设计方案的土建工程部分，以工程材料费为对象，进一步展开价值工程分析。将土建工程划分为桩基围护工程等4个功能项目，各功能项目评分值及其目前成本见表4-9，按照限额要求，目标成本额应控制为12 170万元。

表4-9　各功能项目评分值及其目前成本一览表

功能项目	功能评分/分	目前成本/万元
桩基围护工程	10	1 520
地下室工程	11	1 482
主体结构工程	35	4 705
装饰工程	38	5 105
合　计	94	12 812

（3）试分析各功能项目的目标成本及其可能降低的额度，并确定功能改进顺序。

以上分析评价的结果与项目产品的实际现状一致，结果表明价值工程法对项目产品决策的优化具有有效性。

运用价值工程法对具体案例的实证分析表明：

（1）价值工程法着重于提高研发和采购产品的整体价值，使产品具有较强的市场适应性。价值工程法兼顾功能、成本两个方面，不同于成本管理和质量管理，它通过计算价值指数和目标成本降低额来进行市场适应性调整，不仅能够改善产品性能，而且可以增强产品销售市场生存力，协调采购市场的供需平衡，致力于产品价值的提高。

（2）价值工程法可保证产品零部件采购决策的科学性和可靠性。价值工程法能从多个方面考虑项目产品的影响因素，即对主要影响产品价值指数的因素进行分析评价，确定采购产品的功能和成本范围，从而成功地选择产品开发和零部件采购方案。价值工程法可克服单调的"成本—价格—利润"产品开发决策法和定性的多因素分析法的弊端，从而使产品开发和零部件采购决策理论及其评价方法体系得到完善。

（3）价值工程法注重对用户所需的产品功能进行分析，促进项目产品功能的完善。价值工程法不直接研究产品的实物本身，而是抽象地研究采购和制造成本与用户所要求功能的适应性，把成本、功能、用户有机地联系起来，从而提高产品价格性能比和环境适应性。这种方法可使开发部和采购部认真地、全面地了解和分析产品的价值指数，确保产品开发和采购决策的正确性和市场适时性。

但是，价值工程法并没有分析项目产品的经济可行性，具体的产品开发和采购决策还必须同时进行技术经济分析，以保证产品决策的经济可行性。也就是说，价值工程法还必须结合相关的方法，才能发挥其更好的作用。

思考题

（1）简述影响采购总成本的主要因素。
（2）在采购中应如何基于总体拥有成本的视角优化采购批量和供应间隔期确定策略？
（3）简述商品采购议价程序，以及如何制定采购价格调查流程。
（4）采购员与供应商的价格谈判策略及应对方法有哪些？
（5）什么叫价值工程？价值工程的特点和价值工程的一般工作程序有哪些？
（6）你认为提高项目产品价值的基本途径有哪几种？请进行企业调研，寻找相关实例，举例说明。
（7）什么是价值工程中的产品寿命周期的总成本？请以你的手机、笔记本电脑或者数码相机为例进行简要说明。

项目 5
仓储与仓储管理

> 【学习目标】

知识目标	（1）了解物流仓储的意义、地位和作用，以及现代仓储管理的发展趋势。 （2）理解仓库规划设计的原则和程序。 （3）熟悉常用仓储设备的选型方法。 （4）理解自动化仓库的特点及作业流程。 （5）了解物联网技术在仓储业中的应用
技能目标	（1）能够结合实际案例分析仓储的功能和现代化仓储的特点。 （2）能够理解仓库选址与设备管理业务，并设置岗位、制定岗位职责。 （3）能够运用仓库规划设计原则选择合理的仓库及仓储设备
职业道德和素养目标	（1）加强安全责任，保守机密，遵纪守法，不得向无关人员泄露企业内部情况。 （2）培养学生批评与自我批评、团结互助、互相尊重的精神，按规定时间交接班、不得迟到早退的品行

> 【思维导图】

见后页。

> 【案例导入】

宁波 A 国际物流有限公司为 B 公司与宁波口岸的全资子公司，职能包括海运订舱、仓储、拼箱、场站业务、船舶代理等，自有仓库具有海关监管及商检查验资质，且设施完善，场站及仓库距离集装箱码头仅有 1km。具体情况见表 5–1。

表 5–1　宁波 A 国际物流有限公司口岸仓库情况

仓库地址	宁波市北仑区××路××号		
到码头距离	1km	建立时间	20××年10月
仓库面积/容积	5 000m²	库外场地面积	6万平方米
日入库量	30t	日出库量	30t
卸车能力	2车/小时	日装箱能力	40箱/天
是否海关监管	是	商检可否查验	可以
作业时间	8:00—22:00		

续表

高峰运输时间（如每周一、周五，每天10:00—12:00为高峰运输时间，即日出入库最忙的时间）	
仓库起重设备（如叉车数量、是否有行车等）	燃油叉车10台
仓库安保设施（如防盗、防火、防水等）	全方位24h监控，无盲点
仓库IT系统情况（如条形码扫描等）	支持条形码扫描入库

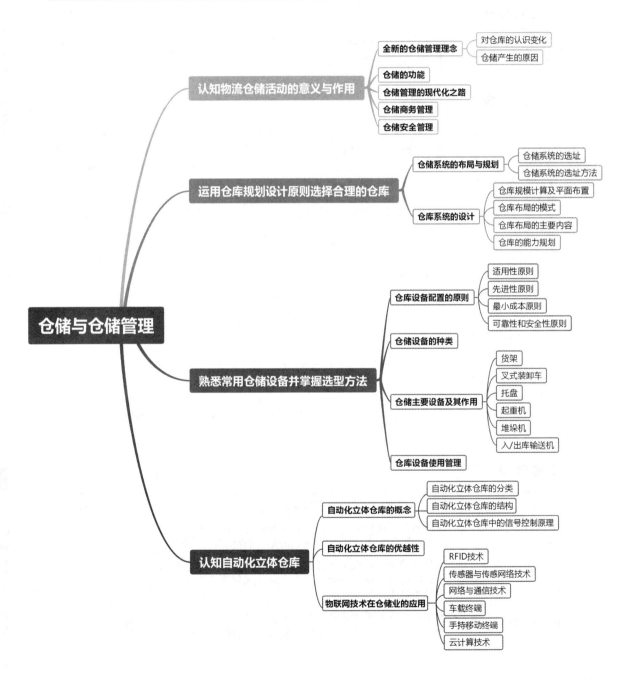

思考：

（1）假如你是B公司物流总监，应如何分析宁波A国际物流有限公司口岸仓库选址问题？请设计出仓库选址指标体系（提示：该体系由目标层、准则层及指标层构成）。

（2）阅读案例后，你有什么体会？

任务1　认知物流仓储活动的意义与作用

▶【任务目标】

以学习小组为单位，设置你们的物流仓储管理部门，增加对供应链、物流与仓储关系的理解，能够认知物流仓储活动的意义与作用，培养团队合作精神和分工、协调能力。

▶【任务内容】

一家经营装潢材料和日用品储存业务的专业仓储公司占地面积为4 700m²，拥有4层楼房的仓库，合计10 000m²，仓库实际面积占建筑面积的80%，储存面积占实际面积的70%，日平均使用面积为储存面积的80%，储存能力为45万吨，年存储量为19.6万吨，仓容定额为3t/m²，仓库底层地坪承载能力为6t/m²，楼层地坪承载能力为2.5t/m²，仓库层高5m。

请各学习小组完成以下任务：

（1）进行市场调研，确定市场对该公司装潢材料和日用品储存业务的需求，以确定不同时期商品储存所需的库容。

（2）计算该公司仓库实际面积、储存面积、实际面积利用率、仓位使用率和仓库的储存能力。

（3）综合考虑公司经营、市场需求和不同时期仓库储存能力，分别在装潢材料仓库和日用品仓库进行合理调配，制订该公司的年度物资储存计划。

（4）对仓储部仓库选址和设备选型进行分析，并书面表达。

▶【组织方法】

（1）以学习小组为单位，事先收集资料或进行实地调研，了解设置仓储选址的目标、仓库的分类及仓库选址注意事项；在此基础上模拟仓储部门仓库选址岗位的工作流程，运用仓库选址和设备决策知识，并对仓储部仓库选址工作进行分析。

（2）小组讨论与研究，小组成员分别扮演仓储各岗位的不同角色，其中一位同学扮演负责人，负责设置过程的说明工作。

▶【考核评价】

考核项目	考核要求	分值	得分
仓储部仓库选址岗位分析材料	岗位名称、岗位目标、岗位职责及对仓库选址人员的要求等，要求方案采用书面形式呈现，内容全面、完整	40	
现场讨论仓储选址与仓储设备合理化优化策略寻求方法	讨论并分配小组成员在任务内容中仓储部门里扮演的角色，制订仓储选址与仓储设备合理化优化策略方案，要求口头描述，内容全面、完整	20	
设置方案汇报	由小组负责人带领成员汇报寻求仓储选址与仓储设备合理化优化策略的过程，要求表达清晰、完整、有效	20	

续表

考核项目	考核要求	分值	得分
团队精神	通力合作，分工合理，相互补充	10	
	发言积极，乐于与组员分享成果，组员参与积极性高	10	

》【知识库】

一、全新的仓储管理理念

仓库就是保管、存储物品的建筑物和场所的总称。仓库在生产和销售环节的流通过程中担负存储物品（包括原材料、零部件、在制品和产成品等）的职能，并提供有关存储物品的信息，以供管理决策之用。

1. 对仓库的认识变化

仓库虽然担负存储物品的职能，但增加了整个物品的配送成本，并产生了额外的仓库作业成本。仓库作为企业物流系统中一个必不可少的环节，在生产和消费之间架起了沟通的纽带。在第二次世界大战以后，人们越来越关注仓库的使用效率和使用成本，一些企业对是否应该拥有许多的仓库提出了疑问；在20世纪六七十年代，仓库管理专注于新技术的应用，以便寻求更好的方法来代替传统的手工操作。在这期间，仓库管理技术水平的提高影响了仓库作业过程的每一个环节；在20世纪80年代，仓库管理的焦点是对仓库系统的设备配置和搬运技术进行合理的整合集成，人们越来越注重仓库的整体效益；在20世纪90年代，仓库管理集中在增强仓库的灵活性和信息技术的有效利用上，以适应顾客需求的个性化特征和市场需求的不确定性。

2. 仓储产生的原因

（1）降低运输—生产成本。虽然储存及其相关的库存会增加费用，但通过提高运输和生产的效率来降低运输—生产成本，可以达到新的平衡。

（2）协调供求。一些企业的生产极具季节性，但需求是连续不断的，而且比较稳定，因此他们就面临着协调供求的问题。与之相反，另一些企业的产品或服务需求的季节性很强，但需求不确定，而且全年的生产是稳定的，因为这样可以使生产成本最小，同时能够储备足够的库存来供应相对较短的热销季节。

如果使供求完全相符的成本过高，就需要进行储存。从商品价格的角度来考虑，企业也需要进行储存。某些原材料和产品（如铜、钢材、石油等）的市场价格随时间的波动非常大，也会促使一些企业为了低价采购而提前购买。这时，往往需要进行储存，而且储存成本可以与购买商品的低价格相平衡。

（3）生产需要。储存可以被看作生产过程的一部分，如有些产品（如奶酪、葡萄酒和烈性酒）在制造过程中，需要储存一段时间使其发酵。

（4）营销需要。市场营销部门经常考虑的是市场是否可以随时得到产品，储存可用来增加产品这方面的价值，即储存使产品更接近客户。通过加快交货时间，企业可以改善客户服务，并增加销售。

二、仓储的功能

1. 储存

储存设施最显著的用途就是保护存货和有序地储藏存货。货物可能在仓库里存储一段时间，货物对储存条件的要求会对储存设施的结构和布局提出严格要求。储存设施种类很多，既有长期的、专门化的储存仓库，也有通用商品的储存仓库，还有暂时存放商品的仓库。产品储存的形式也多种多样，包括准备进入市场的成品、待组装的或者需进一步加工的半成品和原材料。

2. 集中

运输费率的结构（特别是费率分界点）会影响储存设施的使用。如果货物供应来源较多，建立货物集中地（如仓库或货运站）的方法或许更经济，这样可以将零星货物集中成较大批量的运输单位（图5.1），降低总的运输成本。

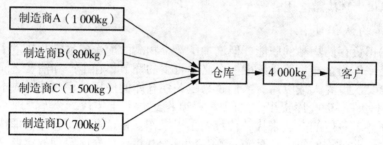

图5.1 仓储的集中功能

3. 拆装

利用储存设施进行拆装（或换装）与利用储存设施进行集中运输正好相反。图5.2举例说明了拆装的一般情况，以低费率大批量运输的货物运进仓库后，根据客户的需要以小批量的形式送到客户手中。

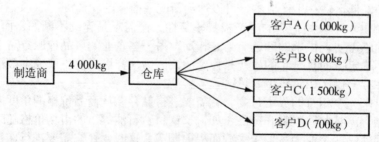

图5.2 仓储的拆装功能

拆装是仓库的常见业务，特别是在入库货物的单位运输费率高于出库货物的单位运输费率时、客户以零担批量订购时、生产商与客户之间的运输距离遥远时，拆装业务更为普遍。由于运输费率的差异，分拨仓库的选址趋向于离客户近的地方，便于拆装作业；而集中运输的情形则刚好相反。

4. 混装

利用储存设施进行产品混合的方法如图5.3所示。有的企业会从许多生产商那里采购产品，来供应多个工厂的某部分产品线。这种方式使管理人员发现，建立一个仓库将产品混合在一起，会带来运输中的经济效益。

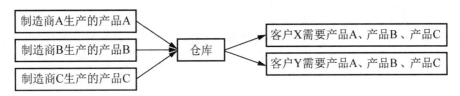

图 5.3　仓库的混装功能

如果没有这样的混装点，就要直接在生产地履行客户订单，但由于货运量小，运输费率偏高。而在混装点则可以先将各部分生产所需的货物通过大批量运输集中到一个地点，然后根据订单组合产品，将混合后的货物运送到客户处。物料搬运系统的物料搬运活动归纳起来主要有 3 项，即装卸、货物进出仓库和订单履行。

三、仓储管理的现代化之路

1. 保管思想现代化

仓储企业应当根据所确定的关键绩效测量指标，基于所收集的相关数据和信息，运用各种科学的方法和工具对绩效进行预测，并确定组织的长、短计划期内的预测绩效。如图 5.4 所示为一个实际应用的仓储企业提升关键绩效的框架示意图。

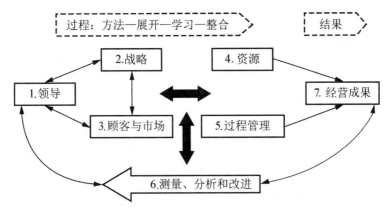

图 5.4　仓储企业提升关键绩效的框架示意图

仓储企业应当通过各种渠道，收集与竞争对手和标杆预测绩效有关的数据和信息，与竞争对手进行比较。预测绩效的测量和指标还包括各个方面带来的变化，如新商机、新市场、产品和服务技术上的创新等。

2. 保管组织现代化

建立仓储管理信息系统，健全严格的管理制度，使各项管理工作形成一个严格的科学体系。

3. 保管技术的现代化

以作业机械设备配套为基础，以自动化操作为中心，最大限度地减少作业人员的体力和脑力劳动消耗，实现作业的高效率和高效益。

4. 保管方法的科学化

不断汲取与应用社会科学与自然科学的最新成果（如线性规划、网络规划、决策理论等），结合仓储保管的特点，应用库存管理中的 ABC 分类法、库存控制理论，做好仓储管理工作，促进商品流通的合理化。

5. 管理人员的现代化

管理人员必须具备专门的知识与技能。企业应重视并加强对有关人员的培训和考核，培养一支具有现代化科学管理知识和管理技术的高素质队伍，不断提高仓储管理的现代化水平。

四、仓储商务管理

仓储商务管理是仓储经营人对仓储商务所进行的计划、组织、指挥和控制的过程，是独立经营的仓储企业对外行为的内部管理，属于企业管理的一个方面。仓储商务活动是面向市场、充满风险的活动，市场的作用越明显，经济的竞争越激烈，仓储商务活动就越重要。通过实施有效的仓储商务管理，可以帮助企业处理对外经济联系中的相关问题，规避风险，塑造企业形象，最大限度地获得经济效益，从而保持企业的可持续发展。

1. 仓储商务与仓储商务管理

仓储商务是指仓储经营人利用其拥有的仓储保管能力向仓储使用人提供仓储保管产品并获得经济收益的交换行为。仓储商务是仓储企业对外的基于仓储经营而进行的经济交换活动，是一种商业性的行为，因此发生在公用仓库或第三方物流企业的仓库之中。企业自用仓库则不发生仓储商务活动。

一个营利性组织能否长期生存和发展，起决定性作用的还是盈利能力。而盈利能力的强弱则受到多种因素的影响，如资本实力、员工素质、管理水平、商务能力等。在各种因素中，商务能力起着举足轻重的作用。只有选择适合自身特点和市场要求的商业机会并开展生产经营活动，才能实现盈利目标。在激烈的市场竞争中，仓储企业要赢得竞争优势，提高驾驭市场风险的能力，就必须增强商务能力。

2. 仓储商务活动的特点

（1）外向性。即仓储企业的商务活动总是面向外部的，仓储企业与外界的各种联系主要是通过商务活动实现的。仓储企业的仓储商务管理就是为了使仓储企业进行尽可能大的产品交换，向社会提供尽可能多的仓储产品，满足社会对仓储产品的需要。

（2）多变性。即仓储企业面临的外部环境是不断变化的，仓储企业的商务活动必须经常保持与外部环境的适应性。仓储企业应有效地收集市场信息、跟随市场的需要提供产品，提高服务水平，降低交易价格，提高企业竞争力。

（3）全局性。即商务管理的好坏直接影响仓储企业的全局，如一项不适当的促销措施可能造成仓储企业产销过程循环受阻，一项错误合同的签订可能导致仓储企业重大损失等。

3. 仓储商务活动的内容

（1）仓储内部商务活动。仓储内部商务活动是指仓储企业的各部门之间相互协作，根据市场的需求经过一系列的劳动转化，为仓储企业所处的环境提供产品或服务的活动。

仓储内部商务活动包括：仓储地点的选择与确定；仓储布局规划与设计；仓储设施设备的选择与配备；仓储人员的组织；各种仓储服务的过程。

（2）仓储外部商务活动。仓储外部商务活动是指仓储企业为了获取经营与运作过程中所需资源或者为了销售自己所能提供的产品或服务而进行的所有活动。我们通常所讲的商务活动主要指外部商务活动。仓储外部商务活动的工作中心是要吸引顾客购买仓储产品或服务，同时树立仓储企业良好的形象。

仓储外部商务活动包括：有效地组织货源，广泛收集市场信息并进行高质量分析，捕捉有利的商业机会，科学制定竞争策略；根据市场的需要和发展，科学地规划和设计产品营销策略，促进产品销售；进行交易磋商管理和合同管理，严格依合同办事，讲信用，保证信誉；提供优质的服务，满足消费者和用户的需要，实现企业经济效益；建立风险防范机制，妥善处理商务纠纷和冲突，防范和减少商务风险。

无论是仓储企业内部商务还是外部商务，几乎每一个活动过程都在为仓储企业创造价值，因此形成了一个由许多价值过程构成的价值链。价值链的概念是由迈克尔·波特提出的，他认为企业的竞争优势来源于企业在设计、生产、营销、交货等过程及辅助过程中所进行的许多相互分离的活动。这些活动中的每一个活动都对企业创造的价值有所贡献，价值链将其分解为许多战略性的活动。根据这一理论可知，仓储企业的价值链是仓储企业在产业内的各种活动的组合，仓储企业通过较其竞争对手更廉价或更出色地开展这些重要的战略活动来赢得竞争优势。

4. 货源组织

提高仓储经营效益的关键在于货源的组织。在市场经济环境下，货主有权选择仓库，这使得原先在计划经济下仓储货源按计划保证的仓储企业将面临一系列挑战。仓储企业不得不以自己优异的设施、良好的服务、优惠的价格积极参与竞争，力争在竞争中获取更大的效益，通过走出去、请进来等多种方式在客户中宣传自己的仓储业务，树立企业形象。

仓储企业的销售以客户的需求为依据，结合仓储企业的设施，通过分析、规划、执行和控制等程序，合理地制定存储量、收费标准、分销渠道和推销宣传策略等，最大限度地实现仓储企业的利润。

销售技术的关键是最大限度地满足消费者的要求，即尽可能创造良好、方便的储运条件，以吸引客户存货。在揽货时，应注意客户的利益，为客户出谋划策，如负责任地告诉客户采用怎样的储存方式较好、如何储存更为经济等。仓储企业应通过自己的宣传及实际的服务来增强客户对仓储安全的信任感，通过分析和改进来减少流通环节、节约仓储费用，并通过确保货物在仓储中安全无损来降低客户的货物流通成本。

具体来说，仓储企业在进行市场营销中，应注意满足以下几个方面的需要：

（1）满足更广泛的客户需要。仓储企业应打破原有服务对象的界限，广开门户，拓展货源，内联外延，纵横渗透。仓储企业不仅应为商业部门服务，而且应为工矿企业服务，只要社会需要，都应为之服务。

（2）满足服务内容的需要。仓储企业应改变过去仅从事仓储的状态，积极地开展客户需要的各类服务，承接代客管账、代客分货、代客装卸、加工整理、打包托运等业务，并在这些业务中必须提供优质的服务。

（3）满足服务方式的需要。不同的客户会对仓储方式提出不同的要求，仓储企业对此也应采取更为灵活的经营方式，如服务方式除了一般的储存关系外，还可以是租赁关系，当然也可以对存储货物采用自管方式或共管方式。

（4）满足服务的时间需要。由于客户货物进出库场的时间越来越难以确定，因此仓储企业应根据需要确保随时销售战略作为仓储企业经营的重要组成部分。随着市场经济的不断完善，仓储企业管理者必须从传统的生产管理型向经营管理型转变，只有这样，仓储企业才有生存发展的空间。

五、仓储安全管理

仓库安全管理就是针对物品在仓储环节对仓库建筑要求、照明要求、物品摆放要求、消防要求、收发要求、事故应急救援要求等综合性管理措施。

1. 仓库安全管理的主要内容与策略

仓库的安全工作应该位于一切管理工作之首，并始终贯穿于整个仓储的全过程。仓库是物资储存基地，仓库安全管理十分重要。仓储物资很多是易燃可燃物资，危险性较大，如果管理不善，就可能发生燃烧或者爆炸事故。因此，加强仓库安全管理，提高安全技术水平，及时发现和消除仓库中不安全的因素，杜绝各类事故的发生，具有十分重要的意义。

（1）仓库的不安全因素。在仓库的安全工作中，造成不安全的因素主要有两大类：一类是由管理人员专业知识的缺乏造成的，如对化学品、危险品、易燃品、腐蚀品的性质不了解，对某些商品储存的规律没有掌握；另一类是由管理人员素质不高引起的，如有的仓库管理人员失职等。

（2）仓库安全管理的主要内容。

① 仓库安全基础设施。各类仓库场所要按有关法规和标准，配置相应的消防报警和灭火设施设备，确保消防水源充足，消防器材配置达标。

仓库必须安装火灾自动报警装置和灭火设施，按规定数量和种类配备消防器具。库区及库房要按有关规定设置消火栓，室外消火栓的间距不得超过120m，保护半径不得超过150m；室外消火栓距路边距离不得超过2m，与房屋外墙距离不宜小于5m。

安全（视频）监控系统满足基本要求，监控设置范围主要包括单位周围边界、公共作业区域、仓储区域、公共办公场所、重点危险源、人员密集活动场所、重点生产工艺部位及其他重要监控部位。

监控系统要具有对图像信号采集、传输、切换控制、自动报警、显示、分配、记录和重放的基本功能。现场探测图像清晰，有图像来源、时间和运行状态提示。视频探测设备应适应现场的照明条件，环境照度不满足视频监测要求时，要配置辅助照明。

② 入库安全处理。货物要入库时门卫须严格对车辆进行检查登记，并要求外单位人员佩戴访客证，门卫须带领车辆到达卸货区；仓管员到来后，告知安全主任至少带一名保安员来卸货区做好防范工作，严禁非授权人员进入卸货区；仓管员安排员工卸货，同时检查货物数量、品种、重量、规格、货号等是否符合送货单；由质检人员按照来料检验标准进行验货；验货完毕，质检人员记录检查结果；相关人员签字后，仓管员对合格品办理入库登记，做好标识（如数量、品种、重量、规格、货号等）；对不合格产品填写退货单，并安排退货，退货产品须放于指定不合格区域；车辆出门须有保安员严格检查，如有货物出工厂，须凭出厂单核对数量、货号、重量、规格等；一切正常后，保安员记录好车辆出工厂时间，同时收回访客证。

③ 库存安全管理。应注意存货需求量的变化、订货间隔期的变化及交货延误期的长短。预期存货需求量变化越大，企业应保持的安全库存量也就越大；同样，在其他因素相同的条件下，订货间隔期、订货提前期的不确定性越大，或预计订货间隔期越长，则存货的中断风险也就越高，安全库存量也应越高。

还应注意存货的短缺成本和储存成本。一般来说，存货短缺成本的发生概率或可能发生额越高，企业需要保持的安全库存量就越大。增加安全库存量，尽管能减少存货短缺成本，但会给企业带来储存成本的额外负担。在理想条件下，最优的订货和储存模式可以求得，但在实际操作过程中，订货成本与储存成本呈反向变化，不确定性带来的风险使得这个自出现商品流通以来就出现的问题一直没有得到有效的解决。

④ 出库库存管理。出库处理包括单证处理、订单分配、补货、拣货和发货。系统对出货过程中可能使用的单证进行管理，还可根据客户设置的补货标准进行动态补货。对仓

库操作中工作量最大的业务环节——拣货,系统支持两种拣货方式:离散拣货(基于订单的拣货方式)、合并拣货(基于批次的拣货方式)。针对分配的结果,用户可以打印拣货清单,在拣货清单上详细记录了需要拣取货物的库位、批次、数量或者跟踪号。系统支持3种出货方式:整票订单出货、订单行出货、拣货明细出货。

⑤ 仓库作业安全操作。

A. 安全操作管理制度化。安全作业管理应成为仓库日常管理的重要项目,通过制度化的管理,制定各种作业安全制度、操作规程和安全责任制度,并通过严格的监督,确定员工能够有效并充分地执行安全操作管理制度。

B. 重视作业人员资质管理和业务培训。应对新参加仓库工作和转岗的员工进行仓库安全作业教育和操作培训,保证上岗员工都掌握作业技术与规范。从事特种作业的员工必须经过专门培训并取得特种作业资格才能上岗作业,且只能按证书规定的项目进行操作,不能混岗作业。安全作业宣传和教育是仓库的长期性工作,作业安全检查是仓库安全作业管理的日常性工作,要通过严格的检查、持续的宣传、严厉的惩罚,强化作业人员的安全责任意识。

C. 加强劳动安全保护。劳动安全保护包括直接和间接地对员工实行的人身保护措施。仓库要遵守相关规定,保证工时制,依法安排加班,给员工以足够的休息时间,包括合适的工间休息。同时,提供合适和足够的劳动防护用品,督促作业人员使用和穿戴。

⑥ 仓库保卫工作。治安保卫管理是仓库管理的重要组成部分,不仅涉及财产安全、人身安全,治安保卫工作开展良好,还能确保企业的生产顺利进行。治安保卫管理是仓库实现经营效益的保证,在生产效率和提高经营效益与安全保卫发生冲突时,要以治安保卫优先。仓库治安保卫管理的原则为:坚持预防为主、确保重点、严格管理、保障安全和谁主管谁负责。

⑦ 仓库消防工作。消防工作是仓库管理中的头等大事,也是深化仓库改革、提高经济效益的重要保证,要提高认识、端正态度,加强消防设施的建设,进行经常性的消防教育。消防工作应认真贯彻"预防为主,防消结合"的方针,这是人们同火灾作斗争的经验总结,也是仓库消防工作的指导思想,既要把预防摆在消防工作的首位,采取有力措施,从根本上取得同火灾作斗争的主动权,又要建立健全和严格执行各种消防规章制度。

任务2　运用仓库规划设计原则选择合理的仓库

【任务目标】

以学习小组为单位,设置你们的仓库管理部门,增加对仓库规划、选址策略与技巧的理解,能够设计制作相关流程图与表格,培养团队合作精神和分工、协调能力。

【任务内容】

假设你是一家化肥厂物流部的经理,要为它的3个工厂(工厂A、工厂B和工厂C)建立仓库,假设运输量与运输成本存在线性关系,3个工厂的位置和年生产量分别如图5.5和表5-2所示,试利用重心法计算仓库的位置。

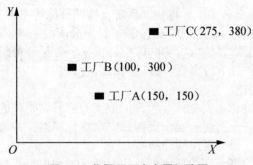

图 5.5　化肥厂厂房布置矩阵图

表 5-2　每家工厂的生产量

工　厂	年生产量 /t
A	6 000
B	8 200
C	7 000

请各学习小组完成以下任务：
（1）为该厂制订仓储系统的布局与规划方案，并设计流程图及相关表格。
（2）试利用重心法计算工厂 A、工厂 B 和工厂 C 的位置。
（3）寻求该厂仓库德尔菲法选址优化流程。
（4）对上述任务进行工作分析，并书面表达。

【组织方法】

（1）以学习小组为单位，事先收集资料或进行实地调研，了解企业仓储部仓库选址的目标、原则及注意事项；在此基础上以仓储部经理的身份模拟仓库选址的工作流程，运用仓储选址的相关知识制定优化策略，并对仓储部选址人员的工作进行分析。

（2）小组讨论与研究，小组成员分别扮演仓储部规划与选址各岗位的不同角色，其中一位同学扮演负责人，负责设置过程的说明工作。

【考核评价】

考核项目	考核要求	分值	得分
仓储部仓库选址岗位分析材料	完成任务内容中仓储部选址岗位设置，内容包括岗位名称、目标、岗位职责及对选址人员的要求等，要求方案采用书面形式呈现，内容全面、完整	40	
现场讨论仓储选址与仓库合理化的方法	讨论并分配小组成员在仓储部门中扮演的角色，制订仓储选址调查流程和选址方案优化的方案，要求口头描述，内容全面、完整	20	
设置方案汇报	由小组负责人带领成员汇报寻求仓储选址的调查流程和选址优化方案的过程，要求表达清晰、完整、有效	20	

续表

考核项目	考核要求	分值	得分
团队精神	通力合作,分工合理,相互补充	10	
	发言积极,乐于与组员分享成果,组员参与积极性高	10	

【知识库】

一、仓储系统的布局与规划

规划是指在整体设计的观念上,先对全部程序进行系统的分析,再确定一个明晰的架构,以便于系统的建立。显然,在仓储系统规划层面需解决的核心问题是仓库在市场区域的布局与规模的把握,而盲目地进行仓储的选址与规划会造成巨大的浪费。

1. 仓储系统的选址

影响仓库规模的因素有两个:需要仓库进行储存的商品数量和商品储存的时间。如果设计的仓储大于实际需要,则会降低仓储设施设备的利用率;反之,对于仓储的规模估计不足,仓储的建设就小于实际进出货物需求,会严重影响商品的储存和仓储各项技术作业的正常进行。

仓储系统选址包括两个层次的问题:一是选位,二是定址。仓库系统选址流程如图5.6所示。

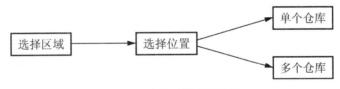

图5.6 仓库系统选址流程

(1) 仓储系统选址的意义。仓储系统选址对商品流转速度和流通费用产生直接的影响,关系企业对顾客的服务水平和服务质量,最终影响企业的销售量和利润。一旦选址不当,将给企业带来很多不良后果,而且难以改变。因此,在进行仓储系统选址时,必须充分考虑多方面因素的影响,慎重决策。

(2) 仓储系统选址的目标及原则。仓储系统选址与该仓库所属企业的类型有很大的关系,如附属于工业企业的仓储其选址追求成本最小化,附属于物流企业的仓储其选址追求收益最大化或服务水平的最优化。

定性分析时的原则包括:费用原则,经济效益对于任何类型的仓储都是重要的;接近客户原则,降低运费、提高对客户需求的反应速度;长远发展原则,选址工作要考虑服务对象的分布状况及未来发展。

仓储系统选址考虑的因素包括:客户条件、自然地理条件、运输条件、成本因素、当地的环境、水电是否能够保障供给。只有顾客密集分布、交通与装运条件方便、地价低廉的主要条件得到满足的地方,才是合适的仓储位置。

仓储系统选址的程序:确定仓库选址的目标和原则;收集选址所需的基本条件,如明确仓库的业务类型、预测业务量、掌握费用及客户资料;初步确定可供选择的地点;评估分析后确定地点。

2. 仓储系统的选址方法

（1）因素评分法。这是一种对具有多个目标的决策方案进行综合评判的定性与定量相结合的方法，通过把多个目标化为一个综合的单一目标，来评价、比较和选择决策方案。其基本原理为：设有 n 个方案 a^i（$i=1,2,\cdots,n$），其中每个方案都有 k 个目标值，每个目标值的评价分记为 u_j^i（$j=1,2,\cdots,k$），按目标的重要性，其权重分别为 w_j（$j=1,2,\cdots,k$），则

$$u(a^i) = \sum_{j=1}^{k} w_j u_j^i, \ i=1,2,\cdots,n$$

用这个线性加权值作为新的评价准则（目标评价），使 $u(a^i)$ 最大的方案 a^* 就是多目标选址问题的最优决策，即

$$a^* = \max[u(a^i)], \ i=1,2,\cdots,n$$

其中，目标权重一般由专家给出。如果有 m 个专家，对 w_j 发表意见，其中第 i 人对 w_j 估值为 w_{ij}，$i=1,2,\cdots,m$，则

$$w_j = \frac{1}{m}\sum_{i=1}^{m} w_{ij}$$

仓储系统选址因素评分法的选址流程如图 5.7 所示。

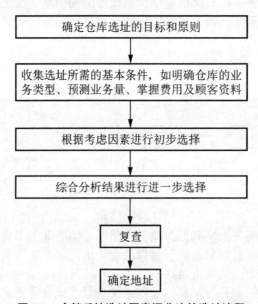

图 5.7　仓储系统选址因素评分法的选址流程

【例 5-1】下面使用因素评分法，为宁波 A 国际物流有限公司口岸仓库设计选址指标体系。

作为海运出口货物的集散地，该仓库应当满足的要素的外部因素主要分为经济因素和协调性因素，内部影响因素主要指仓库自身发展性因素。假设根据系统性、层次性、可比性及动态性等原则，构建了仓库选址指标体系。该体系由目标层、准则层及指标层构成。一级指标包括经营性指标、协调性指标和仓库自身条件指标 3 个因素。由于仓库选址的好坏直接受到这 3 个方面的影响，因此这 3 个因素是评价仓库选址问题的主要参考因素。二级指标的设置是建立在一级指标的基础之上的。

根据已确定的仓库选择评价体系，通过逐对比较法得到评价指标体系中各级指标的权重分别为

$W_a = (1/3, 1/3, 1/3)$

$W_{b1} = (5/18, 3/18, 2/18, 8/18)$

$W_{b2} = (3/18, 5/18, 7/18, 3/18)$

$W_{b3} = (5/18, 3/18, 4/18, 6/18)$

这里将影响仓库选择因素分为5个等级，分别是极好、较好、一般、较差和差。同时，按九分制原则对各等级给予赋值，分别是 $V=\{9, 7, 5, 3, 1\}$，指标等级介于两相邻等级之间时，相应评分为2、4、6、8。

宁波A国际物流有限公司口岸仓库设计选址指标体系如图5.8所示。

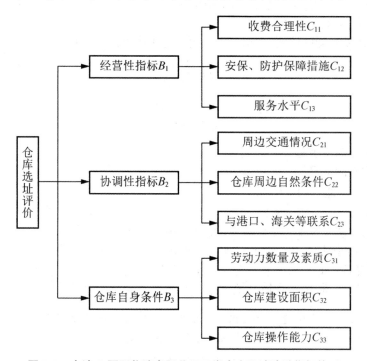

图5.8 宁波A国际物流有限公司口岸仓库设计选址指标体系

具体权重为

安保、防护保障措施：权值0.18

距离码头较近：权值0.15

仓储面积足够：权值0.15

方便商检查验与海关监管：权值0.14

装卸搬运设备：权值0.13

操作能力（包括日出入库能力、卸车能力、装箱能力）：权值0.11

仓储、出入库及装箱费用合理：权值0.11

操作时间应当尽量满足随时出入库：权值0.06

周边交通情况良好：权值0.06

注意，权值和为1，数值越大表示重要性越高。

通过运用综合评价法得到综合评价分值为 8 分，介于极好和较好之间，所以该仓库符合选址要求。

（2）重心法。重心法是一种布置单个设施的方法。其基本原理为：设有一系列点分别代表生产地和需求地，各自有一定量的货物需要以一定的运输费率运向待定的仓库，或从仓库运出，则仓库应建在总运输成本最小的点，即

$$\min T_c = \sum V_i R_i d_i = \sum C_i d_i$$

式中，T_c——总运输成本；
V_i——i 点的运输量；
R_i——到 i 点的运输费率；
d_i——从位置待定的仓库到 i 点的距离；
C_i——到 i 点的运输成本。

求出成本运输最低的位置坐标 x 和 y，重心法使用的公式为

$$\bar{x} = \frac{\sum d_{ix} V_i}{\sum V_i}$$

$$\bar{y} = \frac{\sum d_{iy} V_i}{\sum V_i}$$

式中，$\bar{x}$——重心的 x 坐标；
$\bar{y}$——重心的 y 坐标；
d_{ix}——第 i 个地点的 x 坐标；
d_{iy}——第 i 个地点的 y 坐标；
V_i——运到第 i 个地点或从第 i 个地点运出的货物量。

重心法是一种模拟方法，将物流系统中的需求点和资源点看作分布在某一平面范围内的物流系统，将各点的需求量和资源量分别看作物体的重量，将物体系统的重心作为物流网点的最佳设置点，利用求物体系统重心的方法来确定物流网点的位置。

【例 5-2】 假设物流设施选址范围内有 5 个需求点，其坐标、需求量和运输费率见表 5-3。现在设置一个物流设施，问物流设施的最佳位置在何处？

表 5-3 需求点的需求状况

需求点	坐标	需求量（w_j）	运输费率（h_j）	综合权重
A	(3, 8)	2 000	0.5	1 000
B	(8, 2)	3 000	0.5	1 500
C	(2, 5)	2 500	0.75	1 875
D	(6, 4)	1 000	0.75	750
E	(8, 8)	1 500	0.75	1 125

采用重心法将运输距离用坐标来表示，并认为运输费用是两点间直线距离的函数。这与实际情况有较大的差距，而且计算量较大，一般使用 Excel 等专用软件进行辅助计算。本例 Excel 辅助计算函数设计如图 5.9 所示。

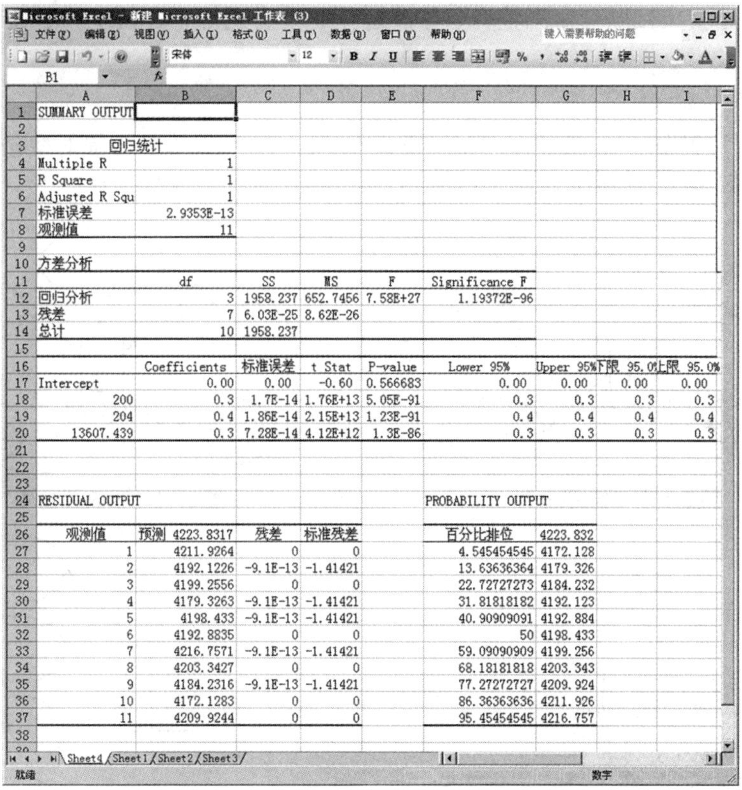

Microsoft Excel - 新建 Microsoft Excel 工作表 (3)

SUMMARY OUTPUT

回归统计	
Multiple R	1
R Square	1
Adjusted R Squ	1
标准误差	2.9353E-13
观测值	11

方差分析

	df	SS	MS	F	Significance F
回归分析	3	1958.237	652.7456	7.58E+27	1.19372E-96
残差	7	6.03E-25	8.62E-26		
总计	10	1958.237			

	Coefficients	标准误差	t Stat	P-value	Lower 95%	Upper 95%	下限 95.0%	上限 95.0%
Intercept	0.00	0.00	-0.60	0.566683	0.00	0.00	0.00	0.00
200	0.3	1.7E-14	1.76E+13	5.05E-91	0.3	0.3	0.3	0.3
204	0.4	1.86E-14	2.15E+13	1.23E-91	0.4	0.4	0.4	0.4
13607.439	0.3	7.28E-14	4.12E+12	1.3E-86	0.3	0.3	0.3	0.3

RESIDUAL OUTPUT

观测值	预测 4223.8317	残差	标准残差
1	4211.9264	0	0
2	4192.1226	-9.1E-13	-1.41421
3	4199.2556	0	0
4	4179.3263	-9.1E-13	-1.41421
5	4198.433	-9.1E-13	-1.41421
6	4192.8835	0	0
7	4216.7571	-9.1E-13	-1.41421
8	4203.3427	0	0
9	4184.2316	-9.1E-13	-1.41421
10	4172.1283	0	0
11	4209.9244	0	0

PROBABILITY OUTPUT

百分比排位	4223.832
4.545454545	4172.128
13.63636364	4179.326
22.72727273	4184.232
31.81818182	4192.123
40.90909091	4192.884
50	4198.433
59.09090909	4199.256
68.18181818	4203.343
77.27272727	4209.924
86.36363636	4211.926
95.45454545	4216.757

图 5.9　采用重心法通过 Excel“数据分析”功能求物流设施最佳位置

计算结果见表 5–4。

表 5–4　计算结果列表

迭代次数	x^k	y^k	总运费
0	5.160 000	5.180 000	21 471.002 980
1	5.037 691	5.056 592	21 434.215 810
2	4.990 259	5.031 426	21 427.110 404
3	4.966 136	5.031 671	21 426.140 542
4	4.950 928	5.036 766	21 425.686 792
…	…	…	…
59	4.910 110	5.057 677	21 425.136 231
60	4.910 110	5.057 677	21 425.136 231

二、仓库系统的设计

1. 仓库规模计算及平面布置

仓库平面布置是根据仓库的总体设计，科学合理地对两区（库区、生活区）、四场（业务场所、辅助业务场所、生活区办公场所及生活场所）和其他设施进行具体布置，其目的是充分利用存储空间，提高存货的安全性，有效利用搬运设备，提高仓库的运作效率和服务水平。

仓库平面布置应按照"布局整齐、紧凑适用、节省用地、方便生产、便于管理"的原则进行。

2. 仓库布局的模式

在供应链管理视角下，按照仓库布局模式不同，可以将仓库分为辐射型仓库（图5.10）、吸收型仓库（图5.11）、聚集型仓库（图5.12）和扇形仓库（图5.13）。

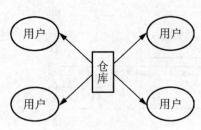

图 5.10　辐射型仓库

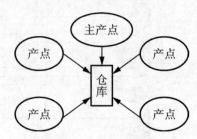

图 5.11　吸收型仓库

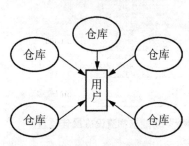

图 5.12　聚集型仓库

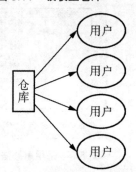

图 5.13　扇形仓库

3. 仓库布局的主要内容

（1）仓库结构类型的选择主要根据仓库的功能和任务来确定。仓库的主要功能是单纯储存，还是兼有分拣、流通加工、配送等功能；储存的对象，储存物品的性质、类型、数量、外形尺寸等；仓库内外环境要求是常温、冷藏，还是恒温等；经济能力、投资额的大小、对经营成本的要求等。

（2）仓库设施、设备的配置。普通的仓储功能与设备类型选型因素可以按照表5-5进行确定。

表 5-5　仓储功能与设备类型因素

功能要求	设备类型
存货、取货	货架、叉车、堆垛机械、起重运输机械等
分拣、配货	分拣机、托盘、搬运车、传输机械等
验货、养护	检验仪表、工具、养护设施等
防火、防盗	温度监视器、防火报警器、监视器、防盗报警设施等
流通加工	所需的作业机械、工具等
控制、管理	计算机及辅助设备等
配套设施	站台（货台）、轨道、道路、场地等

（3）仓储面积及参数的确定。仓库面积取决于存储商品的总量、种类及构成。对于单间的无大型设备的仓库，在 500～700m² 为宜；而对于机械化程度高的大型仓库，其面积可达 1 000～2 000m²。仓库的长度应大于装卸线的长度，仓库的宽度可取长度的 1/8～1/3，小型仓库的宽度一般为 10～13m，中型仓库的宽度一般为 20～25m。仓库高度视库内使用设备及货物堆存高度而定，单层仓库一般为 5m，多层仓库的底层一般为 4～5m，上层一般为 3.5～4m。一些采用起重机的仓库，其高度可达 8m。

（4）确定仓库主体构造。仓库主体构造分类包括基础、地坪、骨架构成、立柱、墙体、屋盖、楼板、地面、窗、出入口、房檐、通风装置等。确定仓库主体构造需考虑仓库框架问题、防火问题、出入口尺寸问题、站台（货台）的高度问题、仓库附属设施设备等问题。

（5）确定仓库平面面积。仓库平面面积主要由存储货物数量确定，还受到其他因素的影响，如地面结构承受能力的大小制约单位面积堆存量，货物的包装强度制约堆存高度，库房内装卸搬运货物的机械化程度对库房面积的确定也产生影响。

4. 仓库的能力规划

在企业的仓库功能得到合理规划时，仓库内部的能力规划便成了当务之急。一般来说，仓库关心最多的问题是：仓库可存多少货物？仓储搬运设备配置如何？人员配置如何？物料如何分类存放？空间如何规划？进货、出货、配送频率如何控制？而真正要考察一个仓库的存储能力，就必须从订单、生产计划和生产节拍、物料特征分类、容器选用等关键问题入手，才能最终解决以上在仓库运作环节中可能产生的问题。

仓库对于单件物料存储能力规划的基本思路基本上分为以下 5 个阶段：

（1）根据企业的生产资源计划确定物料量。通过企业生产的计划大纲（或者订单），根据单件产品所需的物料件数可以知道期间所需的具体物料数量（包含品质、损失、余量折扣在内），根据经济订货批量计算方法可以知道物料在此期间的准确物料量。

（2）根据车间能力确定配送频次。根据车间生产加工能力和生产效率可以知道每个时间单位单条生产线或者生产小组的生产节拍，从而知道各个工位所需的具体物料数量，而仓库的配送就是根据这个参数配上搬运路径和搬运设备等相关参数来确定配送频率和"在线存储时间和存储量"的。

（3）分析物料特征，确定物流容器。根据物料的特征可以确定物流容器的选择标准，也可以决定单个物流容器对该物料的标准盛装量和标准盛装方式。这是至为关键的一步，因为物流容器标准化、包装单元化是物料搬运机械化、自动化、存储立体化的基础，也是物流设备、管理人员、物流空间计算的关键参数，更是具体的物料与仓库管理软件间数据对应的基本平台。

（4）分析物流容器，确定存储方式、搬运设备和人员配备。根据物流容器的立体尺寸，包括内尺寸和外尺寸、盛装总重量、可堆垛性、可搬运性（即物料搬运活性指数）和容器的可管理性，可以确定容器流动（即物料流动）的频次、在仓库中的堆叠层次（堆叠高度）和堆叠方式、所占货位的空间、一次搬运量和搬运设备的选择和配置，由此可以核定所需的人力资源。在这里，物料管理的工作对象由烦琐的物料转为物流容器，使工作更加简单化、具体化、精确化，使得仓库资源配备、后续仓库盘点及管理软件的引进有了一个理性的选择依据。

（5）分析相关资源，确定物流管理策略。只有当各个物料得到明确分类、容器得到标准切换、设备和人力得到理性配置，才能确定仓库管理的模式，才能够使得"5S"管理和目视管理等在仓库中大有作为，仓库的现场管理才有效果，仓库的配送与管理机制才能建立完善。

以上规划思路基本上是沿着仓库物料的进、出、存为分析主线进行扩展,所以容易保证物料控制的精确性和相关资源利用的可行性和经济性。实践证明,该思路在家电行业、汽车制造行业、机械制造行业、电子行业、食品和医药行业等物料集成度较高的行业较易取得成效。

任务3　熟悉常用仓储设备并掌握选型方法

【任务目标】

以学习小组为单位,设置你们的采购管理部门,增加对采购物资价值工程的理解,能够计算并优化采购商品功能,培养团队合作精神和分工、协调能力。

【任务内容】

深圳××仓储公司是一家从事粮油仓储服务的专业公司,共有4个仓库,预计4个仓库的吞吐量分别为5万吨、6万吨、9万吨和10万吨。为了作业的需要,公司要配置1.5t窄通道叉车和手动液压叉车若干台。公司年均工作250d,分为两班制,每班每天工作8h。设备平均一次搬运的重量为1.2t,平均每天工作8h,窄通道叉车平均每小时搬运16次,手动液压叉车平均每小时搬运8次。

请各学习小组完成以下任务:

(1) 计算该仓库装卸搬运设备的配置系数和叉车配置的数量。
(2) 通过计算,在窄通道叉车和手动液压叉车中,应该首选哪种叉车,并说明理由。
(3) 对该仓库新的各种装卸搬运设备的配置比例构成进行分析,并书面表达。

【组织方法】

(1) 以学习小组为单位,事先收集资料或进行实地仓库调研,了解仓库设备管理的目标、设备选型的流程及注意事项;在此基础上模拟仓储部设备管理岗位的工作流程,运用设备选型的相关知识制定仓库设备选型优化策略,并对仓储部设备管理工作进行分析。

(2) 小组讨论与研究,小组成员分别扮演仓储部各岗位的不同角色,其中一位同学扮演负责人,负责设置过程的说明工作。

【考核评价】

考核项目	考核要求	分值	得分
仓储部设备管理岗位分析材料	完成任务内容中仓储部门设备管理岗位设置,内容包括岗位名称、岗位目标、岗位职责及对设备管理人员的要求等,要求方案采用书面形式呈现,内容全面、完整	40	
现场讨论仓库设备配置比例确定和最优设备配置分析寻求方法	讨论并分配小组成员在任务内容中仓储部门里扮演的角色,制订仓库设备配置比例确定和最优设备配置分析寻求方案,要求口头描述,内容全面、完整	20	
设置方案汇报	由小组负责人带领成员汇报仓库设备配置比例确定和最优设备配置分析的过程,要求表达清晰、完整、有效	20	

续表

考核项目	考核要求	分值	得分
团队精神	通力合作，分工合理，相互补充	10	
	发言积极，乐于与组员分享成果，组员参与积极性高	10	

【知识库】

一、仓库设备配置的原则

仓库设备的种类很多，为使其发挥最佳效用，必须进行合理地选择配置和管理使用，应选择和配置最经济、合理、适用、先进的技术设备。除此之外，要求每一类设备工作可靠，无论在什么作业条件下，都要具有良好的运行稳定性。

（1）适用性原则。仓储企业在选择运输设备时，要充分考虑仓储作业的实际需要，所选设备要符合货物的特性和储存量的大小，能够在不同的作业条件下灵活方便地操作。另外，仓储设备并不是功能越多越好，因为在实际作业中，并不需要太多的功能，如果设备不能被充分利用，则造成资源和资金的浪费。同样，仓储设备功能太少也会导致仓储企业效率低下，因此要根据实际情况，正确选择设备功能。

（2）先进性原则。先进性原则主要是指设备技术的先进性，主要体现在自动化程度、环境保护、操作条件等方面。但是，先进性必须服务于适用性，尤其是要有实用性，以利于取得经济效益的最大化。

（3）最小成本原则。最小成本原则主要指的是设备的使用费用低，整个寿命周期的成本低。有时候，先进性和低成本会发生冲突，需要企业在充分考虑适用性的基础上进行权衡，做出合理选择。

（4）可靠性和安全性原则。可靠性和安全性原则日益成为选择设备、衡量设备好坏的主要因素。可靠性是指设备按要求完成规定功能的能力，是设备功能在时间上的稳定性和保持性。但是，可靠性不是越高越好，必须考虑成本问题。安全性要求设备在使用过程中保证人身及货物的安全，并且尽可能地不危害到环境。

二、仓储设备的种类

完整的仓储作业不仅包括储存，还涉及物流的各个环节，只是偏重不同而已。因此，在仓储设备的配置上，几乎包含所有的物流设备，但物流设备门类全、型号规格多、品种复杂。

（1）包装设备。包装设备是指完成全部或部分包装过程的机器设备，主要包括填充设备、罐装设备、封口设备、裹包设备、贴标设备、清洗设备、干燥设备、杀菌设备等。包装设备是使产品包装实现机械化、自动化的根本保证。

（2）物流仓储设备。物流仓储设备主要包括货架、堆垛机、室内搬运车、出入境输送设备、分拣设备、提升机、搬运机器人及计算机管理和监控系统。这些设备可以组成自动化、半自动化、机械化的商业仓库，用以堆放、存取和分拣承运物品。

（3）集装单元器具。集装单元器具主要有集装箱、托盘、周转箱和其他集装单元器具。货物经过集装器具的集装或组合包装后，具有较高的灵活性，随时都处于准备运行的状态，有利于实现储存、装卸搬运、运输和包装的一体化，满足物流作业的机械化和标准化。

（4）装卸搬运设备。装卸搬运设备是指用来搬移、升降、装卸和短距离输送物料的设备，它是物流机械设备的重要组成部分。从用途和结构特征来看，装卸搬运设备主要包括起重设备、连续运输设备、装卸搬运车辆、专用装卸搬运设备等。

（5）流通加工设备。流通加工设备主要包括金属加工设备、搅拌混合设备、木材加工设备及其他流通加工设备。

（6）运输设备。运输在物流中的独特地位对运输设备提出了更高的要求，要求运输设备具有高速化、智能化、通用化、大型化和安全可靠的特性，以提高运输的作业效率，降低运输成本，并使运输设备达到最优化利用。根据运输方式不同，运输设备可分为载货汽车、货运列车、货船和管道设备等。对于第三方物流公司而言，一般只拥有一定数量的载货汽车即可，而其他运输设备可以直接利用公用运输设备。

三、仓库主要设备及其作用

随着现代化仓库的建立，仓库设备也在日益更新，朝着经济、适用、安全可靠、合理、稳定等方面发展。仓库设备在完成仓库功能中起着非常重要的作用，下面介绍几种常用的仓库设备的结构及其特点、用途。

1. 货架

随着仓库机械化和自动化程度的不断提高，仓库设施特别是货架技术也在不断发展。仓库广泛使用着传统的货架，如抽屉式、橱柜式货架、"U"形架、悬臂架、棚架、鞍架、轮胎专运架外，还出现了重力式货架、移动式、层格式货架、阁楼式货架、装卸式货架、托盘式货架、自动化立体仓库货架等现代化的新型货架。这里主要介绍几种通用性强和比较新型的货架。

（1）层架。层架的应用非常广泛，如果按其存放货物的重量分类，层架分为轻型和重型；按其结构特点分类，层架分为层格式、托盘式等类型。

一般轻型层架主要适合人工存取作业，其规格尺寸及承载能力都与人工搬运能力相适应，高度通常在2.4m以下，厚度在0.5m以下；而中型和重型的货架尺寸则较大，高度可达4.5m，厚度达1.2m，宽3m以上。一些层架具有特殊的保管功能，如加密锁、冷藏、恒温等功能。

（2）托盘货架。托盘货架专门用于存放堆码在托盘上的货物，其基本形态与层架类似，但受承载能力和每层空间限制，只适于存放整托盘货物。托盘货架多采用杆件组合，不仅拆迁容易，层间距还可以根据码货高度调整，通常总高度在6m以下，架底撑脚需要装叉车防撞装置。

托盘货架结构简单，可以调整组合，安装简易，费用经济；出入库不受先后顺序的限制；储物形态为托盘装载货物，配合升降式叉车存取。

（3）阁楼式货架。阁楼式货架将储存空间做上下两层规划，利用钢架和楼板将空间间隙隔为两层，下层货架结构支撑上层楼板，如图5.14所示。

阁楼式货架可以有效增加空间使用率，通常下层适用于存放轻量物品，不适合重型搬运设备行走，上层物品搬运需配垂直输送设备。

（4）悬臂式货架。悬臂式货架是在立柱上装设杆臂构成的，悬臂常用金属材料制造，其尺寸一般根据所存放物料尺寸的大小确定。为防止物料损伤，常在悬臂上加垫木质衬垫或橡胶带以起保护作用，如图5.15所示。

悬臂架为开放式货架，不太便于机械化作业，需配合跨距较宽的设备，一般高度在6m以下，空间利用率较低。

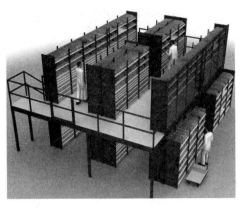
图 5.14 阁楼式货架

图 5.15 悬臂式货架

（5）移动式货架。移动式货架底部装有滚轮，通过开启控制装置，滚轮可沿道轨滑动。货架结构可以设计成普通层架，也可以设计成托盘货架。控制装置附加有变频控制功能，用来控制驱动、停止时的速度，以维持货架的货物稳定，使用时还设有确定位置的光电感测器及刹车电机，以提高启动或停止时的稳定度和精确度，其外观如图 5.16 所示。

移动式货架平时密集相接排列，存取货物时通过手动或电力驱动装置使货架沿轨道水平移动，形成通道，大幅度减少通道面积，地面使用率较高。而且，移动式货架可直接存放每一项货物，不受先进先出的限制。但相对来说，机电装置较多，建造成本较高，维护也比较困难。

（6）重力式货架。重力式货架的基本结构与普通层架类似，不同的是其层间间隔由重力滚轮组成滚筒输送装置组成，并且与水平面成一定的倾斜角度，低端作为出货端，而高端作为入货端。这样托盘或箱装货物便会由重力作用自动向低端滑移，还可以在滚轮下埋设充气软管控制倾斜角度，以调整货物滑移的速度，其外观如图 5.17 所示。

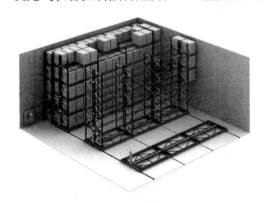
图 5.16 移动式货架

图 5.17 重力式货架

重力式货架通常成密集型配制，能够大规模密集存放货物，减少了通道数量，可有效节约仓库面积；重力式货架能保证先进先出，而且方便拣货，作为分拣式货架普遍应用于配送中心作业中；重力式货架的拣货端与入货端分离，能提高作业效率和作业安全性；重力式货架可以根据需要设计成适合托盘、纸箱、单件货物储存的结构和形式。

（7）驶入/驶出式货架。驶入/驶出式货架单用钢质结构，钢柱上有向外伸出的水平突出构件或悬轨，叉车将托盘送入，由货架两边的悬轨托住托盘及货物。货架上无货时，可方便叉车和人出入。驶入式货架只有一端可以出入，驶入/驶出式货架则两端均可出入，其外观分别如图5.18和图5.19所示。

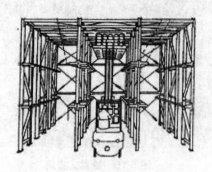

图5.18 驶入式货架

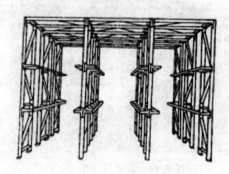

图5.19 驶入/驶出式货架

驶入/驶出式货架属高密度配置，高度可达10m，库容利用率可以高达90%以上，适用于大批量、少品种配送中心使用，但不太适合太长或太重的物品。驶入式货架存取货时，受先后顺序的限制。

2. 叉车

叉车又称叉式装卸车，是仓库装卸搬运机械中应用最广泛的一种，由自行的轮胎底盘和能垂直升降、前后倾斜的货叉、门架等组成。叉车主要用于仓库内货物的装载搬运，是一种既可做短距离水平运输，又可堆拆垛和装卸卡车、铁路平板车的机械，在配备其他取物装置以后，还能用于散货和各种规格品种货物的装卸作业，其外观如图5.20所示。

图5.20 叉车

叉车与其他搬运机械一样，能够减轻装卸工人繁重的体力劳动，提高装卸效率，缩短车辆停留时间，降低装卸成本。除此之外，它还有以下特点和用途：

（1）机械化程度高。使用各种自动的取物装置或在货叉与货板配合使用的情况下，可以实现装卸工作的完全机械化，不需要工人的辅助体力劳动。

（2）机动灵活性好。叉车外形尺寸小、重量轻，能在作业区域内任意调动，适应货物数量及货流方向的改变，可机动地与其他起重运输机械配合工作，提高机械的使用率。

（3）可以"一机多用"。在配备和使用各种取货装置（如货叉、铲斗、臂架、吊杆、货夹、抓取器等）的条件下，叉车可以适应各种品种、形状和大小货物的装卸作业。

（4）能提高仓库容积的利用率。堆码高度一般可达3m，采用高门架叉车可达到5m，能提高仓库容积的利用率。

3. 托盘

托盘是在集装、堆放、搬运和运输过程中作为一单元负荷的水平平台装置放置货物和制品的工具。在平台上集装一定数量的单件货物，并按要求捆扎加固，组成一个运输单位，便于运输过程中使用机械进行装卸、搬运和堆存，这种台面有供叉车从下部叉入并将台板托起的叉入口。以这种结构为基本结构的台板和在这种基本结构基础上形成的各种形式的集装器具都统称为托盘，其外观如图5.21所示。

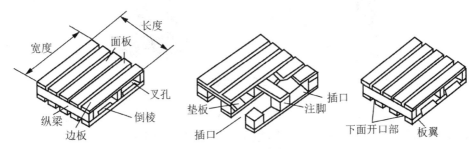

图 5.21 托盘结构及各部分名称

货物在搬运或出入库场时，都可用托盘操作，减少货物堆码作业次数，从而有利于提高运输效率，缩短货运时间，减小劳动强度。以托盘为运输单位，货运件数变少，体积重量变大，而且每个托盘所装数量相等，既便于点数、理货交接，又可以减少货损货差事故；另外，投资比较小，收益比较快。当然，托盘的回收利用、组织工作难度较大，会浪费一部分运力，托盘本身也占用一定的仓容空间。

按托盘的结构可以分为平板托盘、箱型托盘、立柱型托盘和折叠式托盘，按材料可分为塑料托盘、金属托盘、木质托盘和纸质托盘；另外，还有单面托盘、两面托盘、单面叉入式托盘、两面叉入式托盘、四面叉入式托盘。

美国主流托盘约为 1 200mm×1 000mm；日本主流托盘为 1 100mm×1 100mm 和 1 200mm×1 000mm；我国从 2008 年 3 月 1 日起正式在全国范围内实施的托盘标准为 1 200mm×1 000mm 和 1 100mm×1 100mm 两种规格，并优先推荐使用 1 200mm×1 000mm 规格，以提高我国物流系统的整体运作效率。

4. 起重机

起重机适用于装卸大件笨重货物，借助于各种吊索具也可用于装卸其他货物。同时，起重机也是唯一以悬吊方式装卸搬运货物的设备，其吊运能力较大。最常用的起重机有龙门起重机、桥式起重机和汽车起重机等几种。

5. 堆垛机

堆垛机是专门用来堆码货垛或提升货物的机械。普通仓库使用的堆垛机（又称上架机）是一种构造简单，用于辅助人工堆垛、可移动的小型货物垂直提升设备。这种机械的特点是：构造轻巧，人力推移方便，能在很窄的走道内操作，减轻堆垛工人的劳动强度，且堆码或提升高度较高，仓库的库容利用率较高，作业灵活，在中小型仓库内广泛使用。它有桥式堆垛机、巷道式堆垛机等类型，其外观如图 5.22 所示。

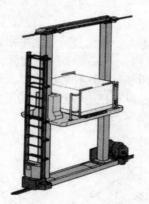

图 5.22 堆垛机

6. 入/出库输送机

入/出库输送机系统是大型、复杂自动化仓库的重要组成部分，高层货架、堆垛机易实现标准化产品，但入/出库输送机系统要根据仓库的平面布置、入/出库作业的内容、入/出库的工位数、分流和合流的需求等进行具体规划和设计。入/出库输送机系统的规划和设计是自动化仓库适用性的关键。入/出库输送机系统的规划设计与托盘的外形尺寸、下部结构，相关物流设备的装卸方法、自动化控制、检测方法等都有密切的关系，其外观如图 5.23 所示。

图 5.23 入/出库输送机

四、仓库设备使用管理

仓库设备的管理方式根据仓库规模的大小、设备数量的多少、设备的集中与分散、固定与流动等使用情况而定，除少数固定的设备统一使用外，其余的都是分散使用。因此，仓库设备管理通常在统一管理的基础上，实行分级管理，专人负责、专门管理、部门负责的方式，以确保设备完好率，保证仓储业务的正常进行。

对于仓库中的设备，必须建立管理、使用、维修、保养制度，这是仓储管理工作中的一个重要环节。尤其是一些大型仓库机械设备较多，更应加强管理。装卸搬运机械管理工作有以下几个要点：

（1）制定必要的规章制度、操作规程，并认真贯彻执行。

（2）加强对操作、维修人员的安全教育和技术培训，实行使用、维修相结合的方法，不断提高技术水平。

（3）加强技术资料的管理工作，建立设备技术档案。

（4）及时总结推广先进经验，努力节约原材料、燃料，降低装卸搬运成本。

任务 4　认知自动化立体仓库

【任务目标】

以学习小组为单位,设置你们的自动化立体管理部门,增加对自动化立体仓库工作流程的理解,能够计算并优化自动化立体仓库的运作,培养团队合作精神和分工、协调能力。

【任务内容】

某物流中心准备对其库内物品及设备统一实施内部编码,这项工作是企业逐步实现仓储管理信息化的关键工作。该物流中心现有货物清单见表5-6,设备清单见表5-7。

表5-6　物流中心货物清单

序 号	商品编码	商品名称	规格与颜色	单价/元
1	6900692315611	清风卷筒卫生纸	10卷	20.00
2	6901234783212	保鲜袋	100个装	6.00
3	6912031920322	佳洁士草本水晶牙膏	115g	7.50
4	6925142389112	保鲜盒	圆形	15.70
5	6942567895211	力士香皂	85g	4.20
6	6942567895917	舒肤佳香皂	100g	5.60
7	6967892878327	自动卷尺	100m	17.80
8	6925142388990	皂盒	红色	6.10
9	6925142388991	皂盒	蓝色	6.10

表5-7　物流中心自动化仓库设备清单

序 号	名 称	数 量	序 号	名 称	数 量
1	自动化立体仓库	1	8	RFID手持终端	6
2	重型货架	3	9	手推液压叉车	6
3	悬臂式货架	2	10	托盘	60
4	贯通式货架	2	11	条码枪	10
5	电子标签库	5	12	条码打印机	3
6	辊筒输送机	2	13	RFID读写器	1
7	机械手臂	1	14	RFID门禁	3

请各学习小组完成以下任务:

(1)根据背景所列货物清单,为该仓库编制内部使用的货物编码,编码规则由各小组自己制定,并进行说明。

(2)通过小组讨论,制定统一的编码规则,为仓库所有的设备进行编码,以表格形式列出,并说明编码规则。

(3)对该公司自动化立体仓库进行价值分析与评价,并书面表达。

【组织方法】

（1）以学习小组为单位，事先收集资料或进行实地调研，了解自动化立体仓库管理的目标、自动化仓库的选型的流程及注意事项；在此基础上模拟自动化立体仓库管理岗位的工作流程，运用信息工程的相关知识制定自动化立体仓库选型优化策略，并对仓库管理人员的日常管理工作进行分析。

（2）小组讨论与研究，小组成员分别扮演自动化立体仓库各岗位的不同角色，其中一位同学扮演负责人，负责设置过程的说明工作。

【考核评价】

考核项目	考核要求	分值	得分
仓储部自动化仓库管理岗位分析材料	完成任务内容中仓储部门自动化仓库管理岗位设置，内容包括岗位名称、目标、岗位职责及对自动化仓库管理人员的要求等，要求方案采用书面形式呈现，内容全面、完整	40	
现场讨论自动化仓库选型确定和价值优化分析寻求方法	讨论并分配小组成员在任务内容中仓储部门里扮演的角色，制订自动化仓库选型权重系数确定和价值优化分析寻求方案，要求口头描述，内容全面、完整	20	
设置方案汇报	由小组负责人带领成员汇报寻求自动化仓库选型权重系数确定和价值优化分析的过程，要求表达清晰、完整、有效	20	
团队精神	通力合作，分工合理，相互补充	10	
	发言积极，乐于与组员分享成果，组员参与积极性高	10	

【知识库】

一、自动化立体仓库的概念

自动化立体仓库（Automated Storage and Retrieval System，AS/RS）是由电子计算机进行控制和管理，无须人工搬运作业，而实现收发作业的仓库。所谓立体仓库，实际上是高层货架仓库，一般是指采用几层、十几层乃至几十层高的货架储存单元货物，用相应的物料搬运设备进行货物入库和出库作业的仓库。由于这类仓库能充分利用空间储存货物，故常形象地将其称为"立体仓库"，如图5.24所示。

（a）自动化立体仓库　　　　　　　　（b）普通仓库

图5.24　自动化立体仓库与普通仓库

从广义上来说，自动化立体仓库是在不直接进行人工处理的情况下就能自动地存储和取出物料的系统。这个定义覆盖了不同复杂程度及规格的极为广泛多样的系统。术语"自动化仓库系统"通常是指使用多层货架、能在巷道内的任何货位存储和取出货物的搬运车及计算机控制和通信系统，有的系统可以直接与其他生产系统相连。

自动化立体仓库是物流的重要组成部分。例如，生产物流是从原材料采购开始，经过基本制造过程的转换活动，到最后形成具有一定使用价值的产成品运到成品库或用户。物料经历着原材料从厂外采购运进、入库验收、存放、加工制造进入成品库及成品外运等一系列物料实体的运送的动态流转过程，这其中无不包含仓储环节。

1. 自动化立体仓库的分类

自动化立体仓库是一个复杂的综合自动化系统，作为一种特定的仓库形式，按建筑形式可以分为整体式仓库和分离式仓库，如图 5.25 所示。

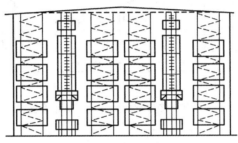

（a）整体式仓库

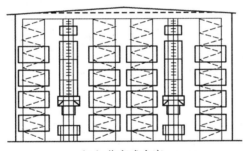

（b）分离式仓库

图 5.25　整体式仓库与分离式仓库

整体式仓库是指货架除了储存货物以外，还可以作为建筑物的支承结构，就像建筑物的一个部分，即库房与货架形成一体化结构。分离式仓库是指储存货物的货架独立存在，建在建筑物内部，可以将现有的建筑物改造为自动化仓库，也可以将货架拆除，使建筑物用于其他目的。

自动化立体仓库是现代物流系统中迅速发展的一个重要组成部分，具有节约用地、减轻劳动强度、消除差错、提高仓储自动化水平及管理水平、提高管理和操作人员素质、降低储运损耗、有效减少流动资金的积压、提高物流效率等诸多优点。

2. 自动化立体仓库的结构

自动化立体仓库主要由存储区、作业区、缓存区和办公区域等部分组成。自动化立体仓库最主要的部分是存储区和作业区。存储区的主要构件是货架和托盘，作业区的主要构件是巷道堆垛机和叉车及传送带。

自动化立体仓库的大小及类型主要由要存储的货物类型和单元存储方式来决定。单元存储方式将决定仓库的面积和高度,以及布局和其他的辅助设备。企业可以根据自身的需求和行业特点,来设计专门的立体仓库。一般自动化立体仓库的平面如图 5.26 所示。

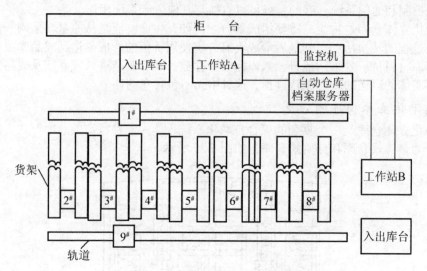

图 5.26　自动化立体仓库平面示意图

3. 自动化仓库中的信号控制原理

现代物流的系统发展的标志之一就是自动化立体仓库的发展。自动化立体仓库是一种多层存放货物的高架仓库系统,由多层高层货架、堆垛机、巷道、运送设备和管理系统等部分组成。在这些组成部分中,要实现检测、驱动、识别、记录、运算、显示等众多的信号检测及处理功能,就必须在各个工位上分别配置许多的开关、控制器、阅读器、人机界面(Human Machine Interface,HMI)等,如图 5.27 所示。

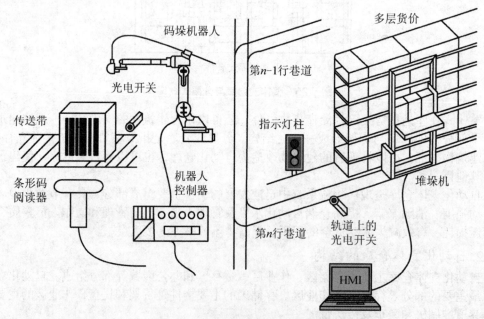

图 5.27　自动化仓库配置的各种 I/O

设置在传送带靠近码垛机器人的光电开关，感应是否有货物准备码垛的信息；条形码阅读器识别当前货物的条形码，以进行对不同的货物入库数量的统计；显示屏显示仓库中货物的名称、数量、位置等信息；HMI是仓库内的操作人员对仓库的操作和仓库设备运行结果的反馈。这些信号各司其职，组成了一个内容丰富的信号系统，确保了系统能够正常地按设计要求运行，可以使工作人员能够及时地了解系统工作情况。

目前，自动化立体仓库主要使用现场总线进行控制，虽然各个现场总线的模块初始成本较高，但现场总线用一条串行总线或双绞线取代常规的并列布线技术，节省了电缆成本和布线成本，而且简单的布线系统可以减少安装故障和降低维护的难度，从而使自动化立体仓库拥有较好的维护性、开放性、扩展性和良好的经济性。

二、自动化立体仓库的优越性

在实际应用中，企业最先考虑的便是自动化立体仓库的造价成本问题，所以很多企业"望价止步"。其实，自动化立体仓库初期建设的一次性投入虽然较多，但从长远来看，货物的存储成本比平面仓库要低得多，使物流企业在物流市场的竞争过程中至少在成本上会处于优势地位。

（1）采用高层货架存储，提高了空间利用率及货物管理质量。由于使用高层货架存储货物，存储区可以大幅度地向高空发展，充分利用仓库地面和空间，因此节省了库存占地面积，提高了空间利用率。采用高层货架储存，并结合计算机管理，可以容易地实现"先入先出"，防止货物的自然老化、变质、生锈或发霉。自动化立体仓库也便于防止货物的丢失及损坏，对于防火防盗等大有好处。

（2）自动存取，提高了劳动生产效率，降低了劳动强度。自动化立体仓库使用机械和自动化设备，运行和处理速度快，提高了劳动生产效率，降低了操作人员的劳动强度；同时，也方便纳入企业的物流系统，使企业物流更趋向于合理化。采用自动化技术以后，还能较好地适应黑暗、低温、污染、有毒和易爆等特殊场合的物品存储需要。

（3）科学储备，提高了物料调节水平，加快了储备资金周转。由于自动化立体仓库采用计算机控制，对各种信息进行存储和管理，能减少货物处理和信息处理过程中的差错，而利用人工管理不能做到这一点；同时，自动化立体仓库借助于计算机管理还能有效地利用仓库储存能力，便于清点和盘库，合理减少库存，加快储备资金周转，节约流动资金，从而提高仓库的管理水平。

（4）有效地衔接生产与库存，加快物资周转，降低成本。作为生产过程的中间环节，它应具有原材料、在制品和成品的缓冲存储功能。在自动化和机械化设备处理下，自动化程度提高，各种物料库存周期缩短，从而降低了总成本。对不同运输方式（如输送线运输、小车运输、悬挂运输等）、不同装运方式（如集装、散装、原包装等）、不同状态的物料（如块状、粉末状、液体等）衔接，改变运输方式、改变装运方式和采用有效的技术都会带来费用的降低。

（5）适当加工，衔接产需，合理利用资源，提高效益。许多仓库或多或少地承担一些加工任务，如为存储进行组装、出货前的包装等，这可以提高原材料利用率，提高加工效率和设备利用率，充分发挥各种输送手段的最高效率。通过存储环节，自动化立体仓库能把生产与需要有机地结合起来，减少生产的盲目性，充分利用已有的资源。

当然，自动化立体仓库还存在一些不足：首先，投资费用高，货架安装精度要求高，施工比较困难且周期长；其次，储存货物的品种受到一定限制，对长、大、笨重货物及要求特殊保管条件的货物，必须单独设立储存系统，对仓库管理和技术人员要求较高；最后，必须注意设备的保管保养并与设备提供商保持长久的联系，对供应商的依赖度较大。

三、物联网技术在仓储业中的应用

物联网是在互联网基础上延伸发展出来的网络。通过射频识别（Radio Frequency Identification，RFID）、红外感应器、全球定位系统、激光扫描等信息传感设备，将物流与互联网连接，其基本架构分为感知层、传输层和应用层，实现信息实时采集、信息传输及信息发布与应用。基于物联网的物流系统体系结构图如图5.28所示。

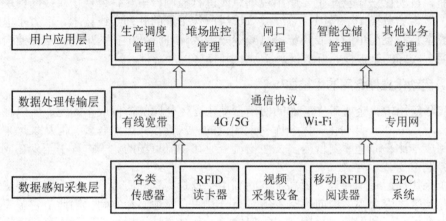

图 5.28　基于物联网的物流系统体系结构图

关键物联网技术主要包括以下几种：

（1）RFID技术。在众多物联网技术中，RFID技术应用最为普遍。RFID标签及其配置是信息采集、传输、发布及应用的基础，主要用来感知定位、过程追溯、信息采集、物品分类拣选等。RFID标签由芯片和天线组成，每个标签具有唯一的产品电子代码，内含一串数字，代表货物的基本信息如提单号、数量、单重、规格及需要放置到的堆位等。每个电子标签随货物流转于港口物流链上的各个环节，代表数据可实时更新。同时，该电子标签记载的数据在信息管理平台上进行传递、分发和处理。RFID技术与条形码技术相比，具有非接触式识别、无磨损、使用寿命长、响应速度快等优点，RFID技术的应用能提高港口物流业务的透明度和安全性，使物流流程实现简约化和高效化。

（2）传感器与传感网络技术。传感器由敏感元件和转换元件组成，是一种检测装置，能感受到被测量的信息，并能将检测感受到的信息按一定规律变换成为电信号或其他所需形式的信息输出，以满足信息的传输、处理、存储、显示、记录和控制等要求。它是实现自动检测和自动控制的首要环节，能够探测、感受外界的信号、物理条件（如光、热、湿度、压力）或化学组成（如烟雾），并将探知的信息通过通信技术传递给物联网的上层。传感器负责物联网信息的采集，是实现对现实世界感知的基础，也是物联网服务和应用的基础。传感器对被测对象的某一特定信息具有感受检出功能，并能按照一定规律转换成与之相对应的有用信号。传感器网络是物联网的核心，由传感器、通信网络和信息处理体系构成，实现数据的采集量化、处理融合和传输。

（3）网络与通信技术。传感器感知信息并传递信息是通过网络和通信技术实现的。企业内部区域的物流管理与运作信息系统，常采用与局域网直接相连的网络技术，并留有与互联网、无线网扩展的接口；而无线移动通信技术等，多用在不便布线的区域，实现网络通信。

（4）车载终端。车载终端可用于智能堆场、智能仓库等工程建设，以及大机、集卡、叉车等工具车辆，可将工具车辆或货物的RFID信息采用一些短距离无线通信方式上传到监控中心，达到实时监控的目的。

（5）手持移动终端。手持移动终端可用于智能卡口、智能堆场、智能仓储及海关监管中心等，以实现对运输工具、货物进行远程视频和数据监控。

（6）云计算技术。云计算技术是以物流为核心的智能供应链系统等领域常用的智能技术。云是互联网的比喻说法，云计算具有超强的信息处理和存储能力，对物联网采集的大量信息进行处理，时刻监控"物"的去向与动态。

物联网技术以强大的技术优势弥补了现行仓储管理存在的种种问题缺陷，主要体现在以下几个方面：

（1）通过 RFID、二维码、各类传感器等技术和设备的综合应用，提高物资出入库过程中的识别率，可不开箱检查，并同时识别多个物资，提高出入库效率；同时，有效提高了拣选与分发过程的效率与准确率，并加快配送的速度，减少人工投入，降低配送成本。

（2）采用物联网一体化智能设备，结合先进的系统架构理念，缩减了盘点周期，提高了数据实时性，实时动态掌握库存情况，实现对库存物资的可视化管理。

（3）综合运用物联网相关技术，改造现行业务管理流程，实现物资的标准化管理、精细化管理、全寿命管理、信息可追溯及业务可优化的管理目标。

仓储管理的工作流程包括诸多环节，应用物联网技术改善仓储工作流程具体做法如下：

（1）入库管理。在物资入库时，业务人员先将 RFID 电子标签贴在物资上（如果生产厂家已贴标，则直接扫描入库），成批装箱后贴上箱标，需打托盘的也可在打完托盘后贴上托盘标签。一般贴标方式有：物资单件贴标；多件物资包装在一起，外包装贴标；托盘贴标，并与单件物资标签或外包装标签数据关联。包装好的物资由装卸工具经由 RFID 阅读器与天线组成的通道进行入库，RFID 设备自动获取物资产品电子代码（Electronic Product Code，EPC）、入库数量等信息，并通过数据采集接口传入入库管理模块，入库管理对采集的信息进行相关业务处理并更新至数据中心。在存放物资时，可利用集射频读写、作业管理于一体的智能库管设备（如智能手推车、智能叉车等）进行合理调度、实时定位，以提高物资入库的作业效率。入库管理模块首先根据库房物资存放情况，按照一定规则和算法，得出最佳的储存位置；其次，选择相应空货位，通过库管设备，通知保管员，并指引最佳途径，抵达目的货位，扫描货位标签，以确定物资被放置在正确的货位；最后，扫描物资标签，确认物资已存放在目的货位，完成物资的入库操作。

（2）出库管理。出库管理模块主要通过数据采集接口和本地数据接口同信息采集系统、本地数据中心进行数据交互，借助仓库射频终端设备，实现物资自动拣选、出库的功能。仓库管理员接收到订单或发货通知时，查询当前仓储状态，然后拟制预出库单；保管员通过智能库管设备指引到相应货位，根据预出库单将指定货位的物品取出，并扫描货位标签和物资标签，对出库信息进行登记，确认拣选物资正确，同时将物资的存储状态转换为待出库；物资出库时，由设置在仓库出口的 RFID 读写器读取物资的 EPC 码，并通过数据采集接口交由出库管理模块进行处理，自动生成物资出库清单，并与预出库单比对，最终确认物资实出数量及正确性，完成物资的出库操作。

（3）库存管理。库存管理主要对物资的库存进行控制管理，包括物资库存量的自动预（报）警及库存相关决策功能。根据实际业务情况，可以对库存限额进行自由设定，系统将根据库存限额的设定进行自动预（报）警。

（4）清仓查库。清仓查库是指对库房物资进行数量和质量的检查，它是物资管理的重要环节，也是保证物资实物和系统中信息一致的必要步骤。清仓查库需要仔细核对物资的数量、质量、存放位置等信息。清查时，保管员首先使用带有射频功能的掌上电脑（Personal Digital Assistant，PDA）设备扫描货位标签，然后对货位上的物资进行检查核对并扫描物资标签,最后根据物资的实际情况修改物资信息和标签。检查完毕后,保管员将 PDA 中的清查信息上传到业务系统,系统自动得出检查的差错清单。

(5)移库管理。移库管理主要完成物资从一个仓库转移到另一个仓库的业务信息管理。移库业务相当于完成一次出库和入库的业务,只是物资的基本属性信息已存在本地数据中心,物资基本属性信息不变化,只需更新物资存放位置及所属关系。

(6)货位管理。货位管理主要对库房及货位信息进行统一的编码管理,采用三码合一的货位标签来标识货位。三码即 RFID 射频码、QR(Quick Response 的缩写,即快速反应)二维条码和可视文字码,将货位标签贴在货架上,可以识别当前货位具体位置,也可用来记录货架目前存放的商品数量和种类。通过货架上的电子标签实现货位管理,主要具有以下功能:对入库货物动态分配货位,实现随机存储,从而最大限度利用存储空间;对各类货物的存放位置、存放时间、空余货位等情况进行监控;自动对不合理位置、超长存放时间、空余货位不足等情况进行报警。

(7)查询统计。查询统计主要包括入库综合查询、出库综合查询、库存账目查询和库存统计等。根据物资的出/入库和库存信息,适时生成库存物资管理的各类统计报表,以便掌握各分库或下属单位的业务情况及库存现状。

(8)本地数据中心。本地数据中心是业务管理系统存储和维护本地业务情况及物资库存信息的本地数据库,所有与物资相关的业务信息最终都通过本地数据接口存储在本地数据库服务器中,以便查询、统计和核对。仓储工作人员可以通过无线终端或 Web 客户端随时随地查询物资的当前状态。

思考题

(1)先查阅资料了解不同商品对仓库的不同要求,然后调查当地一家物流仓储企业仓库,了解其仓库结构布局。
(2)你认为物流标准化对仓储内部结构布局有什么影响?
(3)请为某仓库制定仓储机械设备的管理制度及叉车工岗位安全管理职责。
(4)调查当地一家物流仓储企业,了解其主要有哪些机械设备。
(5)根据你的观点,是不是仓储机械设备越先进对仓储企业的经营就越有利?为什么?
(6)你认为提高仓库经营绩效的基本途径有哪几种?请进行企业调研,寻找相关实例,举例说明。
(7)简述自动化立体仓库的特点及其优越性。请设计出某自动化立体仓库的平面布置图,并进行简要说明。

项目 6
仓储业务管理

【学习目标】

知识目标	（1）了解模块化物料清单与定制物料清单的区别，以及仓库循环盘点法。 （2）理解仓库实施 ISO 9000 质量管理体系的目的和意义。 （3）理解仓储合同的法律风险及防范措施。 （4）熟悉仓库流通加工的主要类型
技能目标	（1）能够结合实际案例分析仓库出入库管理流程，并提出流程优化方案。 （2）能够使用"5S"管理等方法优化仓库 ISO 9000 质量管理，并制定仓库作业指导书。 （3）能够为仓储部编制仓单质押流程，并提出风险防范策略。 （4）能够提出实现流通加工合理化的方法
职业道德和素养目标	（1）加强仓储合同法律风险研究，需要仓储部门各环节从业人员明确货物的保管要求，注明货物的合理损耗，不得向无关人员泄露企业内部情况。 （2）培养学生遵守相关法律法规要求，履行合同的精神，按规定向货物所有人开具仓单，切实保证其财产所有权和处置权

【思维导图】

见后页。

【案例导入】

某公司在多个国家和地区有直接投资，主要涉及化妆品。在我国，该公司拥有众多专卖店和商场专柜，已进入全国许多大城市的商厦、大型超市等。

为了支持直销形式运作，该公司采取分公司管理的形式，在全国有几十家分公司，都是在一、二线城市。在每个分公司都设有库存，经销商都要到分公司取货。分公司在负责市场开发、销售管理的同时，还要承担收款、订单处理、发货等工作。对经销商来说，他们有什么新产品、有什么促销计划、产品信息的提供等都是通过每月一次的分公司促销会来获取的。

自从变为批发零售业务后，该公司实际上相当于一般的化妆品制造商。但是，随着国内中高档化妆品品牌越来越多，如何提高经销商（尤其是二、三线城市的经销商）的忠诚度已成为企业的核心问题。

问题 1：顾客服务的满意度低。经销商要做雅芳的经营，存在很多不便。如该公司在喀什开了一家专卖店，经销商要到乌鲁木齐去提货，要坐很久的火车，在一天中付款、提货，还要赶回去。如果要完成销售额，就需要他一个月提 4 次货，这个店老板可能就要雇人来卖货了。因为他自己需要专门从事进货的物流准备工作，这就要占据他大部分时间，所以非常不方便。

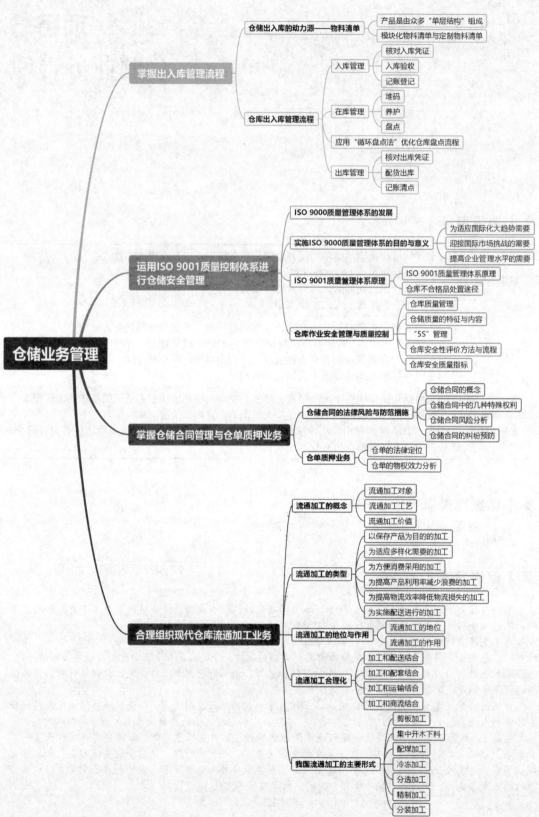

问题 2：为了提高客户满意度，整个系统库存过高。顾客满意度是公司永远都要追求的东西，为了提高顾客的订单满足率，公司的库存水平是一而再再而三地拉升。这样就变成一个怪圈，一方面库存水平居高不下，另一方面顾客的服务满意度很低。

问题 3：仓储租赁和人员成本非常高。作为化妆品行业的分公司，必定要在主要的商业区租一个临街的铺面。如果拿临街的铺面去经营，可能划算，但是若拿来做仓库，则肯定不划算。分公司不管规模大小，都要雇人负责拣货、负责收款等，从而造成人员成本过高。

（1）解决方案——物流系统重构，建立直达配送体：实行商物分离，分公司只负责市场推广；全国设多个区域配送中心；产品从广州工厂经干线运输直接运至这几个配送中心；各配送中心负责所辖区域内经销商及专柜等的上门配送；与中国邮政等结成战略伙伴关系，由他们负责对产品实现门对门的送货到店、送货到铺。

（2）新物流系统的效果——企业销售额大幅上升，整体成本大幅下降。

① 经销商的满意度有了很大提高。对于经销商来说，方便省时，节约资金（省去了提货的费用），乐于经销和推广该公司的产品，从而使产品销售额大幅提升。

② 企业的运作成本得到了很大的降低。租金降低，营运人员减少，运输成本总体下降。虽然配送费用上升了，但干线消除了零担运输，变为整车运输，干线运费下降了。

③ 库存成本大量节约。对日化企业来说，库存是很头疼的一件事，一方面要满足市场的需求，另一方面又要考虑库存要多大才合适。产品更新换代很快，如果这个产品一两个月卖不掉，可能就变成存货损失，完全没有任何价值了。

（资料来源：根据百度文库资料改编）

思考：
（1）该公司是如何通过仓库布局优化为客户创造价值的？
（2）根据资料进一步优化该公司在全国的仓库布局。

任务 1　掌握出入库管理流程

【任务目标】

以学习小组为单位，设置你们的出入库管理部门，增加对出入库流程与不合格物品退货处理流程的理解，能够设计仓库进出库流程与绩效考核办法，培养团队合作精神和分工、协调能力。

【任务内容】

上海 A 商贸有限公司委托上海 B 物流有限公司储存一批商品，该批货物的详细情况见表 6-1。

表 6-1　货物明细表

品　名	规　格	单　位	数　量	包　装
纳爱斯牙膏	150g	支	1 000 支	100 支/箱
奥妙洗衣粉	2 000g	袋	300 袋	24 袋/箱
福临门色拉油	5L	桶	200 桶	10 桶/箱

请各学习小组完成以下任务：
（1）为该仓库设计入库验收流程、不合格物品退货流程与出库发货流程。
（2）通过计算，对托盘储存方案进行优选。
（3）为该仓库设计循环盘点流程，通过计算，寻求循环盘点间隔期。
（4）对仓储管理关键绩效指标构成进行分析，制作采购员关键绩效考核指标，并书面表达。

【组织方法】

(1) 以学习小组为单位,事先收集资料或实地调研,了解设置仓库管理的目标、入库验收流程及注意事项;在此基础上模拟仓库管理员管理岗位的工作流程,运用仓库循环盘点等相关知识制定最优盘点间隔期策略,并对管理员的日常管理工作进行分析。

(2) 小组讨论与研究,小组成员分别扮演仓库各岗位的不同角色,其中一位同学扮演负责人,负责设置过程的说明工作。

【考核评价】

考核项目	考核要求	分值	得分
仓库管理岗位分析材料	完成任务内容中仓库管理岗位设置,内容包括岗位名称、岗位目标、岗位职责及对仓库管理人员的要求等,要求方案采用书面形式呈现,内容全面、完整	40	
现场讨论最优循环盘点间隔期寻求方法	讨论并分配小组成员在任务内容中仓库部门里扮演的角色,制订最优循环盘点间隔期寻求方案,要求口头描述,内容全面、完整	20	
设置方案汇报	由小组负责人带领成员汇报寻求最优循环盘点间隔期的过程,要求表达清晰、完整、有效	20	
团队精神	通力合作,分工合理,相互补充	10	
	发言积极,乐于与组员分享成果,组员参与积极性高	10	

【知识库】

一、仓储出入库的动力源——物料清单

1. 产品由众多"单层结构"组成

任何一个产品都是由若干个"单层结构"组成的,由一个母件和从属于母件的一个或一个以上的子件组成。相对于设计图纸而言,母件指的是组装图上的装配件,子件是零件明细表中的众多零件。以图 6.1 的产品结构树为例,件 X 作为最上层的母件是一个出厂产品,它由 A、B、C、D 这 4 个子件组成。件 X 同 A、B、C、D 组成一个"单层结构",在企业 ERP 系统中称为"单层物料单"。在图 6.1 中,件 B 对于件 X 来讲是子件,但它对于件 E、F 来讲又是母件,并一起组成一个第二个层次的单层结构。同理,件 E 同件 G、H、I,件 D 同件 I 又组成位于不同层次的单层结构。任何一个产品都是这样由无数个"单层结构"组成的。母件同子件的关系是唯一的,如果品种或数量不同,将视为有不同代码的单层结构。母件同子件之间的连线是工艺路线,单层结构上每一项物料代表的是已完工并可以入库的物料,而不是正在工序之间未成形的在制品。

如果一家企业的无数产品由一定数量标准的"单层结构"配置而成,即用少量的标准"单层结构"组成性能多样的各种产品或产品系列,这就是常说的标

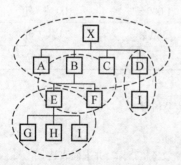

图 6.1 产品由多个"单层结构"组成

准化和系列化。ERP 系统可以通过"反查"物料清单功能，查询每一个物料（零件）是用在哪些"单层结构"上，每一个"单层结构"又是用在哪些产品上。如果有许多产品都"借用"相同组件，说明产品设计的通用性很好。ERP 系统还可以通过"物料分类"功能查询每一类别下所有物料的规格品种，通过分析确定标准化过程中优先选用的依据，对简化诸如各种原材料、紧固件等带有通用性物料的品种规格很有帮助。把这些功能同成组技术结合起来应用，正是产品研发部门的主要工作。

2. 模块化物料清单与定制物料清单

凡是要列入计划、控制库存、控制成本的物件都称为物料，包括所有的原材料、配套件、毛坯、半成品、联副产品、回收品、包装材料、说明书、合格证、成品、工艺装备等。

在编制物料清单之前，首先要定义企业所有物料的分类。建立各种分类码的基本要求是，说明物料的来源（自制、外购）、处理方式及同会计科目的关系。每一项物料必须有唯一的编码，并建立各自的物料文档。只有建立了物料文档的物料，才允许进入物料清单。按照"物料分类—物料码—物料文档—物料清单"的顺序依次编制，是一个非常规范的操作程序，前道程序没有完成，后道程序就不能进行。

模块型产品结构对许多制造行业来说都是非常普遍需要的概念和方法，是任何一个成熟的制造业 ERP 软件不可缺少的功能。对于制造企业仓储部及其外包第三方物流商来说，最终所有的物料单据将反映在仓储环境，无论是原材料还是成品，终将进入出入库流程。

二、仓库出入库管理流程

仓库在整个物流系统中扮演着极其重要的角色，与其他业务连在一起向客户提供能够达到的服务。仓库最明显的一个功能就是存储物品，但随着人们对仓库概念的深入理解，仓库也担负着处理破损、集成管理和信息服务的功能，其含义已经远远超出了单一的存储功能。

1. 入库管理

仓库作业过程的第一个步骤就是验货收货，物品入库，它是物品在整个物流供应链上的短暂停留，而准确的验货和及时的收货能够提高此环节的效率。一般来说，在仓库的具体作业过程中，入库主要包括以下几个具体步骤：

（1）核对入库凭证。根据物品运输部门开出的入库单核对收货仓库的名称、印章是否有误，商品的名称、代号、规格和数量等是否一致，有无更改的痕迹等，只有经过仔细核对后才能确定是否收货。

（2）入库验收。物品的验收包括对物品规格、数量、质量和包装方面的验收，对物品规格的验收主要是对物品品名、代号、花色等方面的验收；对物品数量的验收主要是对散装物品进行称量，对整件物品进行数目清点，对贵重物品进行仔细的查收等；对物品质量的验收主要有物品是否符合仓库质量管理的要求，产品的质量是否达到规定的标准等；对物品包装方面的验收主要有核对物品的包装是否完好无损，包装标志是否达到规定的要求等。

仓库按日填写入库验收报告单（表 6-2），进料验收工作流程如图 6.2 所示。

表 6-2　入库验收报告单

编号：　　　　　　　　　　　　　　　　　　　　　　　　　填写日期：　　年　月　日

入库名称		数量	
验收部门		验收人员	

续表

验收记录			验收结果	☐ 合 格 ☐ 不合格	
入库记录	入库单位		入库部门		
	主管经办		验收主管	验收专员	

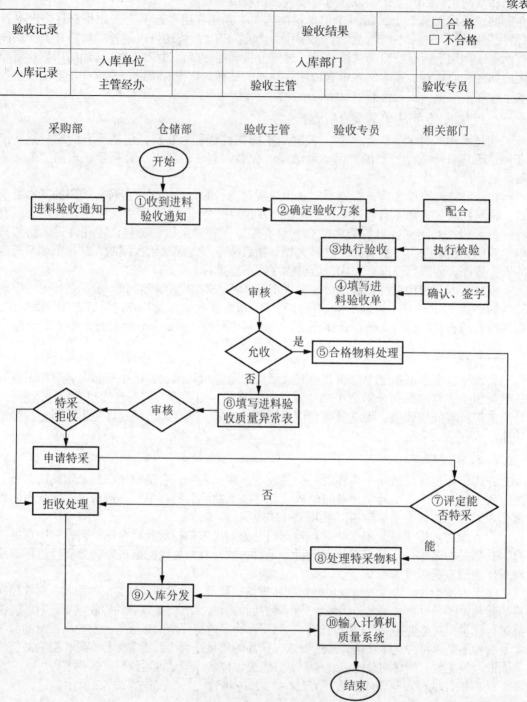

图 6.2　仓库进料验收流程

（3）记账登录。如果物品的验收准确无误，则应该在入库单上签字，确定收货，安排物品存放的库位和编号，并登记仓库保管账目；如果发现物品有问题，则应另行做好记录，交付有关部门处理。

在努力处理有关仓库管理的各项事务时，总需要及时而准确的仓库信息，如仓库利用水平、进出货频率、仓库的地理位置、仓库的运输情况、顾客需求状况及仓库人员的配置等，这对一个仓库管理能否取得成功至关重要。目前，在仓库的信息传递方面，越来越多地依赖计算机和互联网，如通过使用电子数据交换系统或条形码技术来提高仓库物品的信息传递速度和准确性，通过互联网及时地了解仓库的使用情况和物资的存储情况。

2. 在库管理

仓库主管的岗位职责如图6.3所示，其职责的很大一部分就是对物品进行在库管理。

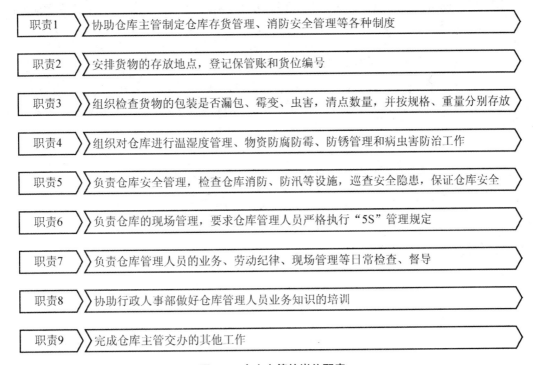

图6.3 仓库主管的岗位职责

仓库作业过程的第二个步骤是存货保管，物品进入仓库进行保管，需要经济、安全地保持好物品原有的质量水平和使用价值，防止因不合理的保管措施而引起的物品磨损和变质或流失等现象。

（1）堆码。由于仓库一般实行按区分类的库位管理制度，所以仓库管理员应当按照物品的存储特性和入库单上指定的货区和库位进行综合的考虑和堆码，做到既能够充分利用仓库的库位空间，又能够满足物品保管的要求。

物品堆码的原则：尽量利用库位空间，较多采取立体储存的方式；仓库通道与堆垛之间保持适当的宽度和距离，提高物品装卸的效率；根据物品不同的收发批量、包装外形、性质和盘点方法的要求，利用不同的堆码工具，采取不同的堆码形式，其中，危险品和非危险品、性质相互抵触的物品应该区分开来，不得混淆；不要轻易地改变物品存储的位置，大多应按照先进先出的原则；在库位不紧张的情况下，尽量避免物品堆码的覆盖和拥挤。

（2）养护。仓库管理员应当经常或定期对仓储物品进行检查和养护，对于易变质或存储环境比较特殊的物品，应当经常进行检查和养护。检查工作的主要目的是尽早发现潜在的问题，养护工作以预防为主。在仓库管理过程中，应采取适当的温度、湿度和防护措施，预防破损、腐烂或失窃等，保证存储物品的安全。

（3）盘点。对于仓库中贵重的和易变质的物品，盘点的次数越多越好；其余的物品应当定期进行盘点，如每年盘点一次或两次。盘点时应当做好记录，与仓库账目核对，如果出现问题，应当尽快查出原因，及时处理，可以使用"循环盘点"方式解决仓库盘点与进出口流程的交叉问题。

3. 应用"循环盘点法"优化仓库盘点流程

循环盘点法是将物资逐区、逐类、分批、分期、分库连续盘点，或者在某类物资达到最低存量时，即可进行盘点。这种方法可以将年度集中清查盘点的繁重工作有节奏地分散到平时进行，既不妨碍物资收发工作的正常进行，又能使仓库管理人员充分利用作业的间隙。

下面通过一个例子说明如何运用盘点精度来确定库存精度持续改进的方向。

【例】2020年10月26日，某仓库检查了125种产品，其中有25种即检查总数20%的产品有显著误差，表6-3描述了循环盘点的结果，通过分析确定其库存精度持续改进的基本方向。

表6-3 库存精度持续改进方向

日 期	检查产品	有显著误差的物品		误差分布区间				
		数 量	百分比	0～5%	6%～10%	11%～25%	26%～50%	超过50%
2020年10月26日	125	25	20%	19	2	2	1	1
2020年11月26日	130	19	15%	16	1	1	1	—
措　施				努力消除误差	努力减少误差			

从表6-3中可以看出10月26日进行的检查结果中，有25种物品存在误差，其中有19种物品的误差小于5%，2种为5%～10%，2种为10%～25%，1种为25%～50%，1种超过50%。

11月26日又进行了一次循环检查，这次检查了130种。其中19种（15%）有显著误差，比前一次低5个百分点，这表明精确度有一定程度的提高。通过两次检查结果的分析，可以看出对于误差为0～5%的物品应努力消除误差，而对其他误差则应努力减少，这就是努力改进的方向。

循环盘点法一般包括以下4个步骤：
（1）准备。列出待检查产品清单，找出存放位置（可能存放在几处）。
（2）检查选定的产品，记录每个位置的总数。
（3）整理各处数量。为便于仓库作业，一些快速移动的产品可放在几个位置上。
（4）如果有较大出入（与记录相比），应重新检查。

循环盘点结束后，仓管员需要填写盘点盈亏汇总表（表6-4）。

表 6-4 仓库盘点盈亏汇总表

品名	规格	账面资料		实盘资料		盘 盈		盘 亏		差异原因	对策
		数量	金额	数量	金额	数量	金额	数量	金额		
总经理		财务部经理			仓储部经理			制表人			

注:第一联是仓库依据此单登记卡片,第二联是财务账联。

注意:盘点周期的确定取决于人工的多少。有些企业安排专职仓管人员在生产间歇期对库存进行盘点;有些企业请其他企业盘点库存;有些企业有专职的盘点人员专门对仓库进行盘点,并处理库存记录与实际库存的差异。而来自循环盘点过程的报告必须能够确认绩效是随时间而改善的,并确认经常性误差的来源。

4. 出库管理

仓库作业管理的最后一个步骤是发货出库,仓库管理员根据提货清单,在保证物品原先的质量和价值的情况下,进行物品的搬运和简易包装,然后发货。

(1)核对出库凭证。仓库管理员根据提货单,核对无误后才能发货,除了保证出库物品的品名、规格和编号与提货单一致外,还必须在提货单上注明物品所处的货区和库位编号,以便能够轻松地找出所需的物品。

(2)配货出库。在提货单上,凡是涉及数量较多的物品,仓库管理员应该认真复核,交予提货人,凡是需要发运的物品,仓库管理员应当在物品的包装上做好标记,而且可以对出库物品进行简易的包装,在填写有关的出库单据、办理好出库手续之后,方可放行。

(3)记账清点。每次发货完毕之后,仓库管理员应该做好仓库发货的详细记录,并与仓库的盘点工作结合在一起,以便于以后的仓库管理工作。

最后,填写仓库出库工作考核表(表 6-5)。

表 6-5 仓库出库工作考核表

绩效考核人员名单			
被考核人员			
考核地点	考核时间		
考核项目	考核内容	分值	实际得分
出库前准备工作	选择好发货的货区、货位	10	
	安排好出库货物的堆放场地	10	
	认真检查出库货物	10	
	妥善安排人力和机械设备	10	
	准备好包装材料	10	

续表

出库作业	认真核对出库凭证	5	
	准备备货或理货	10	
	认真复核和正确登账	10	
	包装、置唛正确	10	
	交接手续清晰	5	
	异常情况处理恰当	10	
合计		100	

注：考核满分为100分，60～70分为及格，71～80分为中等，81～90分为良好，91分及以上为优秀。

传统的仓储作业管理常常把货品放在货品到达时最近的可用空间或不考虑商品动态变化的需求，以及变化了的客户需求模式，并沿袭多年习惯和经验来放置物品。传统型货品布局会造成流程速度慢、效率低及空间利用不足。然而，现代物流尤其是在供应链管理模式下的新目标是：用同样的劳动力或成本来做更多的工作；利用增值服务把仓库由资金密集转化成劳动力密集的行业；减少订单履行时间，提供更快捷、更周到的服务。

任务2　运用 ISO 9001 质量控制体系进行仓储安全管理

【任务目标】

以学习小组为单位，设置你们的质量管理部门，增加对仓储安全、质量控制策略与技巧的理解，能够设计制作 ISO 9001 相关流程图与表格，培养团队合作精神和分工、协调能力。

【任务内容】

假设你是 A 公司质量部主管，你们公司是华北地区具有较高声誉的大型航空货运代理企业之一，为跨国手机公司 B 公司提供在我国的第三方物流服务。

B 公司对 A 公司的物流服务质量提出了以下要求：

（1）提供24h的全天候准时服务。服务内容主要包括保证 B 公司中外业务人员、X 机场、Y 机场两个办事处及双方的负责人通信联络24h畅通；保证运输车国内24h运转；保证 X 机场与 Y 机场办事处24h提货、交货。

（2）服务速度快。B 公司对提货、操作、航班、派送都有明确的规定，时间以小时计算。

（3）服务的安全系数高。要求对运输的全过程负全责，要保证航空公司及派送代理处货物的各个环节都不出问题，一旦某个环节出了问题，将由服务商承担责任、赔偿损失，而且当过失达到一定程度时，将被取消做业务的资格。

（4）信息反馈快。要求 A 公司的计算机与 B 公司联网，做到对货物的随时跟踪、查询，掌握货物运输的全过程。

（5）服务项目多。根据 B 公司货物流转的需要，通过发挥 A 公司系统的网络综合服务优势，提供包括出口运输、进口运输、国内空运、国内陆运、国际快递、国际海运和国内提货的派送等全方位的物流服务。

请各学习小组完成以下任务：
（1）为 A 公司制订 ISO 9001 管理体系流程和岗位作业指导书方案，并设计相关流程图及相关表格。
（2）为 A 公司设计质量部事故处理制度。
（3）寻求 B 公司服务质量提升策略。
（4）对仓储部 ISO 9001 质量管理和仓储安全进行工作分析，并书面表达。

【组织方法】

（1）以学习小组为单位，事先收集资料或进行实地调研，了解企业质量部质量控制的目标、ISO 9001 管理流程的分类及岗位作业指导书注意事项；在此基础上模拟质量部门内审员岗位的工作流程，运用 ISO 9001 的相关知识制定质量管理和仓储安全控制策略，并对质量管理人员的日常工作进行分析。

（2）小组讨论与研究，小组成员分别扮演质量管理各岗位的不同角色，其中一位同学扮演负责人，负责设置过程的说明工作。

【考核评价】

考核项目	考核要求	分值	得分
质量部 ISO 9001 管理岗位分析材料	完成案例中质量部门 ISO 9001 管理岗位设置，内容包括岗位名称、目标、岗位职责及对质量管理人员和 ISO 9001 体系内审员的要求等，要求方案采用书面形式呈现，内容全面、完整	40	
现场讨论 ISO 9001 质量体系内审和仓储安全事故处理方法	讨论并分配小组成员在案例中质量部门里扮演的角色，制订 ISO 9001 程序管理流程和仓储事故处理方案，要求口头描述，内容全面、完整	20	
设置方案汇报	由小组负责人带领成员汇报寻求 ISO 9001 质量管理流程和仓储事故处理预案的过程，要求表达清晰、完整、有效	20	
团队精神	通力合作，分工合理，相互补充	10	
	发言积极，乐于与组员分享成果，组员参与积极性高	10	

【知识库】

一、ISO 9000 质量管理体系的发展

ISO 9000 族标准是 ISO 提出的概念，是指"由 ISO/TC 176（国际标准化组织质量管理和质量保证技术委员会）制定的所有国际标准"。该标准族可帮助组织实施并有效运行质量管理体系，是质量管理体系通用的要求或指南。它不受具体的行业或经济部门的限制，可广泛适用于各种类型和规模的组织，在国内外贸易中促进相互理解和信任。

20 世纪以前，产品质量取决于操作者的经验、技术水平，检验由工人自己完成；20 世纪初，质量管理科学家泰勒首创用计划、标准化、统一管理 3 项原则，提出检验与生产分工，建立终端检验制度。

第二次世界大战时，美国军需物资出现大量质量问题，终端检验制度已无法保证质量，美政府采取 3 项强制措施加强质量管理：强制对方公司的质量管理人员开办"质量控

制方法学习班"；强制实施3项标准及其细则；规定所有订货合同中都要有质量管理要求条款。第二次世界大战后，民用工业也相继采用了这3项标准，以适应国际性的"统计质量管理阶段"，把最终端变为控制工序，把全数检验改为随机抽样检验，用控制图"对工序进行监控"，杜绝大量不合格品的产生。

后来，费根鲍姆出版了《全面质量管理》一书，提出了全面质量管理的新观念，在世界各地引起了很大反响。全面质量管理的主要思想是对产品的制造过程的质量控制往前延伸至设计、市场研究阶段，往后延伸至售后服务，始于市场，终于市场。其特征是"四全""一科学"，即全过程的质量管理、全企业的管理、全指标的质量管理、全员的质量管理，以及以数理统计方法为中心的一套科学管理方法。

二、实施ISO 9000质量管理体系的目的与意义

1. 为了适应国际化大趋势需要

推行ISO 9000系列标准的国际化大趋势已经形成，世界各国已普遍推行ISO 9000系列标准，很多国家把ISO 9000系列标准转变为自己的国家标准，也有很多国家建立了质量管理体系认证制度，越来越多的企业开始依据ISO 9000系列标准向组织提出认证要求。

我国把推行ISO 9000系列标准作为开展质量管理工作的重点，越来越多的企业开始组织实施ISO 9000系列标准，目的是适应推行ISO 9000系列标准的国际化大趋势，提高我国的质量管理水平，以及提高我国产品的质量水平和市场竞争力。

2. 迎接国际市场挑战的需要

关税壁垒打破后，我国的产品直接面临国际市场的竞争，而质量将会成为竞争的主要手段，这也是消除技术壁垒、排除贸易障碍、实现与国际接轨、以利竞争的需要。

（1）推行ISO 9000系列标准是在质量管理和质量保证方面实现与国际接轨的有效途径。

（2）推行ISO 9000系列标准可消除国际贸易中因质量管理要求不统一而造成的障碍。

（3）为国际经济技术合作提供了国际通用的语言和准则。

（4）取得ISO 9000系列标准认证，已成为参与国内和国际贸易、增强竞争能力的有力武器。

3. 提高企业管理水平的需要

物流企业通过建立深入细致的质量体系文件系统，来明确保证质量的活动，以确定对各项质量活动的控制原则和控制方法；认真执行文件，使质量体系有效运行；通过开展内部质量审核发现问题，采取纠正和预防措施，不断改进、提高管理水平和产品质量；通过外部质量审核和监督审核促进企业维护和改进质量体系，通过不间断地采取纠正和预防措施，使各方面的工作不断改进。

三、ISO 9001质量管理体系的原理

（1）以顾客为关注焦点。组织依存于顾客，应当理解顾客当前和未来的需求，满足顾客要求并争取超越顾客期望。

（2）领导作用。领导者确立组织统一的宗旨及方向，应当创造并保持使员工能充分参与实现组织目标的内部环境。

（3）全员参与。各级人员都是组织之本，只有他们充分参与，才能使他们的才干为组织带来收益。

（4）过程方法。将活动和相关的资源作为过程进行管理，可以更高效地得到期望的结果。

（5）管理的系统方法。将相互关联的过程作为系统加以识别、理解和管理，有助于组织提高实现目标的有效性和效率。

（6）持续改进。持续改进总体业绩应当是组织的一个永恒目标。

（7）基于事实的决策方法。有效决策是建立在数据和信息分析基础上的。

（8）与供方互利的关系。组织与供方是相互依存的，互利的关系可增加双方创造价值的能力。

图6.4所反映的以过程为基础的质量管理体系模式，展示了前面所提出的过程联系。这种展示反映了在规定输入要求时，顾客起着重要的作用。

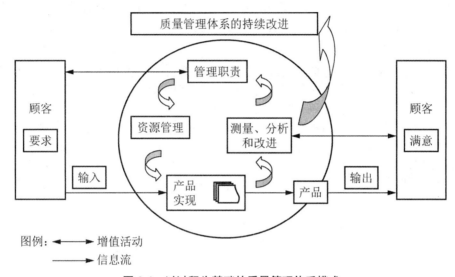

图6.4　以过程为基础的质量管理体系模式

仓库主管应采用适宜的方法对质量管理体系过程进行监督。这些方法应证实过程实现所策划的结果的能力，当未能达到所策划的结果时，应采取适当的纠正措施，以确保产品的质量。同时，仓管员应确保不符合产品要求的产品得到识别和控制，以防止其非预期的使用或交付。不合格品控制及不合格品处置的有关职责和权限应在形成文件的程序中做出规定。

仓库应通过下列一种或几种途径来处置不合格品：
（1）采取措施，消除已发现的不合格品。
（2）经有关授权人员批准，并与顾客协商，让步使用、放行或接收不合格品。
（3）采取措施，防止其原预期的使用或应用。

应保持不合格的性质及随后所采取的任何措施的记录，包括所批准的让步的记录，在不合格品得到纠正之后应对其再次进行验证，以证实符合要求。当在交付或开始使用后发现产品不合格时，应采取与不合格的影响或潜在影响的程度相适应的措施。

四、仓库作业安全管理与质量控制

仓库的安全作业直接关系员工生命和企业的生产安全，也关系企业仓库劳动生产率能否提高，但劳动生产率的提高必须建立在仓库安全作业的基础上。因此，仓库的安全作业应该从以下几个方面进行要求：

（1）人力作业仅限于轻负荷的作业，仓库尽可能采用人力机械作业。
（2）作业人员按要求穿戴相应的安全防护用具，使用合适的作业工具进行作业，采用安全的作业方法，不采用自然滑动和滚动、推倒垛、挖角、挖井、超高等不安全的作业方法，以及在滚动货物的侧面作业。

（3）必须有专人在现场指挥和安全指导，严格按照安全规范进行作业指挥。

仓库机械作业安全需要注意以下要点：

（1）使用合适的机械设备进行作业。

（2）所使用的设备应无损坏，危险品作业时还需降低负荷作业。

（3）设备作业要有专人进行指挥。

（4）汽车装卸时，注意保持安全间距。

（5）移动吊车必须在停放稳定后方可作业，叉车不得直接叉运压力容器和未包装货物，移动设备在载货时需控制行驶速度，不可高速行驶。

1. 仓储质量管理

具体来说，仓储的质量包括严格遵守合同约定的责任、仓储物的妥善保管、防范仓储风险、对客户要求的及时反应、与客户的友好合作、细致周到地提供服务、满足客户的质量要求等，从而实现及时准确和友好的质量标准。

仓储质量管理就是为了提高仓储产品的质量特征所开展的计划、控制、组织和协调，具体包括：制定产品的质量标准，以及达到质量标准的具体方案，组织力量实施质量的保证方案；在实际操作过程中严格开展控制和监督、约束，在实施过程中做好人员和人员、部门和部门、企业内外的协调和信息沟通；质量标准在实施过程中的协调和优化；等等。

2. 仓储质量的特征与内容

仓储质量是仓储经营、作业、保管和服务的一系列活动的良好状态的反映，具体来说，质量特征有以下几个方面内容：

（1）储存多。充分利用货场、仓库，增加仓库的有效利用面积，充分提高场地的使用率，尽可能利用立体空间，减少场地空置，使仓库能容纳更多货物。

（2）进出快。进出快有两个方面的意思：一是指货物出入库的操作速度快，作业效率高、时间短，运输工具停留时间少，货物出入库畅顺无阻；二是指货物流动更新速度快，缩短货物滞库时间，提高货物流通速度。

（3）服务优。服务质量是仓储的生命，是客户接受仓储服务的前提条件，也是其他质量特征在客户面前的综合体现。服务水平是一项软指标，而服务具有相对性，不同的消费者有着不同的服务要求。要保证仓储的服务水平，必须建立服务标准，以便所有员工都按章遵守。对外需用协议明确服务内容，对外协议化是为了保证客户明确所能享受到的服务水平，让客户知道物有所值，更重要的是针对消费者对服务的需求，通过协议给予明确的限度，防止发生服务纠纷。

（4）省费用。通过节省开支、充分利用生产要素、消除无效作业、开展规模化经营，使仓储成本降低，从而使客户支付的费用下降。

（5）风险低。仓储风险包含两个方面：一是由仓储保管人应承担的风险，如仓储物损害的赔偿；二是存货委托人承担的风险，如不可抗力造成的仓储物损害。仓储风险质量以消除保管风险为目标，尽力减少委托人承担的风险。

（6）保管好。仓库具有适合货物保管的条件，采用的保管方案和管理模式应是科学合理的、有针对性的。员工在进行作业时应本着认真负责的态度，做到货物堆垛稳固，摆放整齐，查询方便，保证卡、账、证一致，货物能以良好的状态出库。

（7）耗损少。仓库做到不发生整体货物残损、变质等各类保管、作业事故；将货物自然损失控制在最低程度；降低意外事故及一些不可避免的事情所造成的损失，使整体货损货差率达到最低；散落货物能及时良好回收，受损货物能及时得到维护。

3. "5S"管理

"5S"管理是指在生产现场对人员、机器、材料、方法等生产要素进行有效的管理，这是一套独特的管理方法。"5S"早先的宣传口号是"安全始于整理，终于整理整顿"，当时只推行了"2S"，其目的只是确保作业空间充足和安全；后因生产和品质的需要，逐渐又产生了"3S"，即清扫（Seiso）、清洁（Seiketsu）、素养（Shitsuke）；直到关于"5S"的著作逐渐问世，对整个现场管理模式起到了一定的冲击作用，从而掀起了一场"5S"狂潮。

第二次世界大战后，"5S"又在企业的推动下发挥了巨大的作用，逐渐被各国的管理界所认识。随着世界经济的发展，"5S"管理已经成为工厂管理的潮流。根据业务发展的需要，有些公司在原有的基础上又增加了节约（Save）和安全（Safety）2个因素，形成"7S"等，但不管怎样都是在"5S"的基础上发展起来的。

"5S"的定义如下：

（1）整理（Seiri）。将需要与不需要物品区别开，撤除不需要的物品，保证工作场所只放置需要的物品。

（2）整顿（Seiton）。把需要的物品加以定位放置，并保持在需要时能立即取出的状态。

（3）清扫。将不要的东西加以清除、丢弃，以保持工作场所无垃圾、无污秽的状态。

（4）清洁。维持工作场所整洁美观，使员工觉得干净、卫生而产生工作动力。

（5）素养。通过遵循上述"4S"，养成遵守纪律、规则的好习惯。

"5S"之间的关系可以用图6.5来表示。

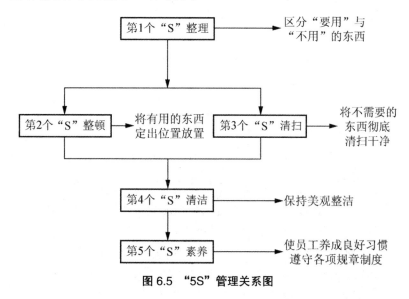

图6.5 "5S"管理关系图

4. 仓库安全性评价方法与流程

仓库安全性评价有很多方法，其中最基础、最简便、最广泛使用的是安全检查表法。目前，常用的安全检查表有定性安全检查表、半定量检查表和否决型检查表3种类型。

（1）定性安全检查表列出检查要点逐项检查，检查结果以"是""否"表示，检查结果不能量化。

（2）半定量检查表给每个检查要点赋以分值，检查结果以总分表示，不同的检查对象可以相互比较，但缺点是检查要点的准确赋值比较困难。

（3）否决型检查表给一些特别重要的检查要点做出标记，这些检查要点如不满足，则检查结果被视为不合格，这样可以做到要点突出。

案例阅读

下面列举一个仓库安全检查表的例子，见表6-6。

表6-6 仓库安全检查表

序号	项目	内容	合格	不合格
1	围墙	砌筑封闭围墙，市区主要路段围墙高2.5m，一般路段不低于1.8m		
2	库区	（1）库区内要有醒目的禁止烟火标志及消防安全警示标语		
		（2）设报警装置及警铃		
		（3）库区与生活区分开，库区禁止火种和明火作业		
		（4）按照消防技术规范，配备消防设施和器材：每120m^2设三四台灭火器；大型仓库及重点区域须设置消防栓、消防水带、枪头、扳手、消防桶、黄沙等器材；消防装备应完好有效，取用方便，并定期检查养护，不圈占、埋压、挪用		
3	仓库	（1）库房仓间标明库号，货区挂储存商品的类别标志		
		（2）库内不准设办公室、休息室，不准违章搭建货棚		
		（3）面积达5 000m^2的大型仓库须设消防水池，配备电动消防水泵及水管		
		（4）面积达5 000m^2的仓库须设消防室，配备推车式灭火器、消防梯、消防斧、钩、桶等器具		
		（5）库房内禁止使用移动照明灯具、碘钨灯、60W以上的白炽灯及各种电气设备；库区使用防潮灯，但每个库房外要有独立的开关箱；所有铺设的配电线路应穿管保护		
4	商品储存	（1）库存商品应当按照商品大类和商品性能，进行分库、分类、分垛储存		
		（2）每垛占地面积不宜大于100m^2，留足"五距"：垛与垛间距不少于1m；垛与灯距不少于0.5m；垛与墙距不少于0.5m；垛与梁的间距不少于0.3m；主要通道的宽度不少于2m		
		（3）堆垛上下垂直，左右成行，无倒置，垛层标明：底×层=总数		
		（4）危险品（如樟脑丸、火柴、发胶、丁烷气体等）要分别单独存放，并要防高温，防日光照射，通风散热要好		
		（5）火柴入库应分散储存，垛与垛之间必须保持1.8m的距离，垛与仓壁需保持0.5m的距离，高度不超过10件，每垛不超过500件		

仓库安全性评价是仓库安全管理的重要环节,包括定期仓库安全评价和安全管理评价。但是,做好仓库安全管理考评工作必须注意:考评要公正、公开;以目标成果为考评依据;考评标准简化、优化;实行逐级考评。仓库安全性评价的具体流程如图6.6所示。

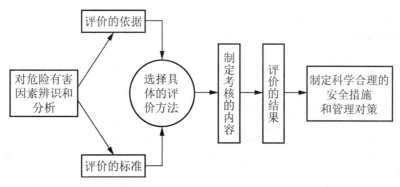

图6.6　仓库安全性评价的具体流程

仓库安全性评价是运用科学的评价方法,分析、预测在储存过程中的危险有害因素种类和危险危害程度,并在此基础上提出科学、合理和可行的安全技术措施和管理对策,使储存过程中因事故或危害引起的损失减至最小。

5. 仓储安全质量指标

质量指标是用于反映质量现状的数据,用于判定质量水平的标准,是制定质量改进措施的依据。

(1)库存量。库存量是指在统计期内平均存货数量,反映了仓库平均库存水平和库容利用程度,反映了仓库有效利用的情况。

$$月平均库存量 = (月初库存量 + 月末库存量)/2$$
$$年平均库存量 = 各月平均库存量之和/12$$

(2)平均验收时间。平均验收时间表示仓库对入库的货物验收所花费的时间(天/批)。

$$平均验收时间 = 期内各批验收天数之和/同期验收批次数$$

(3)收发正确率。收发正确率表示仓库在某一段时间正确收发货物的程度,反之则表示收发误差程度。

$$物资收发正确率 = [(期内吞入量 - 发生收发差错的货物总量)/同期吞吐量] \times 100\%$$

(4)完好率。完好率表示在统计期内货物发生丢失、损坏、变质等质量事故的整体程度。

$$完好率 = [(期内平均库存量 - 期内丢失、损坏、变质的物品总量)$$
$$/同期平均库存量] \times 100\%$$

综上所述,安全对于仓库来讲具有十分重要的意义。仓库是商品的重要聚集地,也是储藏和保管商品的场所,其价值和使用价值均很高,一旦发生火灾或爆炸等严重的灾害,不仅仓库的一切设施将被毁坏,而且顾客存放在仓库中的商品也要变成一堆废品,其损失远远超过一般的厂房火灾。因此,仓库安全工作应该放在一切管理工作的首位。

任务3 掌握仓储合同管理与仓单质押业务

【任务目标】

以学习小组为单位,设置你们的仓储合同管理部门,增加对仓储合同签订流程的理解,能够拟订仓储合同与仓单质押业务流程,培养团队合作精神和分工、协调能力。

【任务内容】

某汽车装配厂从国外进口一批汽车零件,准备在国内组装、销售,并于 2020 年 3 月 5 日与某仓储公司签订了一份仓储合同。合同约定,仓储公司提供仓库用以保管汽车配件,期限共为 10 个月,从 2020 年 4 月 15 日起到 2021 年 2 月 15 日止,仓储费为 5 万元。双方对储存物品的数量、种类、验收方式、入库及出库的时间和具体方式、手续等均有约定,还约定任何一方如有违约行为就要承担违约责任,违约金为总金额的 20%。

合同签订后,仓储公司开始为履行合同做准备,清理了合同约定的仓库,且拒绝了其他人的仓储要求。2020 年 3 月 27 日,仓储公司通知汽车装配厂已经清理好仓库,可以开始送货入库,但汽车装配厂表示已经找到更便宜的仓库,如果仓储公司能降低仓储费的话,就送货仓库。即使仓储公司不同意,汽车装配厂还是明确表示不需要对方的仓库。4 月 2 日,仓储公司再次要求汽车装配厂履行合同,汽车装配厂再次拒绝。4 月 5 日,仓储公司向法院起诉,要求汽车装配厂承担违约责任,支付违约金,并支付仓储费用。

汽车装配厂答辩合同未履行,因而不存在违约问题。

请各学习小组完成以下任务:

(1) 该仓储合同是否生效?仓储公司的要求是否合理?为什么?

(2) 如果你是法官,会做怎样的判决?并说明理由。

(3) 对仓储合同的构成要素进行分析,拟订一份仓储合同,并书面表达。

【组织方法】

(1) 以学习小组为单位,事先收集资料或进行实地调研,了解仓储部合同管理的目标、仓单质押的流程及注意事项;在此基础上模拟仓储部合同管理岗位的工作流程,运用相关知识制定仓储合同管理优化策略,并对仓储部的合同管理工作进行分析。

(2) 小组讨论与研究,小组成员分别扮演合同管理各岗位的不同角色,其中一位同学扮演负责人,负责设置过程的说明工作。

【考核评价】

考核项目	考核要求	分值	得分
仓储部合同管理岗位分析材料	完成任务内容中仓储部门合同管理岗位设置,内容包括岗位名称、岗位目标、岗位职责及对合同管理人员的要求等,要求方案采用书面形式呈现,内容全面、完整	40	
现场确定仓单质押业务流程和合同风险分析及防范方法	讨论并分配小组成员在任务内容中仓储部门里扮演的角色,制订仓单质押业务流程和合同风险分析及防范方案,要求口头描述,内容全面、完整	20	

续表

考核项目	考核要求	分值	得分
设置方案并进行汇报	由小组负责人带领成员汇报寻求仓单质押业务流程和合同风险分析及防范方法的过程，要求表达清晰、完整、有效	20	
团队精神	通力合作，分工合理，相互补充	10	
	发言积极，乐于与组员分享成果，组员参与积极性高	10	

【知识库】

一、仓储合同的法律风险与防范措施

1. 仓储合同的概念

仓储合同也称仓储保管合同。《中华人民共和国民法典》（简称《民法典》）第三编第二分编第二十二章第九百零四条规定："仓储合同是保管人储存存货人交付的仓储物，存货人支付仓储费的合同。"就仓储合同的性质而言，它仍然是保管合同的一种，但又具有与一般保管合同相区别的显著特征。

（1）仓储保管人必须是拥有仓储设备并具有从事仓储业务资格的人。仓储是一种商业行为，有无仓储设备是仓储保管人是否具备营业资格的重要标志；仓储设备是保管人从事仓储经营业务必备的基本物质条件。从事仓储业务资格是指仓储保管人必须取得专门从事或者兼营仓储业务的营业许可。

（2）仓储保管的对象是动产，不动产不能成为仓储合同的标的物。与一般保管合同的标的物必须是特定物或特定化了的种类物不同的是，作为仓储物的动产不限于特定物，也可以是种类物，若为特定物，则储存期限届满或依存货人的请求返还仓储物时须采取原物返还的方式；若为种类物，则只需返还该种类的相同品质、相同数量的替代物。

（3）仓储合同为诺成性合同。这一点显著区别于实践性的保管性合同，即合同从成立时即生效，而不是仓储物交付才生效，这一点在《民法典》上明确定义，具有重要的实践意义。在仓储合同中，保管人是具有专业性和营利性的从事仓储营业服务的民事主体，合同一旦成立，在仓储物交付之前其必然要耗费一定的人力、物力、财力来为履行合同做必要准备，若存货人此时反悔不交付货物，必然给对方带来损失；若仓储合同作为实践性合同，则合同从仓储物交付之日才成立，从订立合同到交付之间的这种损失只能依缔约过失责任而不是违约责任请求赔偿。作为诺成性合同则不一样，只要双方达成一致协议、合同成立，合同就立即生效，双方当事人必须受合同效力的约束，若发生损失就可依违约损失获得赔偿。显然，法律的用意在于强调仓储合同的严肃性、稳定性，任何一方在仓储行为中都要做出慎重的、负责的意思表示，不可随意为之。

（4）存货人的货物交付或返还请求权以仓单为凭证。仓单具有仓储物所有权凭证的作用，作为法定的提取或存入仓储物的书面凭证，它是每一份仓储合同中必备的，也是仓储合同中最为重要的法律文件之一。

2. 仓储合同中的几种特殊权利

仓储合同当事人根据合同约定各自具有特定的权利和义务，但在这些权利和义务中有两项特殊权利值得注意。

（1）存货人对仓储物的检查权。根据《民法典》有关规定，保管人在仓储物的占有期间，仓储物的所有权仍然属于存货人。存货人为了防止货物在储存期间变质或有其他损坏，有权随时检查仓储物或者提取样品，但检查仓储物或提取样品的行为，不得妨碍保管人的正常工作。如果保管人无正当理由拒绝存货人检查仓储物并提取样品，仓储物发生变质或有其他损害的，保管人应当承担赔偿责任。

（2）保管人对仓储物的提存权。《民法典》第九百一十六条规定："储存期限届满，存货人或者仓单持有人不提取仓储物的，保管人可以催告其在合理期限内提取；逾期不提取的，保管人可以提存仓储物。"所谓提存，是指债权人无正当理由拒绝接受履行或其下落不明，或数人就同一债权主张权利，债权人一时无法确定，致使债务人难于履行债务，经公证机关证明或法院的裁决，债务人可将履行的标的物提交有关部门保存。一经提存，即认为债务人已经履行了其义务，债权债务关系即行终止。债权人享有向提存物的保管机关要求提取标的物及其孳息的请求权，但须承担提存期间标的物损毁灭失的风险并支付因提存所需要的保管或拍卖等费用，且提取请求权自提存之日起 5 年内不行使而消灭。

一般来说，对于提存程序，首先，应由保管人向提存机关呈交提存申请书。在提存申请书上，应当载明提存的理由，标的物的名称、种类、数量及存货人或提单所有人的姓名、住所等项内容。其次，仓管人应提交仓单副联、仓储合同副本等文件，以此证明保管人与存货人或提单持有人的债权债务关系。最后，保管人还应当提供证据证明自己催告存货人或仓单持有人提货而对方没有提货，致该批货物无法交付其所有人。

这两项权利是法律根据仓储合同的独有特点赋予仓储当事人双方的独特权利，双方当事人应充分合理地行使这些权利，从而在最大限度内保护自己的利益。

3. 仓储合同风险分析

在仓储合同中有仓库营业人（仓管方）与存货方两方当事人。就实质而言，仓储合同属于保管合同中的一种，由于仓库营业的性质，仓储合同具有不同于一般保管合同的性质，但也承担不小的法律风险。

（1）存货人在货物品名、种类、数量、质量等方面弄虚作假。依据保管货物的不同保管难度，仓库营业人有着不同的收费标准。存货人常常出于想少交保管费或其他方面的动机，在货物的品名和种类上弄虚作假。在大多数情况下，存货人为了降低仓储费用，故意将危险物品作为普通物品，将特别货物当作一般货物，将贵重物品作为普通物品。存储易燃、易爆、有毒等危险物品或易腐物品，必须在合同中注明，并提供必要的资料，否则造成的货物毁损或人身伤亡应由存货方承担赔偿责任直至刑事责任。将危险物品交给仓库营业人入库的，构成对仓库营业人的欺诈。双方由此签订的仓储合同无效，同时，仓库营业人所受损失也应由存货人负责赔偿，甚至将追究存货人的刑事责任。

也有相反的情况，存货人为了获得不法利益，有意将普通货物填写为贵重物品，意在合同期限届满后，再诬陷仓库营业人偷换了他的货物，而主张索赔。司法实践中确实存在这种欺诈行为，最后法院也难以判明谁是谁非，只能根据有关证据来确定，其中最有力的证据就是仓储合同。如果仓库营业人员签订合同时不谨慎，则极可能陷于错误认识而受骗。

（2）存货人对将交付储存的货物的保管要求和保管条件提供虚假的信息。对于易燃、易爆、有毒等危险物品或易腐物品以外的物品，存货人有意或无意地提供一些保管条件或保管要求，从而引起保管人轻信，而遵照这些保管要求和保管条件对货物进行保管，以致货物毁损、短少、污染、变质、灭失等后果。如果存货人出于恶意，故意陈述不当的保管条件和保管要求，就会误导仓库营业人。此时责任该由谁承担，法律上并无明确规定，由于证据难以寻找，很多情况下都由仓储公司负责。

（3）存货人欺诈保管费用。保管费用的收取是仓库营业人得以正常开展仓储保管业务的物质保证。实践中，有的存货人可能会采取多种手段对仓库营业人进行欺诈，如诡称将账记在其他单位身上；有的存货人在与仓库营业人签订仓储合同时，在货物的质量上弄虚作假，或以次品充当正品，或其交付储存的货物已经过了有效期或者即将到达有效期，或其交付储存的货物即将或已经变质，却当作质量合格的物品。

（4）存货人转让合同的风险。有的存货人与仓库营业人签订了仓储合同，然后转与其他急需仓库使用的第三人，以赚取差额利润。按照有关法规，合同权利和义务一般只能存在于订立合同的双方之间，如果一方将合同权利和义务转让第三人，必须征得另一方当事人的同意。擅自转让合同的行为是无效的，存货人出于牟利的目的，对仓库营业人构成了欺诈。

（5）仓储企业不按合同或物业惯例进行保管，给存货人造成损失。对于易燃、易爆、易渗漏、有毒等危险物品或者易腐、超限等特殊货物，有着特别的保管要求。在实践中，仓库营业人出于经济目的，心存侥幸心理，而伪称其具备这种保管能力，与存货人签订合同，最后发生了货物损失或人身伤亡等事故。有的仓库营业人在接受存货人的货物后，甚至未经存货人的同意，就擅自使用保管物。按法律规定，这种行为属于违约的行为，应对存货人的损失予以赔偿。

（6）仓储企业滥用免责条款。免责条款是指当事人以协议排除或者限制其未来责任的合同条款，它是当事人双方协商同意的合同的组成部分，具有约定性。这与法律规定的不可抗力致使合同不能履行时免责不同。仓储合同中的仓库营业人可能利用其对该行业的垄断地位，强加给对方不平等的条件，特别是在合同中强加不合理的免责条款。存货人或者因为无能力与之争执，或者是因为误以为该免责条款是国家规定的或该行业的行业规定，而无奈地接受，一旦发生事故，往往只能自认倒霉。

（7）存货人不履行提货及交款义务而造成"死库"。目前，仓储企业不同程度地存在货物"死库"现象。由于委托方音信全无、企业倒闭、涉嫌骗汇等原因，各仓储企业内超出2年以上的货物积压，有的甚至仓储期限已近10年之久。积压货物占用了大量仓库面积，货物均已明显锈蚀、腐败、变质，既影响其他正常货物的仓储，又极易产生环境污染问题，企业既无法收回仓储费，又无法处理。

4. 仓储合同的纠纷预防

仓储保管业务是当代社会经济快速发展的需要，企业要充分发挥这种法律形式的作用，只有不断地健全其合同、积极预防仓储合同风险，才能提高自身合同行为的质量。

（1）注意仓储合同与保管合同的区别。如前所述，仓储合同有其法定的特点，所以在签订履行时要注意自己权利和义务的内容、起始时间，这决定了承担责任的内容和开始时间，如合同生效时间不同，前者为成立时生效，后者为交付时生效，前者均为有偿，而后者有偿与否则由当事人自行约定。

（2）认真审查仓储保管人的资格。仓储合同对保管人的资格严格限制，存货人在签订合同之前应对仓储营业人的资格和保管能力有所了解，防止无资历的营业人签订合同以骗取保管费。

（3）特别注意货物品名、种类与数量。不同的货物有着不同的保管条件和保管要求，针对不同的保管难度，仓储营业人有着不同的收费标准，存货人往往因想少交保管费而在品名、数量、质量等项目中填写模糊或与实际情况不符，这就为日后发生纠纷埋下祸端，因此存货人在填写时一定要注意准确清楚,不要产生歧义。

(4)充分行使检查仓储物或提取样品的权利。法律赋予了货物所有人随时检查或提取样品的权利,有的仓储合同期限较长,仓储物在仓储过程中可能发生某些变化,若等到提取时才发现问题不仅不能避免损失,还会发生损失承担的争议,所以行使该权利无疑为避免纠纷打下良好基础。

(5)存货人应防止仓储营业人在合同中滥用免责条款。免责条款是指当事人以协议排除或者限制其未来责任的合同条款。这与法律规定的不可抗力致使合同不能履行的免责不同。根据法律规定的法定免责事由只能是不可抗力、自然原因和货物本身的性质引起的货损,当事人也可以对免责条款进行协商达成协议。由于仓储合同往往采用格式合同的形式,免责条款的问题应尤加注意,存货人要仔细阅读合同中的免责条款事项,如果发现对方利用其优势地位未经对方同意加入了超出法定范围的免责事由,应及时表示异议,要求予以修改或拒绝签订合同,以防步入免责陷阱对自己的利益造成损害。

案例阅读

仓储保管合同范本

存货方:　　　　　合同编号:
保管方:　　　　　签订时间:　　　年　月　日
签订地点:
根据《民法典》的有关规定,存货方和保管方根据委托储存计划和仓储容量,经双方协商一致,签订本合同。
第一条　储存货物的品名、品种、规格、数量、质量、包装
1.货物品名:
2.品种规格:
3.数量:
4.质量:
5.货物包装:
第二条　货物验收的内容、标准、方法、时间、资料
第三条　货物保管条件和保管要求
第四条　货物入库、出库手续、时间、地点、运输方式
第五条　货物的损耗标准和损耗处理
第六条　计费项目、标准和结算方式
第七条　违约责任
1.保管方的责任
(1)在货物保管期间,未按合同规定的储存条件和保管要求保管货物,造成货物灭失、短少、变质、污染、损坏的,应承担赔偿责任。
(2)对于危险物品或易腐物品等未按国家和合同规定的要求操作、储存,造成毁损的,应承担赔偿责任。
(3)由于保管方的责任,造成退仓或不能入库时,应按合同规定赔偿存货方运费和支付违约金＿＿＿元。
(4)由保管方负责发运的货物,不能按期发货,应赔偿存货方逾期交货的损失;错发到货地点,除按合同规定无偿运到规定的到货地点外,还应赔偿存货方因此而造成的实际损失。
(5)其他约定责任。
2.存货方的责任
(1)由于存货方的责任造成退仓不能入库时,存货方应偿付相当于相应保管费＿＿＿%(或＿＿＿%)的违约金。超议定储存量储存的,存货方除交纳保管费外,还应向保管方偿付违约金＿＿＿元,或按双方协议办。

（2）易燃、易爆、易渗漏、有毒等危险货物及易腐、超限等特殊货物，必须在合同中注明，并向保管方提供必要的保管运输技术资料，否则造成的货物毁损、仓库毁损或人身伤亡，由存货方承担赔偿责任直至刑事责任。

（3）货物临近失效期或有异状的，在保管方通知后不及时处理，造成的损失由存货方承担。

（4）未按国家或合同规定的标准和要求对储存货物进行必要的包装，造成货物损坏、变质的，由存货方负责。

（5）存货方已通知出库或合同期已到，由于存货方（含用户）的原因致使货物不能如期出库，存货方除按合同的规定交付保管费外，并应偿付违约金____元。

由于出库凭证或调拨凭证上的差错所造成的损失，由存货方负责。

（6）按合同规定由保管方代运的货物，存货方未按合同规定及时提供包装材料或未按规定期限变更货物的运输方式、到站、接货人，应承担延期的责任和增加的有关费用。

（7）其他约定责任。

第八条　保管期限

从____年__月__日至____年__月__日止。

第九条　变更和解除合同的期限

由于不可抗力事故，致使直接影响合同的履行或者不能按约定的条件履行时，遇有不可抗力事故的一方，应立即将事故情况电报通知对方，并应在____天内，提供事故详情及合同不能履行或者部分不能履行或者需要延期履行的理由的有效证明文件，此项证明文件应由事故发生地区的____机构出具。按照事故对履行合同影响的程度，由双方协商解决是否解除合同，或者部分免除履行合同的责任，或者延期履行合同。

第十条　争议的解决方式

第十一条　货物商检、验收、包装、保险、运输等其他约定事项。

第十二条　本合同未尽事宜，一律按《民法典》执行。

二、仓单质押业务

1. 仓单的法律定位

我国《民法典》第九百一十条规定："仓单是提取仓储物的凭证。存货人或者仓单持有人在仓单上背书并经保管人签名或者盖章的，可以转让提取仓储物的权利。"所谓仓单，就是指仓储保管人在收到仓储物时向存货人签发的表示已经收到一定数量的仓储物，并以此来代表相应的财产所有权利的法律文书。

（1）仓单是仓库保管人签发的法律文书。对这一点予以强调是因为仓单表明了保管人对存货人在仓储物上的权利的确认。所谓的保管人签发，不仅包括保管人亲自签发的仓单，而且包括保管人的代理人及其雇员所签发的仓单。保管人的代理人或雇员所签发的仓单在法律上与保管人亲自签发的仓单具有同等效力。保管人出具签发的仓单，就意味着保管人已经收取了存货人交付的仓储物，而且该仓储物已经经过保管人的验收，并被保管人确认是符合仓储合同约定的仓储物。

（2）仓单是对存货人签发的法律文书。存货人只是一种身份，并不一定是存入货物的行为者，对保管人而言，只要是仓单的持有人就是存货人。保管人签发仓单是依据仓储合同而为的义务，而合同的另一方当事人即存货人就是接受保管人履行合同义务的权利的接受者，因此保管人只对存货人给付仓单、承担仓储合同上的义务。存货人持有仓单就表明自己已完全按照合同的约定向保管人交付了合格的仓储物，并可凭仓单要求保管人到期返还仓储物。

（3）仓单是代表一定的财产所有权的法律文书。存货人持有仓单所证明的应当是：虽然货物已经交付给了保管人，但这种交付并不涉及财产权利的移转，交付只是为了求得妥善的储存与保管，仓储物的所有权仍然掌握在自己手中，自己仍然可以以所有人的身份自由处分仓储物，在仓储期满时，存货人或者仓单持有人就可以此为凭证提取仓储物。

2. 仓单的物权效力分析

根据我国《民法典》第九百一十条规定，存货人或仓单持有人在仓单上背书并经保管人签字或盖章之后，仓单上所具有的提取货物的权利随之转让于新的仓单持有人。民事主体占有仓单与其对仓储物本身的占有具有同样的法律意义，这是仓单交付的首要效力。仓单交付的后果主要如下：

（1）仓储物风险承担随仓单而移转。风险自交付时转移，尽管仓单的交付不是货物的直接交付，但具有了法律上交付的意义，所有权的转移得到了实现，风险的转移也随之完成。

（2）仓单仅具有单纯的物权效力。仓单毕竟只是低层次的有价证券，它远不及票据，仓单的交付只对于那些由仓单而产生的权利及对于仓储物的权利而具有物权转移的效力，不涉及其他方面的权利关系，如票据上对前手背书人的追索权。

（3）仓单具有物权的排他性。在同一仓储物上，不能存在两份或多份内容相同的仓单。这是由一物一权主义所决定的，即使在混藏仓储合同的情况下，也只能理解为各仓单持有人为共同所有人。如果出现两份或多份仓单请求给付，则应当以最先签发的仓单为准。

（4）仓储物的非所有人取得的仓单仍然具有物权效力。除盗窃、抢夺、拾得遗失物等违背所有权人本意占有他人之物外，只要是基于合法的占有，将物储存、保管于保管人，则据此取得的仓单同样具有物权效力，即在仓单交付时，被背书人基于仓储物已经交付储存与保管的事实，相信背书人即为仓储物的所有人，则在此情形下，被背书人取得仓储物的所有权。

> **案例阅读**
>
> **某物流公司（商品包括油菜籽、菜粕、菜油）交货质押操作流程**
>
> 该公司指定仓库仓管员每月25日前向交易中心报送次月所能保证的最小库容，仓储物流中心根据交易商的申请结合实际库容审批入库申请。
>
> 该公司一般代储商品出库可凭储货凭证直接办理出库，是仓单对应的货物出库时必须经过仓储物流中心审批，取得出库通知单及注销后的仓单才可以办理出库。仓单可以抵顶各项款项、质押贷款，在体系内流通。同时，指定仓库仓管员每月5日前将上月的所有货物储货凭证的商品数量、质量情况以报表形式呈报仓储物流中心。
>
> 该公司的仓单质押操作流程如图6.7所示。
>
> 该公司上述仓单质押流程尚需注意以下几点：
> （1）质押借款期间交易商在市场的一切富余款项优先用于偿还银行借款。
> （2）质押人必须通过交易中心签订卖出质押物等量的合同才可以申请借款。
> （3）当质押物的现值缩水20%时，质权人有权通过交易结算划付缩水部分的货款用于提前还贷。
> （4）借款人结清全部借款后，归还质押物仓单，办理过户变更。

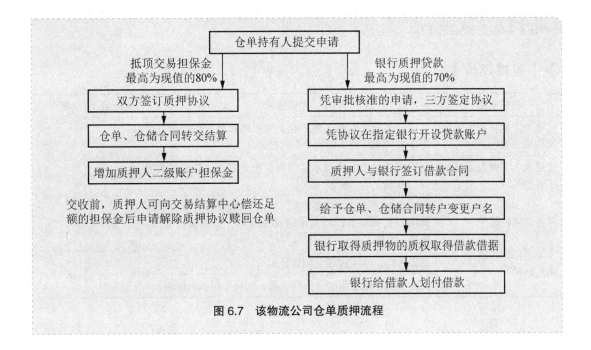

图 6.7 该物流公司仓单质押流程

任务 4　合理组织现代仓库流通加工业务

【任务目标】

以学习小组为单位,设置流通加工管理部门,增加对仓储流通加工流程的理解,能够拟定仓储流通加工业务流程,培养团队合作精神和分工、协调能力。

【任务内容】

某钢材仓库占地约 15 万平方米,拥有 4 条铁路专用线、10~30t 起重龙门吊车 10 台,年吞吐钢材近 100 万吨。过去,钢卷进出仓库运输都要用一种专用钢架固定,以防钢卷滚动。因此,客户在购买钢卷时,必须租用钢架,这样既要支付钢架租金,又要支付返还钢架的运费。

尽管后来一些钢厂开始使用不需返还的草支垫加固运输,但过大的钢卷(如 35t 一卷)使有些客户无法一次购买使用,如果建议这些客户购买钢厂成品平板,其成本又会增加很多。因为钢厂成品平板一般以 2m 倍尺交货,即长度分别为 2m、4m、6m 等规格,而一些客户使用的板面长度要求为非标准尺寸,如 3.15m、4.65m,甚至 9.8m,而且有的工艺要求不能焊接,这样的平板不是长度不够就是边角余料大。

你能为这家钢材仓库及其客户想个两全其美的办法吗?

请各学习小组完成以下任务:

(1)什么是流通加工业务?为什么仓储部要开展流通加工业务?

(2)钢厂的要求是否合理?为什么?

(3)对仓储流通加工的构成要素进行分析,拟订流通加工业务流程,并书面表达。

【组织方法】

(1)以学习小组为单位,事先收集资料或进行实地调研,了解流通加工的作用、类型及构成要素;在此基础上根据案例对仓储流通加工的方式进行分析,并拟订流通加工业务流程。

（2）小组讨论与研究，小组成员分别扮演流通加工各岗位的不同角色，其中一位同学扮演负责人，负责任务实施过程的说明工作。

【考核评价】

考核项目	考核要求	分值	得分
流通加工的作用、类型及构成要素	完成任务要求中流通加工相关知识的收集工作，要求采用书面形式呈现，内容全面、完整	20	
流通加工方式及案例加工业务流程	讨论流通加工方式及本案例加工业务流程，要求口头描述，内容全面、完整	40	
任务实施汇报	由小组负责人组织成员汇报本次任务实施的过程、了解到的相关知识及制订的流通加工流程，要求表达清晰、完整、有效	20	
团队精神	通力合作，分工合理，相互补充	10	
	发言积极，乐于与组员分享成果，组员参与积极性高	10	

【知识库】

一、流通加工的概念

流通加工是物品从生产地到使用地的过程中，根据需要施加包装、分割、计量、分拣、组装、价格贴付、标签贴付、商品检验等简单作业的总称。

流通加工和一般的生产型加工在加工方法、加工组织、生产管理方面并无显著区别，但在加工对象、加工程度方面差别较大，具体表现在以下3个方面：

（1）流通加工的对象是进入流通过程的商品，具有商品的属性，以此来区别多环节生产加工中的一环。流通加工的对象是商品，生产加工的对象不是最终产品，而是原材料、零配件、半成品。

（2）流通加工大多是简单加工，而不是复杂加工。如果必须进行复杂加工才能形成人们所需的商品，那么，这种复杂加工应专设生产加工过程，生产过程理应完成大部分加工活动，流通加工对生产加工来说则是一种辅助及补充。特别需要指出的是，流通加工绝不是对生产加工的取消或代替。

（3）从价值观点看，生产加工的目的在于创造价值及使用价值，而流通加工的目的则在于完善其使用价值，并在不做大的改变的情况下提高价值。

流通加工的一个重要目的是为消费（或再生产）所进行的加工，这一点与商品生产有共同之处。但是，流通加工有时候也是以自身流通为目的的，纯粹是为了流通创造条件，这种为流通所进行的加工与直接为消费进行的加工从目的来讲是有所区别的，这又是流通加工不同于一般生产的特殊之处。

二、流通加工的类型

（1）以保存产品为主要目的实施的加工。其目的是使产品的使用价值得到妥善保存，延长产品在生产和使用期间的寿命，如各种鲜活、易腐食品的保鲜、防腐、冷冻加工，为各种金属物品防锈、除锈加工，木、竹的防裂、防潮加工等。

（2）为适应多样化需要的加工。为了满足用户对产品多样化的需要，同时又要保证高效率的大生产，将生产出来的单一化产品进行多样化的改制加工。例如，给计算机装上不同语言的软件，对钢材卷板的舒展、剪切加工，平板玻璃按需要规格开片加工，木材加工成枕木、方材、板材等。

（3）为方便消费采用的加工。根据下游生产的需要将商品加工成生产直接可用的状态，如将水泥搅拌成混凝土混合料。

（4）为提高产品的利用率，减少浪费实施的加工。利用加工者为不同使用者加工，可以提高物资的利用率，集中加工可以减少原料消耗，提高加工质量，如将钢材集中下料等。

（5）为提高物流效率，降低物流损失而进行的加工。由于商品在装卸和运输过程中极易受损，因此需要进行适当的流通加工加以弥补，如自行车需要在使用地装配，把难以运输的气态物质转化为容易运输的液态物质等。

（6）为了实施配送进行的加工。配送中心为了实现配送活动、满足客户的需要而对物资进行加工，如把不同物品混合包装或分散化包装等。

三、流通加工的地位与作用

1. 流通加工的地位

（1）流通加工有效地完善了流通。流通加工在实现时间与场所这两个重要功能方面，确实不能与运输和保管相比，因此流通加工不是物流的主要功能要素；另外，流通加工的普遍性也不能与运输、保管相比，因此流通加工不是对所有物流都是必需的。但这绝不是说流通加工不重要，实际上它也是不可轻视的，具有补充、完善、提高与增强的作用，能起到运输、保管等其他功能要素无法起到的作用。所以，流通加工的地位可以描述为：提高物流水平，促进流通向现代化发展。

（2）流通加工是物流业的重要利润来源。流通加工是一种低投入高产出的加工方式，往往以小加工解决大问题。有的流通加工通过改变商品包装，使商品档次升级而充分实现其价值，有的流通加工可将产品利用率提高 30%，甚至更多，但这些都是采取一般方法以期提高生产率所难以做到的。实践证明，在流通企业中，由流通加工提供的利润并不亚于从运输和保管中挖掘的利润，因此流通加工也是物流业的重要利润来源。

2. 流通加工的作用

（1）提高原材料利用率。利用流通加工环节进行集中下料，将生产厂商直接运来的简单规格产品，按用户的要求进行下料。例如，将钢板进行剪板、裁切，将木材加工成各种长度及大小的板等。集中下料可以优材优用、小材大用、合理套裁，都有很好的技术经济效果。

（2）进行初级加工，方便用户。用量小或临时需要的用户，缺乏进行高效率初级加工的能力，依靠流通加工可使用户省去进行初级加工的投资、设备及人力，可以方便用户。目前，发展较快的初级加工有将水泥加工成混凝土、将原木或板方材加工成门窗、钢板预处理等。

（3）提高加工效率及设备利用率。建立集中加工点，可以采用效率高、技术先进、加工量大的专门机具和设备。

四、流通加工合理化

流通加工合理化的含义是实现流通加工的最优配置，不仅要避免各种不合理，而且要做到最优。实现流通加工合理化主要考虑以下几个方面：

（1）加工和配送结合。将流通加工设置在配送点，一方面按配送的需要进行加工，另一方面因加工又是配送业务流程中的一环，加工后的产品直接投入配货作业，而无须单独设置一个加工的中间环节，使流通加工有别于独立的生产，并使流通加工与中转流通巧妙结合在一起。同时，由于配送之前有加工，因此可使配送服务水平大大提高。这是当前对流通加工合理选择的重要形式。

（2）加工和配套结合。在对配套要求较高的流通中，配套的主体来自各个生产单位，但完全配套有时无法全部依靠现有的生产单位，进行适当的流通加工可以有效促成配套，大大提高流通的桥梁与纽带的能力。

（3）加工和运输结合。流通加工能有效衔接干线运输与支线运输，促进两种运输形式的合理化。利用流通加工，可使干线运输与支线运输之间的转换更加合理，从而大大提高运输及运输转载水平。

（4）加工和商流相结合。通过加工，可有效地促进销售，使商流合理化，这也是流通加工合理化的考虑方向之一。加工和配送要相结合，通过加工可提高配送水平、强化销售，这是加工与商流相结合的一个成功的例证。此外，通过简单地改变包装加工，形成方便使用的数量，通过组装加工消除用户使用前进行组装、调试的困难，都是有效促进商流的例证。

对于流通加工合理化的最终判断，要看其是否能实现社会和企业本身的两个效益，而且要看是否取得了最优效益。

五、我国流通加工的主要形式

（1）剪板加工。在固定地点设置剪板机进行下料加工，或设置种种切割设备将大规格钢板裁小或切裁成毛坯的流通加工。剪板加工如图6.8所示。

（2）集中开木下料。在流通加工点，将原木锯裁成各种锯材，同时将碎木、碎屑集中加工成各种规格板材，甚至还可进行打眼、凿孔等初级加工。集中开木下料如图6.9所示。

图6.8 剪板加工

图6.9 集中开木下料

（3）配煤加工。在使用地区设置加工点，将各种煤及一些其他发热物资，按不同配方进行掺配加工，生产出各种不同发热量的燃料，如燃料公司开展的动力配煤加工等。配煤加工如图6.10所示。

（4）冷冻加工。为解决鲜肉、鲜鱼或药品等在流通中保鲜及装卸搬运问题，采取低温冷冻方式的加工。冷冻加工如图6.11所示。

（5）分选加工。针对农副产品规格、质量离散较大的情况，为获得一定规格的产品而采取的人工或机械分选方式加工。分选加工如图6.12所示。

（6）精制加工。在农牧副渔等产品的产地和销地设置加工点，去除无用部分，甚至可以进行切分、洗净、分装等加工。

（7）分装加工。为了便于销售，在销售地区按所要求的零售起点进行新的包装、大包装改小包装、散装改小包装、运输包装改销售包装。分装加工如图6.13所示。

图 6.10 配煤加工

图 6.11 冷冻加工

图 6.12 分选加工

图 6.13 分装加工

综上所述,流通加工是现代物流系统构架中的重要结构之一,能够提高物流系统的服务水平,提高物流效率和物品的利用率,更重要的是流通加工对物流活动具有增值作用。在很多国家,流通加工都已广泛地开展。随着我国加入世界贸易组织(World Trade Organization,WTO)及经济体制改革的不断深入,很多企业都面临着如何提高自我改造、自我发展、自我积累的艰巨任务,作为新兴的物流企业必须面临这场变革,提高自身的服务水平。作为物流环节的流通加工,是一项具有广阔前景的经营形式,必将为物流领域带来巨大的效益。

思考题

(1) 简述模块化物料清单与定制物料清单的区别。请为你的自行车设计物料清单。
(2) 简述实施 ISO 9000 质量体系的目的和意义。请为某企业仓储部 ISO 9000 制订质量体系作业指导书。
(3) 如何使用"5S"管理提升仓库安全质量控制水平?请设计一份仓库"5S"检点表。
(4) 简述仓储合同当事人的权利,并分析仓库如何规避仓储合同风险。
(5) 为什么说仓单是代表一定的财产所有权的法律文书?请为某企业设计仓单质押流程。
(6) 你认为提高产品价值的流通加工途径有哪几种?请进行企业调研,寻找相关实例,举例说明。
(7) 什么是流通加工合理化?请以超市小包装大米、促销包装为例进行简要说明。

项目 7
库存管理与控制

【学习目标】

知识目标	（1）了解库存的定义、作用。 （2）了解库存管理对于企业经营的重要性。 （3）理解库存存货管理的分类方法。 （4）理解库存控制的基本方法和库存盘点的方法
技能目标	（1）能够结合企业经营实际选择库存存货分类方法。 （2）能够根据企业经营选择库存控制基本方法。 （3）能够设计库存控制方案，并对库存进行盘点
职业道德和 素养目标	（1）培养基层工作岗位的班组管理能力。 （2）树立安全操作意识和环保意识

【思维导图】

见后页。

【案例导入】

从物流成本构成来看，某国的物流成本主要由3个部分组成：库存费用、运输费用和管理费用。比较近些年来的变化可以看出，运输成本在该国GDP中的比例大体保持不变，而库存费用比重降低是导致物流总成本比例下降的最主要的原因。由此可见，降低库存成本、加快周转速度是该国现代物流发展的突出成绩。也就是说，利润的源泉更集中在降低库存、加速资金周转等方面。

需要特别说明的是，库存费用是指花费在保存货物方面的费用，除了包括仓储、残损、人力费用、保险和税收费用外，还包括库存占压资金的利息。其中，利息是该国商业利率乘以全国商业库存总金额得到的。把库存占压的资金利息加入物流成本，这是现代物流与传统物流费用计算的最大区别。只有这样，降低物流成本和加速资金周转速度才从根本利益上统一起来。库存占压资金的利息在物流企业平均流动资金周转次数达到10次的条件下，约为库存成本的1/4，约为总物流成本的1/10，数额之大，不可小视。

实践表明，物流成本中运输部分的比例大体不变，减少库存支出就成为降低物流成本的主要来源。减少库存支出就是要加快资金周转、压缩库存，这与同期库存平均周转期的降低的现象是吻合的。因此，发展现代物流，要把目标锁定在加速资金周转和降低库存水平上面。物流成本的概念必须拓展，库存支出不仅仅是仓储的保管费用，更重要的是考虑它所占有的库存资金成本，即库存占压资金利息。

（资料来源：https://www.doc88.com/p-8139295686978.html ［2021-01-10］，有改动）

项目 7　库存管理与控制

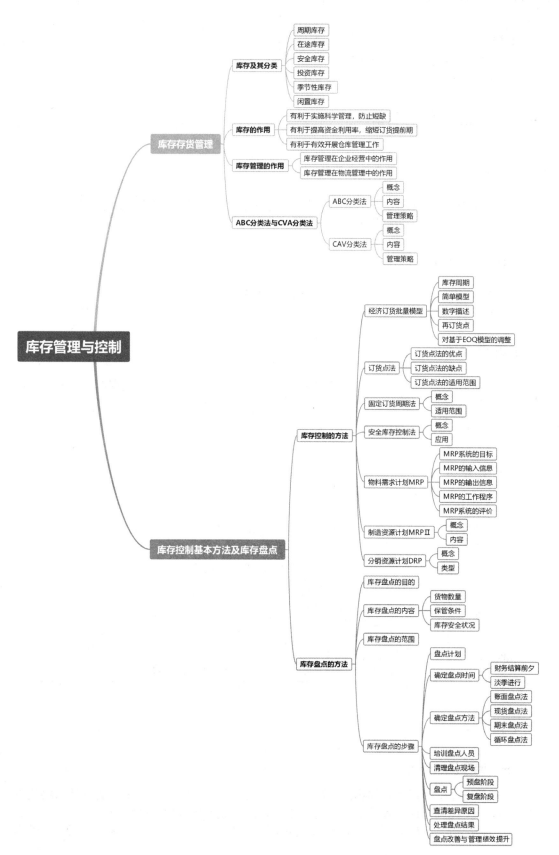

思考:
(1) 为什么说库存成为成本管理的重要内容?
(2) 通过哪些工作可以进行有效的库存管理与控制?

任务 1　库存存货管理

▶【任务目标】

以学习小组为单位,选择、设计所在公司的库存存货管理方式,增加对库存、存货管理方法的理解,培养团队合作精神和分工、协调能力。

▶【任务内容】

(1) 各小组选定组长,在组长的带领下选择库存分类法。
(2) 制订库存分类具体方案,书面表达。

▶【组织方法】

(1) 以学习小组为单位,事先收集资料或进行实地调研,了解库存、存货管理的内容、功能;在此基础上选择所在公司的库存存货分类法,并运用库存管理的相关知识制订库存存货分类的具体方案。
(2) 进行小组讨论与研究,小组成员分别扮演采购各岗位的不同角色,其中一位同学扮演负责人,负责库存、存货管理分类过程的说明工作。

▶【考核评价】

考核项目	考核要求	分值	得分
库存存货管理分类方案设计	完成公司实际情况下的库存存货分类法选择和库存存货分类方案设计,要求方案采用书面形式呈现,内容全面、完整	40	
现场讨论情况	讨论并分配小组成员在采购部门里扮演的角色,制定各角色的任务和职责,要求口头描述,内容全面、完整	20	
设置方案汇报	由小组负责人带领成员汇报库存存货分类的选择和具体方案,要求表达清晰、完整、有效	20	
团队精神	通力合作,分工合理,相互补充	10	
	发言积极,乐于与组员分享成果,组员参与积极性高	10	

▶【知识库】

一、库存及其分类

库存是指处于储存状态的物品或商品。库存与保管概念的差别在于,前者是从物流管理的角度出发强调合理化和经济性,后者是从物流作业的角度出发强调效率化。库存具有整合需求和供给,维持各项活动顺畅进行的功能。当顾客订货后要求到货的时间(交纳周期)比从企业采购材料、生产加工到运送货物至顾客手中的时间(供应链)周期要短的情况下,为了填补这个时间差,就必须预先储存一定数量的该商品。例如,某零售商直接向厂家生产订购一定数量的商品并要求第二天到货,但厂家生产该商品需要5天时间,运送需要1天时间。如果厂家预先生产一定数量的这种商品并储存在物流仓库,则可以立即满足顾客的要求,避免发生缺货或延期交货的现象。一般来说,企业在销售阶段,为了能及时满足顾客的需求,避免发生缺货或延期交货的现象,库存一定的原材料、零部件是必不可少的。不过,既要防止缺货、避免库存不足,又要防止库存过量,避免发生大量的不必要的费用。

按照不同的视角分类,库存有多种分类方式,如按生成的原因不同可以将库存分为以下类型:

(1)周期库存是指补货过程中产生的库存。周期库存用来满足确定条件下的需求,其生成的前提是企业能够正确地预测需求和补货时间。

(2)在途库存是指从一个地方到另一个地方处于运输路线中的物品库存。在没有到达目的地之前,可以将在途库存看作周期库存的一部分。需要注意的是,在进行库存持有成本计算时,应将在途库存看作运输出发地的库存,因为在途的物品还不能使用、销售或随时发货。

(3)安全库存(或缓冲库存)是指由于生产需求存在不确定性,企业需要持有周期库存以外的安全库存或缓冲库存。持有这个观点的人普遍认为,企业的平均库存水平应等于订货批量的一半加上安全库存。

(4)投资库存是指持有投资库存不是为了满足目前的需求,而是出于其他原因,如由于价格上涨、物料短缺或是为了预防罢工而囤积的库存。

(5)季节性库存是投资库存的一种形式,是指生产季节开始之前累积的库存,目的在于保证稳定的劳动力和稳定的生产运转。

(6)闲置库存是指在某些具体的时间内不存在需求的库存。

此外,按库存物品在生产过程和配送过程所处的状态分类,库存可分为原材料库存、在制品库存、维修库存和产成品库存;按库存的作用分类,库存可分为周转库存、安全库存、调节库存和在途库存;按库存物品所处的状态分类,库存可分为静态库存和动态库存。其中,静态库存是指长期或暂时处于储存状态的库存,这是一般意义上库存的概念。实际上,广义的库存还包括处于制造加工状态或运输状态的库存,即动态库存。

二、库存的作用

为了确保物畅其流,各行各业一般都存在不同数量的库存。以生产为主的企业,需要储备一定物资以维持其连续生产;而服务性的企业,一般也需要配备某些常用设备和服务用具等。归纳而言,实行库存的意义如下:

(1)有利于实施科学管理,防止短缺。库存的重要目标之一就是在需要之时,将必需的物资按需供应。例如,企业生产急需的物资不能及时供应,管理就会混乱;医院没有一定数量的床位库存,病人就无法住院治疗;银行没有现金库存,客户就取不到钱。

(2)有利于提高资金的利用效果,缩短订货提前期。当制造商维持一定量的成品库存时,顾客就可以采购到他们所需的物品,进而缩短了顾客的订货提前期,使得企业的经营活动更为灵活。

(3)有利于有效地开展仓库管理工作。通过库存,可使得原来零散放置的物料整理得井然有序、废旧物料堆放整齐、工厂空地整洁干净,从而实现文明生产。

此外,还可以把经常动用的物料与危险性物料分片保管,以保证企业的安全生产。

库存尽管有如此重要的作用，但也有其不利的一面，如库存占用了企业大量的资金，而且物资库存需要修建仓库，同时还会掩盖管理中存在的一些问题。因此，库存管理的目标不是增加库存，而是在保证一定服务水平的基础上不断降低库存。

三、库存管理的作用

库存管理也称库存控制，是指对制造业或服务业生产、经营全过程的各种物品、生产成品及其他资源进行管理和控制，使其储备保持在经济合理的水平上。库存管理是企业根据外界对库存的要求与订购的特点，预测、计划和执行一种库存的行为，并对这种行为进行控制。它的重点在于确定如何订货、订购多少、何时订货等问题。

库存管理不当会导致库存不足或剩余。库存不足会错过销售机会，失去销售额，甚至失去客户；反之，库存过剩则会加大库存的持有成本。库存管理基于两个方面：一是客户服务水平，即在正确的地点、正确的时间，有足够数量的合适商品；二是订货成本与库存持有成本的关系。

1. **库存管理在企业经营中的作用**

对于库存管理在企业经营中的角色，不同的部门有不同的看法，所以为了实现最佳库存管理，需要协调各个部门的活动，使企业内每个部门不仅仅以有效实现本部门的功能为目标，更要以实现企业的整体效益为目标。库存管理在企业经营中的作用可归纳为以下几点：

（1）增强生产计划的柔性。激烈的市场竞争造成外部需求的波动性是正常现象，加强库存管理能减轻生产系统必须尽早出成品的压力。

（2）满足需求的不断变化。例如，顾客可能是从街上走进来买一套立体音响设备的人，也可能是一名机修工，需要购买工具箱或生产制造过程需要的工具。这些库存就涉及预期库存，因为它们被持有是为了满足预期的平均需求。

（3）防止中断。制造企业为保持生产的连续运行不致中断，一般用库存作缓冲。

（4）阻止脱销。持有安全库存可以弥补到货延误，此处的安全库存是指为应对需求和交付时间的多变性而持有的超过平均需求的库存。

（5）充分利用经济订购量的折扣优势。订购量大时，一般折扣较大。

（6）缩短订货周期。产品的生产周期与生产系统的库存成正比，与产出率成反比。一般来说，库存过高、生产周期长，会加大生产管理的复杂性与难度，使企业难以保证产品交货期。做好库存管理，既能缩短产品生产周期，保证产品的交货期，又能提高生产系统的柔性，提高对用户多样化需求的服务能力。

2. **库存管理在物流管理中的作用**

组成供应链的各企业间的关系一般是相互买卖交易关系，企业之间很少交流信息，也不习惯相互协调进行库存管理，更不用说在整个供应链水平上分享交流信息和共同协调进行库存管理。这样往往会形成不必要的库存，同时可能降低顾客的满意度。例如，组成供应链的各企业物资储存往往超过实际需要库存量，这种超过实际需要量的库存常被称为"缓冲库存"。

同样，组成供应链的各企业与各自的顾客（需要方）之间缺乏必要的信息交流，从而对顾客的需要，特别是对最终消费者的实时需要难以把握，往往依靠预测来安排生产。由于预测与实际存在差距，所以库存不足（缺货）或库存过剩的现象经常发生。

从物流管理整体来看，这些传统交易习惯导致的不必要库存给企业增加了成本，而这些成本最终将反映在销售给顾客的产品价格上,从而会降低顾客的满意度。因此,对供应链进行库存管理不仅可以降低库存水平,减少资金占用和库存维持成本,而且可以提高顾客的满意度。当然,真正意义上的零库存在现实中是不可能的。

随着组成供应链的各企业间的关系从建立在买卖交易基础上的对立型关系向基于共同利益的协作伙伴型关系的转变,供应链中各企业间交流、分享信息,协调进行库存管理变得可能,而先进的库存管理方法和技术的出现使这种可能成为现实。

四、ABC 分类法与 CVA 分类法

1. ABC 分类法

ABC 分类法又称重点管理法或 ABC 分析法,是一种从名目众多、错综复杂的客观事物或经济现象中,通过分析找出主次、分类排队,并根据其不同情况分别加以管理的方法。该方法根据帕累托曲线所揭示的"关键的少数和次要的多数"的规律在管理中应用时,通常将库存按年度货币占用量分为 3 类:

(1)A 类是年度货币量最高的库存,这些品种约只占库存总数的 15%,但用于它们的库存成本却占到总数的 70%~80%。

(2)B 类是年度货币量中等的库存,这些品种约占全部库存的 30%,占总价值的 15%~25%。

(3)年度货币量较低的为 C 类库存品种,只占全部年度货币量的 5%,但却占库存总数的 55%。

除货币量指标外,企业还可以按照销售量、销售额、订货提前期、缺货成本等指标将库存进行分类。通过分类,管理者就能为每一类库存品种制定不同的管理策略,进行不同的控制。

建立在 ABC 分类基础上的库存管理策略包括以下内容:

(1)花费在购买 A 类库存的资金应多于花费在 C 类库存上的。

(2)对 A 类库存的现场管理应更严格,它们应存放在更安全的地方,而且为了保证记录的准确性,更应对它们频繁地进行检验。

(3)预测 A 类库存应比预测其他类库存更为仔细精心。

ABC 分类法所需要的年度货币占用量可以用每个品种的年度库存需求量乘以其库存成本求得。表 7-1 中列示了 3 种库存类型的管理策略。

表 7-1 3 种库存类型的管理策略

库存类型	特点(按货币量占用)	管理方法
A 类	品种数约占库存总数的 15%,成本占 70%~80%	进行重点管理。现场管理要更加严格,应放在更安全的地方;为了保持库存记录的准确性,要经常进行检查和盘点;预测时要更加仔细
B 类	品种数约占库存总数的 30%,成本占 15%~25%	进行次重点管理。现场管理不必投入比 A 类更多的精力;库存检查和盘点的周期比 A 类要长一些
C 类	成本或许只占成本的 5%,但品种数量或许占库存总数的 55%	进行一般管理。现场管理可以更粗放一些;但由于品种多,差错出现的可能性也比较大,因此必须定期进行库存检查和盘点,周期可以比 B 类长一些

利用 ABC 分类法可以使企业更好地进行预测和现场控制，减少安全库存和库存投资。而且，ABC 分类法并不局限于分成 3 类，可以增加，但实际经验表明，最多不要超过 5 类，过多的种类反而会增加控制成本。

2. CVA 分类法

由于 ABC 分类法有不足之处，通常表现为 C 类货物得不到应有的重视，而 C 类货物往往会导致整个装配线的停工，因此有些企业在库存管理中引入了关键因素分类法（Critical Value Analysis，CVA）。

CVA 分类法的基本思想是把存货按照关键性分成 4 类：

（1）最高优先级。经营关键性物资，不允许缺货。
（2）较高优先级。经营活动中的基础性物资，但允许偶尔缺货。
（3）中等优先级。多属于比较重要的物资，允许合理范围内的缺货。
（4）较低优先级。经营中需用这些物资，但可替代性高，允许缺货。

CVA 分类法比 ABC 分类法有着更强的目的性，在使用中要注意，人们往往倾向于制定高优先级，结果高优先级的物资种类很多，最终哪种物资都得不到应有的重视。如果将 CVA 分类法和 ABC 分类法结合使用，可以达到分清主次、抓住关键环节的目的。但在对成千上万种物资进行优先级分类时，不得不借用 ABC 分类法进行归类。

任务 2　库存控制基本方法及库存盘点

【任务目标】

以学习小组为单位，根据所在公司的经营特征，选择公司库存控制的方法并对库存进行盘点，增加对库存控制方法和盘点的理解，培养团队合作精神和分工、协调能力。

【任务内容】

（1）各小组选定组长，在组长的带领下进行公司经营具体情况分析。
（2）设置岗位并命名，书面表达。
（3）选择公司库存控制方法，制订公司库存控制方案，书面表达。
（4）设计库存盘点步骤，确定盘点方法，书面表达。

【组织方法】

（1）以学习小组为单位，事先收集资料或进行实地调研，分析公司经营具体情况及对库存的要求；在此基础上选择公司库存控制方法、盘点方法，并运用库存控制方法的具体内容制订公司库存控制方案。
（2）进行小组讨论与研究，小组成员分别扮演采购各岗位的不同角色，其中一位同学扮演负责人，负责设置过程的说明工作。

【考核评价】

考核项目	考核要求	分值	得分
库存控制方案及盘点方案设计	完成公司具体经营情况分析,选择公司库存控制方法,并进行库存控制的方案、盘点方案设计	40	
现场讨论情况	讨论并分析公司具体经营情况,合理选择库存控制方法,制订库存控制方案及库存盘点方案,要求口头描述,内容全面、完整	20	
设置方案汇报	由小组负责人带领成员汇报库存控制方案设计过程,要求表达清晰、完整、有效	20	
团队精神	通力合作,分工合理,相互补充	10	
	发言积极,乐于与组员分享成果,组员参与积极性高	10	

【知识库】

一、库存控制基本方法

1. 经济订货批量模型

(1) 库存周期。库存总成本最小的订货量称为经济订货批量。这里描述了3个库存周期,每一周期都以 Q 个单位为开始,它是固定订货批量。刚收到订货时,库存水准为 Q 个单位,物品按斜率为负值的斜线表示的某一固定需求率 R 出库。当库存量降至再订货点时,就按 Q 个单位发出一批新的订货,经过一个固定的提前期后,货物便到达入库,如图7.1所示。

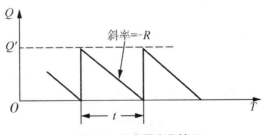

图 7.1 库存量变化情况

建立再订货点可为何时订购固定批量提供一个信号。在企业库存管理中,再订货点是以提前期或补充时间的概念(订货被补充或制造固定批量所需的时间长度)为基础的。

(2) 简单模型。简单 EOQ 模型的基本假设如下:

① 需求量确定并已知,整个周期内的需求是均衡的。
② 供货周期固定并已知。
③ 集中到货,而非陆续入库。
④ 不允许缺货,能满足所有需求。
⑤ 购买价格或运输费率等是固定的,与订货的数量、时间无关。
⑥ 没有在途库存。

⑦ 只有一项产品库存，或虽有多种库存，但各不相关。
⑧ 资金可用性无限制。

前4条假设密切相关，是确定性条件成立的基本前提。在每一相关时间间隔（每天、每周或每月）需求是已知的，并与时间呈线性关系。库存消耗的速率是固定的，补充库存所需时间长度是已知的。换句话说，订货与收货之间的提前时间是固定的。这表明在原有库存用完之前所订货物刚好到达，因此不需考虑缺货情况及缺货损失。对于价格固定的假设表明没有价格折扣，而且价格相对稳定，无在途库存假设意味着货物以买方工厂交货价为基础购买（购买价格包含运费），并以卖方工厂交货价（买方负责运输）出售。这表明企业在购货时，直到收到所买货物才拥有所有权；在销货时，货物所有权在产品离开工厂或装运点就转移了。如果做出这些假设，企业就不用负责在途货物，即没有在途存货储存成本。许多企业库存有多种产品，单项物品的假设并没有脱离现实，可以对每一项重要的库存产品单独制作 EOQ 模型。但由于没有考虑各种产品之间的相互作用，所以和现实会有一定的差距。资金的可用性在一些情况下是非常重要的，如果对库存的资金有某些限制，则可作为批量模型的一个约束条件。

在以上假设前提下，简单 EOQ 模型只考虑两类成本：库存持有成本、订货或生产准备成本。简单 EOQ 模型的决策涉及两种成本之间的权衡分析。库存持有成本随订货批量的增加而线性增加，如果只考虑库存持有成本，则订货批量越小越好；而总订货成本随订货批量的增加而减少，如果只考虑订货成本，则订货批量越大越好。因此，应权衡考虑两种成本，使总成本达到最小的订货批量，即为最优订货批量。

（3）数学描述。为了建立 EOQ 模型，首先假定以下变量：

D——每年的需求量（件）；

Q——订货批量（件）；

C——每次的订货成本或生产准备成本（元/次）；

P——每件商品的价格（元/件）；

F——每件商品的年持有成本占商品价值的百分比；

$K=PF$——每件商品的年储存成本（元/件）；

TC——年库存总成本（元）。

根据上述假设，年总成本可用下列公式表示：

$$TC = DP + \frac{DC}{Q} + \frac{QK}{2}$$

为了获得使总成本达到最小的 Q，即经济订货批量，可用下列公式表示：

$$EOQ = \sqrt{\frac{2CD}{K}}$$

或

$$EOQ = \sqrt{\frac{2CD}{PF}}$$

（4）再订货点。除了要知道订货多少之外，还必须知道什么时候订货，这就是再订货点。在确定性条件下，在补充期或提前期需要足够的库存，如果提前期已知，则可以用提前期乘以日需求量来确定再订货点。例如，假设订货补充期或提前期为10天，已知每天的需求量是10个单位，那么提前订货点是100单位（10天×10单位/天）。

（5）对基本 EOQ 模型的调整。

① 允许缺货的经济订购批量。在实际生产经营活动中，因为多种因素影响，使订货到达时间或每日消耗量不可能稳定不变，难免出现缺货现象。允许缺货经济订货批量是指

订货费、保管费和缺货费最小时的批量，其计算公式为

$$\mathrm{EOQ} = \sqrt{\frac{2C_3}{C_1}} \cdot \sqrt{\frac{C_1 + C_2}{C_2}}$$

式中，C_1——保管费用；
C_2——缺货费用；
C_3——订货费用。

② 有批量折扣的经济订货批量。任何负责购买产品或运输服务的经营者都经常面临价格折扣的问题。价格折扣可以是一次购买大批量商品的减价，也可以是运输大批货物时单位运价较低，或减价和低运价兼而有之。大批购买的结果是，手中有大量库存而订货费用会降低。

现在的问题是，如果供应方提供折价，大批购买是否有优势？解决这一问题的步骤如下：

第一步，计算每种价格 P 下的 EOQ。

第二步，淘汰不可行的 EOQ。"不可行"是指按照价格 P 计算出的经济订货批量未达到 P 所要求的最低订货批量。

第三步，计算可行的 EOQ 的年总成本 TC（含产品买价）。

第四步，找出所有的折扣临界批量，按折扣价格计算年总成本 TC（含产品买价）。

第五步，比较第三步和第四步求出的所有总成本 TC，找出最小值，相应的订货批量就是经济订货批量。

2. 订货点法

订货点法（定量订货方式）是指库存量下降到一定水平（订货点）时，按固定的订货数量进行订货的方式。该方法的关键在于计算出订货点的储备量，对于某种物品来说，当订货点和订货量确定后，就可以实现库存的自动管理。

订货点的计算公式为

$$订货点 = 平均日需求量 \times 平均订货周期 + 安全量$$

（1）订货点法的优点。管理简便，订货时间和订货量不受人为判断的影响，保证库存管理的准确性；由于订货量一定，便于安排库内的作业活动，能节约理货费用；便于按经济订货批量订货，能节约库存总成本。

（2）订货点法的缺点。不便于对库存进行严格的管理，订货之前的各项计划比较复杂。

（3）订货点法的适用范围。单价比较便宜，而且不便于少量订货的物品；需求预测比较困难的物品；品种数量多，库存管理事务量大的物品；消费量计算复杂的物品；通用性强，需求总量比较稳定的物品；等等。

3. 固定订货周期法

固定订货周期法（定期订货方式）的特点是按照固定的时间周期来订货（一个月或一周），而订货数量是变化的。它一般都是事先依据对产品需求量的预测，确定一个比较恰当的最高库存额，在每个周期将要结束时，对存货进行盘点并决定订货量，使货物到达后的库存量刚好到达原定的最高库存额。

与简单 EOQ 模型相比，这种方法不必严格跟踪库存水平，减少了库存登记费用和盘点次数。价值较低的商品可以大批量购买，也不必关心日常的库存量，只要定期补充即可。例如，食品店就经常使用这种方法，有些食品每天进货，有些每周进一次，而有些可能每月才进一次货。

如果需求和订货提前期是确定的，并且可以提前知道，那么使用固定订货周期法时，每周期的订货量是一样的；如果需求和订货提前期都不确定，那么每周期的订货量就是需求和订货提前期的函数。

这种方法的关键在于确定订货周期。订货周期是指提出订货、发出订货通知，直至收到订货的时间间隔。采用这种库存管理的方法进行订货时，需要预先掌握每个时期内订货点的库存量，其计算公式为。

$$Q = \overline{D}(T + \overline{L}) + S - Q_0 - Q_1$$

式中，$\overline{L}$——平均订货时间；
$\overline{D}$——平均日需求量；
T——订货间隔时间；
S——安全储备量；
Q_0——现有库存量；
Q_1——已订未达量。

定期订货法的适用范围：消费金额高，需要实施严密管理的重要物品；根据市场状况和经营方针，需要经常调整生产或采购数量的物品；需求量变动幅度大，而且变动具有周期性，可以正确判断的物品；建筑工程、出口等可以确定的物品；设计变更风险大的物品；多种商品采购可以节省费用的情况；同一品种物品分散保管，同一品种物品向多家供货商订货，批量订货分期入库等订货、保管、入库不规则的物品；需要定期制造的物品；等等。

4. 安全库存控制法

许多企业都会考虑保持一定数量的安全库存，即缓冲库存，以防在需求或提前期方面的不确定性。但是，困难在于确定什么时候需要保持多少安全库存，安全库存太多意味着多余库存，而安全库存不足则意味着缺货或失销。

安全库存每次追加的增量都会造成效益的递减，超过期望需求量的第一个单位的安全库存所提供的防止缺货的预防效能的增值最大，第二个单位的安全库存所提供的预防效能的增值比第一个单位稍小，依此类推。如果安全库存量增加，那么缺货概率就会减少。在某一安全存货水平，储存额外数量的成本加期望缺货成本会有一个最小值，这个水平就是最优水平，高于或低于这个水平，都将产生损失。

例如，零售业保持安全库存可以使其在用户的需求率不可预测或不规律的情况下，有能力供应他们。生产企业保持产成品安全库存可以在零售和中转仓库的需求量超过平均值时有能力补充他们的库存，半成品的额外库存可以在工作负荷不平衡的情况下，使各制造部门间的生产正常化。准备这些追加库存就是要不失时机地为客户及内部需要服务，以保证企业的长期效益。

为了确定需要保持多少库存，有必要确定因可能发生缺货而造成的损失。第一步，分析发生缺货可能产生的后果，包括延期交货、失销和失去客户；第二步，计算与可能结果相关的成本，即利润损失；第三步，计算一次缺货的损失。

如果增加库存的成本少于一次缺货的损失，那么就应增加库存以避免缺货。如果发生内部短缺，则可能导致生产损失（人员和机器的闲置）和完工期延误。如果因某项物品短缺而引起整个生产线停工，这时的缺货成本可能非常高，尤其对于实施及时管理的企业来说更是这样。为了对安全库存量做出最好的决策，制造企业应该对因原材料或零配件缺货而造成停产的成本有全面的理解，首先确定每小时或每天的生产率，然后计算由于停产减少的产量，最后得出利润的损失量。

5. MRP 系统

MRP 系统是被设计并用于制造业库存管理信息处理的系统，它解决了如何实现制造业库存管理目标（在正确的时间按正确的数量得到所需的物料）这一难题。MRP 系统把原料和零部件的需求看作最终产品需求量的派生需求，其出发点是要根据成品的需求，自动地计算出构成这些成品的部件、零件，以及原材料的相关需求量，然后根据成品的交货期计算出各部件、零件生产进度日程和外购件的采购日程。换句话说，MRP 系统根据主生产计划、产品结构、库存状态来计算每种材料的净需求量，并把需求量分配到每个时期。MRP 的概念很早就产生了，但直到计算机产生、信息系统实施以后，才真正得以广泛应用。

（1）MRP 系统的目标。

① 保证在客户需要或生产需要时，能够立即提供足量的材料、零部件、产成品。

② 保持尽可能低的库存水平。

③ 合理安排采购、运输、生产等活动，使各车间生产的零部件、外购件与装配的要求在时间与数量上精确衔接。

MRP 系统可以指明现在、未来某时的材料、零部件、产成品的库存水平。MRP 系统的起点是需要多少最终产品、何时需要，然后分解到每一种材料、零部件，并最终确定需求时间。

（2）MRP 系统的输入信息。

① 主生产计划。依据客户订单和需求预测，主生产计划驱动整个 MRP 系统。主生产计划描述了最终产品需要何时生产、何时装配、何时交货。产品生产计划根据市场预测与用户订货来确定，但它并不等同于预测，因为预测未考虑企业的生产能力，而计划则需要进行生产能力平衡后才能确定；预测的需求量可能随时间起伏变化，而计划可通过提高或降低库存水平进行缓冲，使实际各周期生产量趋于一致，以达到均衡稳定生产的目的。产品主生产计划是 MRP 系统的基本输入，MRP 系统根据主生产计划展开，求出构成这些产品的零部件与材料在各周期的需求量。

② 产品结构信息。产品结构信息说明了生产或装配一件最终产品所需要的材料、零部件的数量。结合最终产品的需求量就可以计算出各零部件的毛需求量，同时还能够得出使用这些零部件的确切时间。产品结构信息还表明了各种零部件之间的数量关系，以及它们各自的重要程度。

③ 库存状态信息。库存状态信息应保存所有产品、零部件、在制品、原材料（以下统称项目）的库存状态信息，主要包括以下内容：

A. 当前库存量。当前库存量是指工厂仓库中实际存放的可用库存量。

B. 计划入库量（在途量）。计划入库量（在途量）是指根据正在执行中的采购订单或生产订单，预测在未来某个时间周期项目的入库量。在这些项目入库的周期内，将其视为库存可用量。

C. 提前期。提前期是指执行某项任务由开始到完成所消耗的时间。对采购件来说，是从向供应商提出对某个项目的订货到该项目到货入库所消耗的时间；对于制造或装配件，是从下达工作单到制造或装配完毕所消耗的时间。

D. 订货（生产）批量。订货（生产）批量是指在某个时间周期向供应商订购（或要求生产部门生产）某项目的数量。

E. 安全库存量。安全库存量是为了预防需求或供应方面不可预测的波动，在仓库中经常应保持的最低库存数量。

此外，还应保存组装废品系数、零件废品系数、材料利用率等信息。

（3）MRP 系统的输出信息。MRP 系统可以为管理者提供的信息主要有订货数量和时间、是否需要改变所需产品的数量和时间、是否需要取消产品的需求、MRP 系统自身的状态等。

（4）MRP 系统的工作程序。MRP 系统首先根据主生产计划规定的最终产品需求总量和产品结构信息，对产品的需求进行分解，生成对部件、零件及材料的毛需求量计划，然后根据库存状态信息计算出各部件、零件及材料的净需求量及期限，最后发出订单。

（5）MRP 系统的评价。只要建立了主生产计划，MRP 系统就可以确定不同时期的库存计划。MRP 系统产生材料需求计划以满足装配或制造特定数量产成品的要求，因此它是一种推动方式的系统。当对材料、零部件的需求是最终产品的派生需求时，MRP 系统比较适用。MRP 系统是从系统的角度来解决材料供应的。

① MRP 系统的主要优点。维持合理的安全库存，尽可能地降低库存水平；能够较早地发现问题和可能发生的供应中断，及早采取预防措施；生产计划是基于现实需求和对最终产品的预测；并非孤立地考虑某一个设施，而是统筹考虑整个系统的订货量；适合于批量生产或间歇生产或装配过程。

② MRP 系统的主要缺点。在使用中是高度计算机化的，难以调整；降低库存导致的小批量购买使订货成本和运输成本增大；对短期的需求变动不如再订货点法敏感；系统很复杂，有时不如预想的有效。

案例阅读

某工厂物料需求计划的制订步骤

要生产成品就会有物料需求，其需求可以按照下列步骤进行：

（1）分为季、月、周计划建立生产计划表。计划表内应有生产单号码、品名、数量、生产日期等内容。

（2）计算标准用料量。将生产计划表内各品名、使用物料分析表，按照该品名的材料的标准用料量进行备料。标准用料量的计算公式为

$$标准用料量 = （标准部门用料量 \times 计划生产量）\times （1+设定标准不良率）$$

也可以说，生产某一产品的某项材料，生产部门按照生产计划的生产数所需要的材料标准领料。

（3）查库存数及调查该项材料，查出现有库存数及应发出还未发出的数量。当库存数－应发数≥标准需求时，则表示此材料的订单没问题，并记入物料分析表内；当库存数－应发数＜标准需求时，则对其差数要提出申购。

（4）查订购方式。从材料目录表内查出此材料是存量管制的方式订购，还是按照订单的方式订购。假如此材料属于按照"存量订购"，则此材料按照存量订购的方式订购。如果是按照订单购材料，则进入下一步骤，提出申购单。

（5）材料采购。采购按照申购单内的材料内容、数量及所要求日期，向供应商提出订购单，并按照申购者的要求，排定进货时间及数量，以配合已订的生产计划时间。

（6）进料控制。采购人员及物料控制人员按照进料时间控制。遇有迟延状况时，最迟应于3天前通知生产管理人员，以方便变更生产计划。

（7）收料。仓库管理部门使用收料单收料。

（8）生产备料。仓库按照生产计划或备料单的日期，于领用前一天准备好所需的物料。

6. 制造资源计划

生产管理系统是企业经营管理系统中的一个子系统，它与其他子系统，尤其是经营与财务子系统有着密切的联系。对 MRP 系统进行研究，汲取精华、克服缺点以后，制造资源计划（MRP Ⅱ）应运而生。在 MPR 系统完成对生产的计划与控制基础上，进一步扩展，将经营、财务与生产管理子系统相结合，形成 MRP Ⅱ。

一些学者认为,运用现代生产管理思想和方法建立的计算机化生产系统MRP Ⅱ是一个先进的生产管理系统。MRP Ⅱ先根据订单和预测,安排生产任务,对生产负荷、人员负荷与生产能力进行平衡调整,通过计算机模拟,得到一个最佳生产组合顺序的主生产计划,再根据主生产计划的要求及库存记录、产品结构等信息,由计算机自动推导出构成这些产品的零部件与材料的需求量,产生自制品的生产计划和外购件的采购计划。根据物料需求量计算的结果,分阶段、分工作中心来精确地计算出人员负荷和设备负荷,进行瓶颈预测,调整生产负荷,做好生产能力与生产负荷的平衡工作,制订能力需求计划,按照计划进行生产,在生产过程中若出现问题,还可以进行调整。

MRP Ⅱ用科学的方法计算出什么时间、需要什么、需要多少,在保证正常生产不间断的前提下,根据市场供货情况,适时、适量分阶段订购物料,尽量减少库存积压造成的资金浪费,在解决物料供应与生产的矛盾、计划相对稳定与用户需求多变的矛盾、库存储备增多与减少流动资金的矛盾、产品复杂多样化与生产条理化的矛盾中起着很大的作用。

MRP Ⅱ是一个很好的计划工具,能够进行因果分析,有助于分析在物流、生产、市场营销、财务等领域应用某一战略所产生的结果。例如,MRP Ⅱ可以解决企业物流中设施内部及设施之间的产品移动及存储问题。

案例阅读

广西玉柴机器股份有限公司(简称"玉柴公司")是我国中、重吨位车用柴油机生产基地,其实施MRP Ⅱ策略的情况如下所述。

1. 实施步骤及方式

玉柴公司MRP Ⅱ的实施步骤:调研—购买软、硬件—培训—基础数据的准备及实施。玉柴公司在实施过程中,先是实施外围模块,再实行核心模块。玉柴公司先以销售系统为突破口。

2. 人员培训

一般的企业在实施MRP Ⅱ项目时,非常强调培训的作用,将培训贯穿在实施过程的始终,培训的内容也非常丰富,并针对对象不同选择不同的内容进行培训。玉柴公司在选择CA-MANMAN/X软件之前没有对企业领导和员工进行培训,因而在实施过程中穿插进行培训,因为实施过程中主要涉及具体操作,所以培训的重点是业务人员,内容以操作为主。

3. 获得的经济效益

(1)可计算的经济效益。

① 库存方面。物料存储量的准确性得到提高,缺料、待料情况减少,同时储备数量与金额减少;业务人员摆脱了大负荷、低水平的手工作业,减少了不必要的重复工作;库存准确性的提高也提高了客户服务水平;库存系统同其他系统的集成,管理部门可以随时查询,对各仓库库存数及占用资金做到心中有数,方便管理和监督;物料周转率提高,呆滞比例下降。

② 人工方面。实施MRP Ⅱ后,业务员就是操作员,取消了长期以来专职微机操作员岗位,每年可以节省不少成本。

(2)不可计算的经济效益。

① 基础管理有进步。由于玉柴公司发展较快,本来就不扎实的基础管理工作与现实要求的差距越来越大,CA-MANMAN/X的实施,直接拉动了基础管理工作,尤其是在基础数据的管理上,如设计与制造BOM、工艺路线、工时定额、计划价格、供应商、客户等资料的标准化,以及公司级编码体系的完善,其意义远远超过CA-MANMAN/X的实施本身。

② 业务程序理顺。在手工操作方式下,跨部门的业务都是由人来协调的,人治色彩浓,责任不清,出现问题相互推诿。随着CA-MANMAN/X的推行,在公司层面上理顺了业务处理流程及各部门的责任关系,明确了业务协调方式,为公司实现"精细作业,精细管理"提供了技术基础。

③ 销售方面。销售系统的实施,使销售人员从此摆脱了大负荷、低水平的手工作业,利用计算机除了完成正常业务合同、订单、出入库、发票和财务进账等活动外,还能利用现有系统的数据,进行销售流向、产品销售、地区分布趋势、销售动态、销售结构分析、订单分析等统计分析。

④采购方面。采购系统和库存管理系统集成，采购人员不必花费大量的时间查询库存；有利于采购部门人员对自身的控制，也加强了公司对采购部门的了解和监控。

⑤生产方面。MRP Ⅱ 的实施，实现了从生产领料、下达生产进度计划、完工生产进度计划到产品交库等一系列生产制造过程的计算机辅助管理。而且，信息传递及时，反馈迅速，有利于各级管理人员指挥生产。

⑥财务方面。尽管财务系统和其他系统没有集成，但由于库存的准确性提高，采购业务及生产的规范化，使得财务数据的来源畅通，准确性和及时性都有了保证。

7. 分销资源计划

分销资源计划（Distribution Resource Planning，DRP）将 MRP 的原则和技术推广到最终产品的存储和运输领域。MRP 包含一个主生产计划，然后把它分解成零部件的毛需求量和净需求量；相应地，DRP 从最终用户（POS 系统）的需求量开始（这是一种独立需求），向生产企业倒推，建立一个经济的、可行的系统化计划，来满足用户需求。

利用准确可靠的需求预测，DRP 制订一个分阶段的产品从工厂或仓库到最终用户的分销计划，解决分销商品的供应计划和调度问题。它的基本目标是合理地进行分销商品资源配置，达到既保证有效地满足市场需要，又使得配置费用最省的目的。

DRP 对现实需求非常敏感，使合适的产品能及时到达用户手中，是替代再订货点法的一种手段。适用 DRP 的企业类型一般有以下两种：

（1）流通企业。特别是一些含有物流业务的企业，如储运公司、配送中心、流通中心等，我们将它们统称为"物流中心"，无论这些企业是否从事商品销售业务，它们都必然有储存和运输的业务，也就是有进货或送货的业务。物流中心接受一些生产企业的委托存货，或者自己从生产企业购进货物存放在自己的仓库里，然后为生产企业销售部门或流通企业的订货用户送货。物流中心可能还有自己的下属物流中心，这些下属物流中心分布在各个地区，也从物流中心进货在当地进行配送。物流中心追求的目标是，一方面保证满足用户的需要，另一方面力争自己的总费用最省、自己的资源（车辆、仓库等）利用率最高。

（2）自己具有销售网络和储运设施的生产企业。有的生产企业，特别是大型生产企业，有自己的销售网络和储运设施，自己生产的产品完全自己销售，或者部分自己销售、部分交流通企业销售。这样的生产企业面对市场来组织生产，既搞生产又搞流通，其分销业务通常由企业的流通部门承担，具体组织储、运、销活动，而由企业的生产部门提供商品资源。

二、库存盘点的方法

在库存过程中，有些货物因存放时间太长或保管不当导致质量受到影响。为了对库存商品的数量进行有效控制，并查清商品在库中的质量状况，必须定期或不定期地对各储存场所进行清点、查核，这一过程就是盘点。

1. 库存盘点的目的

（1）查清实际库存数量。例如，收发中记录库存数量时多记、误记、漏记，作业中导致商品损坏、遗失，验收与出货时清点有误，盘点时误盘、重盘、漏盘等原因，往往导致账面库存数量与实际存货数量不符，通过盘点清查实际库存数量与账面数量，可以发现问题并查明原因，及时调整。

（2）计算企业资产的损益。库存商品总金额直接反映企业流动资产的使用情况，如果库存量过高，流动资金的正常运转将受到威胁，而库存金额又与库存量及其单价成正比，那么盘点就可以准确地计算出企业实际损益。

（3）发现商品管理中存在的问题。通过盘点查明盈亏原因，发现作业与管理中存在的问题，并做出相应的措施，从而提高库存管理水平、减少损失。

2. 库存盘点的内容

（1）货物数量。通过点数计数查明商品在库的实际数量，核对库存账面资料与实际库存数量是否一致。

（2）货物质量。检查在库商品质量有无变化、有无超过有效期和保质期、有无长期积压等现象，必要时还必须对商品进行技术检验。

（3）保管条件。检查保管条件是否与各种商品的保管要求相符合，如堆码是否合理稳固、库内温度是否符合要求、各类计量器具是否准确等。

（4）库存安全状况。检查各种安全措施和消防、器材是否符合安全要求，建筑物和设备是否处于安全状态等。

3. 库存盘点的范围

盘点范围包括对库存的盘点和对其他财产的盘点。其中，库存的盘点包括原物料、在制品（正在加工或等待继续加工，未检验）、半成品（完成加工或等待继续加工，已检验）、成品的盘点，或者塑料件、五金件、电子元件等的盘点。采用不同的划分方式，就会有不同的盘点范围，但总之盘点范围直接决定盘点工作量的大小。

4. 库存盘点的步骤

库存盘点的一般步骤如图 7.2 所示。

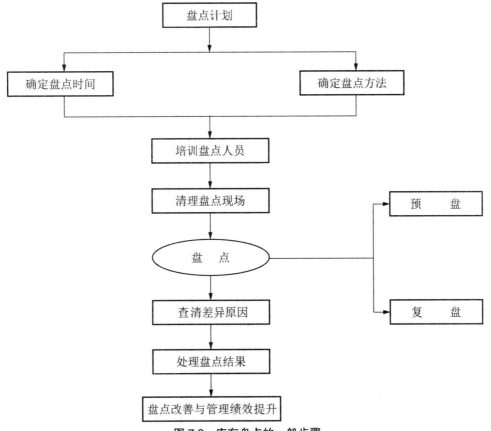

图 7.2　库存盘点的一般步骤

（1）盘点计划。一般来说，盘点计划多在复盘日期的一个月前就要具体拟订并发布。例如，预定6月26—30日为复盘（一般人所称的"大盘点"就专指复盘），那么5月31日前就要确立盘点计划，这样才可以要求仓库人员做好预盘，以待复盘的完善执行。同时，要求生产现场在复盘的多少天以前就调整生产作业，渐渐达到"净空"水准，以利盘点（因为"在制品"是最不容易"计价"的）。此外，对储位进行规划、做出结论并提供给仓库人员，使他们在预盘阶段就融入仓储整顿与储位规划的功能。

（2）确定盘点时间。一般来说，为保证账物相符，货物盘点次数越多越好，但盘点需投入人力、物力、财力，有时大型全面盘点还可能引起生产的暂时停顿，所以，合理地确定盘点时间非常重要。引起盘点结果盈亏的关键原因在于出入库过程中发生的错误，出入库越频繁，引起的误差就越多。

决定盘点时间时，既要防止过久盘点对公司造成的损失，又要考虑配送中心资源有限、商品流动速度较快的特点，在尽可能投入较少资源的同时加强库存控制，可以根据商品的不同特性、价值大小、流动速度、重要程度来分别确定不同的盘点时间。盘点时间间隔可以定为每天、每周、每月或每年盘点一次不等，如A类重要货品每天或每周盘点一次，B类次重要货品每两三周盘点一次，C类不重要的货品每月盘点一次即可。

另外，必须注意的问题是，每次盘点持续的时间应尽可能短，全面盘点以2～6d为佳。盘点的日期一般会选择两个节点：一是财务结算前夕，通过盘点计算损益，以查清财务状况；二是在淡季进行，因淡季储货较少，业务不太繁忙，盘点较为容易，投入资源较少，且人力调动也较为方便。

（3）确定盘点方法。因盘点场合、要求的不同，盘点的方法也有差异。为满足不同情况的需要，尽可能快速准确地完成盘点作业，所决定的盘点方法要对盘点有利，不至于盘点时发生混淆。

① 账面盘点法。账面盘点法先将每一种商品分别设立"存货账卡"，然后将每一种商品的出入库数量及有关信息记录在账面上，最后逐笔汇总出账面库存结余量。

② 现货盘点法。现货盘点法是对库存商品进行实物盘点方法，按盘点时间频率的不同，又分为期末盘点法和循环盘点法。

A. 期末盘点法。期末盘点法是指在会计计算期末统一清点所有商品数量的方法。由于期末盘点将所有商品一次点完，工作量大、要求严格，所以通常采取分区、分组的方式进行。分区即将整个储存区域划分成一个一个的责任区，不同的责任区由专门的小组负责点数、复核和监督。一个小组通常至少需要一人负责清点数量并填写盘存单，第二个人复查数量并登记复查结果，第三人核对前两次盘点数量是否一致、不一致的结果进行检查。等所有盘点结束后，再与计算机或账册上反映的账面数核对。

B. 循环盘点法。循环盘点法是指在每天、每周清点一部分商品，一个循环周期对每种商品至少清点一次的方法。循环盘点通常对价值高或重要的商品检查的次数多，而且监督也严密一些，而对价值低或不太重要的商品盘点的次数尽量减少。循环盘点一次只对少量商品盘点，所以通常只需要保管人员自行对照库存数据进行点数检查，发现问题按盘点程序进行复核，并查明原因，然后进行调整。另外，也可以采用专门的循环盘点单登记盘点情况。

期末盘点法与循环盘点法的比较见表7-2。

表 7-2　期末盘点法与循环盘点法的比较

盘点方式比较内容	期末盘点法	循环盘点法
时　间	期末、每年仅数次	平常、每天或每周一次
所需时间	长	短
所需人员	全体动员（或临时雇用）	专门人员
盘差情况	多且发现得晚	少且发现得早
对营运的影响	需停止作业数天	无
对品项的管理	平等	对 A 类重要货品进行仔细管理；对 C 类不重要货品进行稍等管理
盘差原因追究	不易	容易

要得到最正确的库存情况并确保盘点无误，可以采取账面盘点法与现货盘点法结合的方法，查清误差出现的实际原因。

（4）培训盘点人员。盘点人员的培训分为两个部分：一是针对所有人员进行盘点方法及盘点作业流程的训练，让其了解盘点目的、表格和单据的填写；二是针对复盘与监盘人员进行认货品的训练，让其熟悉盘点现场和盘点商品，对盘点过程进行监督，并复核盘点结果。

（5）清理盘点现场。在盘点作业开始之前，必须对盘点现场进行整理，以提高盘点服务业的效率和盘点结果的准确性。

① 盘点前对已验收入库的商品进行整理并归入储位，对未验收入库属于供货商的商品，应区分清楚，避免混淆。

② 盘点场关闭前，应提前通知，将需要出库配送商品提前做好准备。

③ 账卡、单据、资料均应整理后统一结清，以便及时发现问题并加以预防。

④ 预先鉴别变质、损坏商品。对储存场所堆码的货物进行整理，特别是对散乱货物进行收集与整理，以方便盘点时计数。在此基础上，由商品保管人员进行预盘，以提前发现问题并加以预防。

（6）盘点。

① 预盘阶段。预盘不限于仓库人员，而应该扩大到生产现场，因为生产现场难免仍有在制品，原则上，半成品、余料及成品在盘点前最好已经回缴仓库。当然也有一些"生产器具同样要盘点"，还有一些料品送出托外加工，仍留在托外工厂内，这也是资产，同样要列入盘点范围。

在预盘阶段，首先由盘点主持人以计算机或会计部门的"永续盘存账"为基准编制"预盘明细表"（表 7-3），交给仓库或现场直接责任对象，要求其据表点出应有数量；其次，盘点人员依新储位整顿存置定位，挂上盘点单，记录预盘有关字段，并把预盘结果（包括盘盈、盘亏的差异）呈报盘点主持人。当然，也可以由盘点主持人直接编制"盘点单"交给预盘主办方，而不用编制"预盘明细表"。

盘点主持人除了要稽核预盘进行实况之外，还要针对预盘的差异状况进行分析与调查，并采取补救措施。

表 7-3 预盘明细表（示例）

品类：			预盘期：		年	月	
料号	品名规格	单位	前期盘存量	本期入库量	本期出库量	本期应有盘存量	

在"预盘明细表"中，建议每一品类打印一份，以利于该品类（各料项）仓库主办员便捷应用于预盘作业（因为一般仓储都以同一品类存放同一储位区为原则）。而在字段中，"前期盘存量"与"本期出库量"可以略去。

依据"预盘明细表"，仓库人员在预盘阶段先逐一清点，再挂上"盘点单"（表 7-4），这是最合理的方式。

表 7-4 盘点单（示例）

	盘点单 No.			
品类代号			简称	
料号				
品名				
规格				
单位			应有预盘量	
预盘	日期		盘点人	
	实盘量		盘盈（亏）量	
复盘	日期		盘点人	
	实盘量		盘盈（亏）量	
存料状态	□良　品 G □不良品 B □呆　料 D	备注		

"盘点单"基本上分为三大部分：

A. 第一部分是总字段，包括"盘点单 No.""料号""品名""规格""单位"及"应有预盘量"等。其中，最需要注意的是"盘点单 No."，一般是在盘点前就已印妥，而且顺序按联号控制，由盘点主持人管控。因为基本上盘点一定要把散存于储位区的料品一一回笼到同一储位（区），所以一个料项一张盘点单是合理的。

B. 第二部分是"预盘"有关字段，由预盘者填入"实盘量"及"盘盈（亏）量"，同时签名（含日期）。

C. 第三部分是"复盘"有关字段，由复盘者填入"实盘量"及"盘盈（亏）量"，同时签名（含日期）。

"盘点单"也称"盘点卡"，大多由稍硬卡纸印制，且有铁丝可绑挂，大多设计为三联式，第一联挂料架上（结算完成后再取消），第二联由复盘者撕下呈交盘点主持人，第三联由预盘者撕下呈交盘点主持人，以明确责任，兼作回馈信息。

预盘的注意事项如下：

A. 预盘是最基础的工作，要求"细腻"与"确实"，否则整体盘点工作就不易落实并产生效率。

B. 要依据"预盘时程计划表"去进行，而且依序找定储位区与储位逐一进行，最好把散落在其他储位（区）的存量找到，将其回归固定的储位。同时，依照仓储整顿的理念，分辨呆料与不良品（如有呆料与不良品，则必须移仓，要求另立盘点单），把容器中的零星数整理补齐，弃区空容器，这样才有利于复盘作业。

C. 盘点主持人也要每日盯紧"预盘时程计划表"，与呈交上来的"盘点单"第三联互相勾稽，以控制进度，必要时要到仓库现场去察看确认。

② 复盘阶段。预盘已完成就绪，就可进入复盘阶段。复盘工作多由盘点主持人指派与被盘点部门权责不相干的部门人士担任。例如，物料仓库复盘工作大多由人事、营业、设计等部门人员去担任，而不会由采购或品管等部门人员去担任，因为后两者与物料仓库的关系较为密切。

复盘工作较为单纯，是根据预盘阶段的"盘点单"去复查。复盘者可以要求被盘者逐项将料品卸下，深入清点，再登记实际状况，填入"复盘"有关字段内。盘点后，撕下"盘点单"第一联，呈交盘点主持人。更负责任的复盘人员，还会进一步复查料品的质量状况（甚至存置时间、呆料状况）呈交反映上去。

复盘的注意事项如下：复盘是比较单纯的，一般采取"抽样"详查、每项全盘的理念，每一个料项都要"盘"到。每隔若干料项，一定要详盘，也就是要求预盘者将料项从储位上卸下，逐一清点，以确认其预盘的确实度。如发现有"不落实"之处，可以向盘点主持人呈报，要求重做一次预盘的工作。

（7）查清差异原因。盘点会将一段时间以来积累的作业误差及其他原因引起的账物不符等问题暴露出来，发现账物不符且差异超过容许误差时，应立即追查产生差异的原因。

一般来说，产生盘点差异的原因主要有几个方面：计账人员素质不高，登录数据时发生错登、漏登等情况；账务处理系统管理制度和流程不完善，导致货品数据不准确；盘点时发生漏盘、重盘、错盘现象，导致盘点结果出现错误；盘点前数据未结清，致使账面数不准确；出入作业时产生误差；因盘点人员不尽责而导致货物损坏、丢失等后果。

（8）处理盘点结果。通过盘点查清原因后，为了使账面数与实物数保持一致，需要对盘点盈亏和报废品一并进行调整。除了数量上的盈亏，有些物品还会通过盘点进行价格的调整，对这些差异的处理，可以经主管审核后，采用表7-5所示的更正表进行更正。

表7-5 货品盘点数量盈亏、价格增减更正表

货品编号	货品名称	单位	账面资料			盘点实存			数量盈亏		价格增减				差异因素	负责人	备注
			数量	单价	金额	数量	单价	金额	数量	金额	数量	金额	数量	金额			

（9）盘点改善与管理绩效提升。盘点不应该仅限于资产的结算及财务报表的用途，而应该有更高层次的目标，那就是改善物料管理问题，提升物料管理水准。尤其是"实地盘点"劳师动众，甚至会使产销活动不得不停下来，没有精打细算是不行的。

思考题

（1）简述库存的内容和分类。
（2）简述库存的作用。
（3）库存管理在企业经营中有哪些作用？
（4）ABC 分类法和 CVA 分类法的主要区别是什么？
（5）经济订货批量、订货点法、固定订货周期法的主要原理是什么？
（6）安全库存的主要作用是什么？
（7）MRP Ⅱ 比 MRP 多了哪些方面的计划？
（8）DRP 主要是对于哪些方面进行计划？

项目 8 仓储成本与经济效益分析

【学习目标】

知识目标	（1）了解仓储成本分析的意义和仓储经济核算的意义。 （2）理解仓储成本控制的原则和程序。 （3）理解仓储业务收入的构成和货物仓储费率。 （4）理解仓储经济核算的原则和内容。 （5）熟悉仓储服务收费定价的方法。 （6）熟悉仓储成本的构成和控制方法。 （7）熟悉仓储经济核算指标体系，以及仓储经济效益分析指标和方法
技能目标	（1）能够结合案例分析仓储成本的构成，并在仓储成本控制基本原则的指导下对仓储成本进行控制和开展成本管理。 （2）能够进行仓储服务产品定价、核算仓储费率、结算仓储业务收入，培养仓储业务运营能力。 （3）能够运用仓储经济核算指标进行核算，并分析仓储经济效益
职业道德和素养目标	（1）增强仓储管理工作责任意识。 （2）遵守企业规章制度，严格执行操作规范

【思维导图】

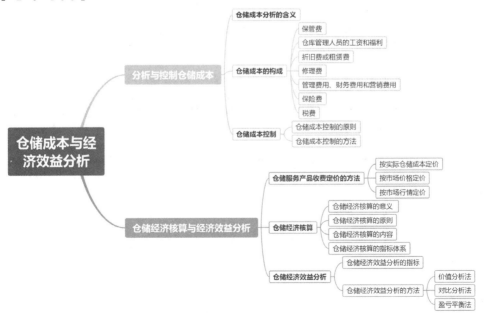

【案例导入】

很多制造型企业将大多数时间花费在物流上,物流仓储成本占了总销售成本的很大一部分,所以供应链上物流的速度和成本是令这些企业苦恼的老大难问题。美的针对供应链的库存问题,利用信息化技术手段,一方面从原材料的库存管理做起,追求零库存标准;另一方面针对销售商,以建立合理库存为目标,从供应链的两端实施挤压,加速了资金、物资的周转,实现了供应链的整合成本优势。

1. 零库存梦想

美的虽多年名列空调产业的"三甲"之位,但是不无"一朝城门失守"之忧。从21世纪开始,在降低市场费用、裁员、压低采购价格等方面,美的频繁变招,其路数始终围绕着成本与效率。例如在广东地区,美的已经悄悄为终端经销商安装进销存软件,即实现"供应商管理库存"(VMI)和"管理经销商库存"中的一个步骤。

对于美的来说,较为稳定的供应商共有几百家,其零配件(出口、内销产品)加起来一共有几万种。利用信息系统,美的在全国范围内实现了产销信息的共享。有了信息平台做保障,美的原有的一百多个仓库精简为8个区域仓,在8h可以运到的地方全靠配送。这样一来,美的流通环节的成本就降低了不少。运输距离长(运货时间为3~5d)的外地供应商,一般都会在美的的仓库里租赁一个片区(仓库所有权归美的),并将其零配件放到片区里面储备。

在美的需要用到这些零配件的时候,它就会通知供应商,然后进行资金划拨、取货等工作。这时,零配件的产权从供应商转移到美的,而在此之前,所有的库存成本都由供应商承担。此外,美的在ERP的基础上与供应商建立了直接交货平台。供应商在自己的办公地点就可登录美的的页面,看到美的的订单内容(包括品种、型号、数量和交货时间等)确认信息,这样一张采购订单就合法化了。

实施VMI后,供应商不需要像以前一样疲于应付美的的订单,而只需要做一些适当的库存即可。供应商则不用备很多货,一般有能满足3d的需求即可。美的零部件年库存周转率上升到70~80次/年,其零部件库存也由原来平均的5~7d存货水平大幅降低为3d左右,而且这3d的库存也是由供应商管理并承担相应成本。库存周转率提高后,一系列相关的财务"风向标"也随之"由阴转晴",让美的"欣喜不已"——资金占用降低、资金利用率提高、资金风险下降、库存成本直线下降。

2. 消解分销链存货

在业务链后端的供应体系进行优化的同时,美的也正在加紧进行对前端销售体系的管理渗透。在经销商管理环节上,美的利用销售管理系统可以统计到经销商的销售信息(如分公司、代理商、型号、数量、日期等),而近些年来则公开了与经销商的部分电子化往来,以前半年一次的手工性的繁杂对账,现在则改进为业务往来的实时对账和审核。

在前端销售环节,美的作为经销商的供应商,为经销商管理库存。这样的结果是,经销商不用备货,"即使备货也是五台十台这种概念",不存在淡季打款的问题。经销商一缺货,美的立刻就会自动送过去,而不需要经销商提醒。经销商的库存"实际是美的自己的库存",这种存货管理上的前移,美的可以有效地削减和精准地控制销售渠道上昂贵的存货,而不是任其堵塞在渠道中,让其占用经销商的大量资金。

美的以空调为核心对整条供应链资源进行整合,使更多的优秀供应商被纳入美的空调的供应体系,进而使美的空调供应体系的整体素质有所提升。依照企业经营战略和重心的转变,为满足制造模式"柔性"和"速度"的要求,美的对供应资源布局进行了结构性调整,供应链布局得到了优化。通过厂商的共同努力,整体供应链在成本、品质、响应期等方面的专业化能力得到了不同程度的提升,供应链能力也得到了提升。

(资料来源:https://wenku.baidu.com/view/83e02199a22d7375a417866fb84ae45c3a35c220.html
[2021-01-10],有改动)

思考:

(1)结合案例分析仓储成本的构成。
(2)结合案例分析美的采取仓库零库存给生产带来的好处。
(3)试分析美的的成功之处。

任务1　分析与控制仓储成本

▶【任务目标】

以学习小组为单位，制订选定的仓储企业的仓储成本控制方案，增加对仓储成本管理的理解，结合仓储成本的构成选用适合的控制方法，培养学生的创新能力与策划能力。

▶【任务内容】

各小组选定组长，在组长的带领下制订书面的仓储成本控制方案。
（1）各小组组织调研，在调研的基础上结合本组选定的企业实际，各小组成员拟订各自企业的仓储成本分析方案，确定各自企业的仓储成本控制的方法，核算各自企业的仓储费率，结算仓储业务收入。
（2）在小组每位成员策划的基础上，以小组为单位，运用头脑风暴等方法，组织深入讨论，统一意见。
（3）各小组成员查找资料，以小组为单位制订仓储成本控制方案。
（4）各小组选派代表以PPT的形式展示小组的方案。

▶【组织方法】

（1）以学习小组为单位，事先收集、查找资料，进行实地调研，了解仓储成本的构成，成本控制的原则、方法，业务收入的构成、核算等知识；在此基础上运用仓储成本控制的相关知识，通过小组讨论，模拟制订所选定企业的仓储成本控制方案。
（2）在统一意见的基础上，形成各组的仓储成本控制方案，制作汇报展示PPT，选派代表说明。

▶【考核评价】

考核项目	考核要求	分值	得分
调查研究和资料收集	完成选取仓储企业，进行实地调研、查找相关资料，学习仓储成本控制的知识，要求过程资料完整、翔实	20	
现场讨论情况	小组成员发表制订仓储成本控制方案的想法，要求口头描述，内容全面、完整	20	
方案制订	结合企业实际制订仓储成本控制方案，既要有创新，又必须具有可操作性，要包括目标、措施、实施，以书面形式展现，内容全面、完整	20	
汇报展示	制作PPT并说明采购计划，要求简洁、明了，汇报清晰且有条理	20	
团队精神	通力合作，分工合理，相互补充	10	
	发言积极，乐于与组员分享成果，组员参与积极性高	10	

【知识库】

一、仓储成本分析的含义

成本分析是为了满足企业各管理层次了解成本状况及进行经营决策的需要,以成本核算资料为基础,结合其他有关的核算、计划和统计资料,采用一定的方法解剖成本变动的原因、经营管理问题及业绩的管理活动。成本管理在企业管理活动中起着重要的作用,它不仅有利于企业揭示问题,找出差距,提高管理水平,确定产品价格,而且可以分清成本的经济责任,促进企业成本责任制的完善。

仓储成本是指仓储企业在开展仓储业务活动中各种要素投入的以货币计算的总和。企业仓储成本是物流总成本的重要组成部分,而物流总成本的高低常常取决于仓储管理成本的大小。企业物流系统所保持的库存水平,对企业生产经营服务或为客户服务起着重要的作用。在物流管理初期,人们早已清醒地认识到,降低仓储成本是继降低制造成本和扩大销售之后的"第三利润源泉"。

仓储成本分析是以会计核算资料为基础,结合业务核算和统计核算资料,采用多种分析计算方法,对仓储成本的静态结构和动态变化进行分析研究,揭示其降耗增效的机会和规律。仓储成本分析对于物流企业来说,意义重大。

(1)仓储成本分析为企业制订仓储经营管理计划提供依据。仓储经营管理计划是仓储企业为适应经营环境变化,通过决策程序和方案选择,对仓储经营活动的内容、方法和步骤进行明确化、具体化的设想和安排。在制订经营管理计划时,企业必须考虑自身的经营能力,仓储成本正是仓储经营能力的重要指标,通过仓储成本的分析,能帮助企业对不同经营方案进行比较,选择成本最低、收益最大的方案制订经营计划,开展经营。

(2)仓储成本分析为仓储产品定价提供依据。仓储企业的根本目的依然是追求利润最大化。仓储企业在为社会提供仓储产品(服务)时,需要有明确的产品价格,即仓储费。从长远看,必须保证仓储费用高于仓储成本,才能保证仓储企业的生存与发展。因此,仓储成本是仓储费制定的主要依据。

(3)仓储成本分析有利于加速仓储企业的现代化建设。仓储成本分析有利于推动仓储技术革新,充分挖掘仓库的潜力,为仓储设施设备改造提供依据。仓储企业要提高仓储能力和仓储效率,必然要进行技术革新,改造设施设备,但是设施设备的投入必须获得相应的产出回报,这必须在准确的成本核算和预测的基础上才能提供保证。

(4)仓储成本分析为仓储企业的劳动管理提供依据。劳动力成本本身就是仓储成本的重要组成部分,但是劳动力成本与其他成本之间可能存在替代关系,也可能存在互补关系,因而确定劳动量的使用的决定性因素是收益,以能够获得总成本最低或者总收入增加为原则确定劳动力的使用量。同时,成本因素也是劳动考核、岗位设置和决定劳动报酬的参考依据。

总之,通过仓储成本分析,最大限度地利用仓储设施和设备,尽量少耗费人力、物力、财力,把库存管理好,把库存控制到最佳数量,为存货企业获取最大的供给保障,准确地确定仓储成本和产品价格,提高仓储企业的经济效益;同时,也可以将企业的经济利益与职工的经济利益紧密地联系起来,提高企业经营者的自觉性,从而提高企业的仓储管理水平和经济效益。

二、仓储成本的构成

商品仓储的成本主要包括两大部分:一是物化劳动的消耗,主要用于仓储设施设备的投资、改造、维修、折旧等,商品储存过程中保管养护的物质消耗等;二是活劳动的消耗,主要包括仓库从业人员的工资、奖金、各种津贴等。这些在仓储过程中的劳动消耗是商品生产在流通领域中的继续,它使商品的价值得到增加,表现为附加价值。根据货物在保管过程中的支出,可以将仓储成本分成以下几类。

1. 保管费

为存储货物所开支的货物养护、保管等费用,包括:仓储生产经营耗用的能源费、水费;仓库的货架货柜、装卸搬运生产使用的工具等低值工具的耗费;绑扎、衬填、苫盖、包装等材料的耗费;进出仓短途搬运装卸费、盘点倒垛费、加工费、重型机械使用费等耗费;因保管不善等原因致使货物遭受毁损而须由仓储企业赔付的费用。

因仓储保管发生的费用较多,多数属于与仓库业务量有关的变动成本或固定成本,有的属于两者皆有的混合成本。这时应配合相应的数学模型进行分解,将其归类到两种不同的成本类型中去,以便于分析计算。

2. 仓库管理人员的工资和福利费

仓库管理人员的工资一般包括固定工资、奖金和各种生活补贴。福利费可按标准提取,一般包括住房基金、医疗及退休养老支出等。计提的工资和福利费都要进入当期的仓储成本。其中,仓储管理人员的工资和福利费列入管理费用,属于固定成本;一般人员的工资和福利费是直接人工费,属于变动成本。

3. 折旧费或租赁费

仓储企业有的是以自己拥有所有权的仓库及设备对外承接仓储业务,有的是以向社会承包租赁的仓库及设备对外承接仓储业务。自营仓库的固定资产每年需要提取折旧费,对外承包租赁的固定资产每年需要支付租赁费。仓储费或租赁费是仓储企业的一项重要的固定成本,是构成仓储企业的成本之一。对仓库固定资产按折旧期分年提取,主要包括库房、堆场等基础设施的折旧和机械设备的折旧等。固定仓储成本与仓储业务量之间呈反函数关系,如图 8.1 所示,即当仓储业务量增加时,单位平均固定成本减少;当仓储业务量减少时,单位平均固定成本增加。

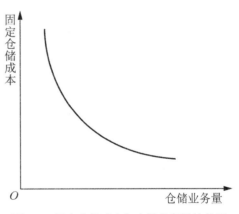

图 8.1 固定仓储成本与仓储业务量的关系

4. 修理费

修理费主要指用于大型设施设备的定期大修理费用。每年的大修理基金从仓储经营收入中提取,提取额度为设备投资额的 3%~5%,专项用于设备大修理费用。大修理费用属于仓储固定成本。

5. 管理费用、财务费用和营销费用

管理费用是仓储企业为组织和管理仓储经营业务所发生的费用,包括行政办公费、工会经费、职工教育费、排污费、绿化费、信息咨询费、审计费、土地使用费、业务费、劳保费及坏账准备等。附属仓储企业分摊的管理费包括仓储设备的保险费、公司分摊到仓储企业的管理费,仓储部门管理人员的工资福利费和办公费、人员培训费、水电费等。

财务费用主要指仓储企业使用投资基金所要承担的利息,即资本成本。当资金为借款时,直接支付利息。如果使用自有资金,也应当对资金支付利息,让利息进入经营成本。

营销费用包括企业宣传、业务广告、仓储促销、交易费用等仓储经营业务活动的费用支出。

以上3种费用在财务会计核算中都为期间费用,在仓储成本分析中都属于固定成本。

6. 保险费

保险费是仓储企业对于意外事故或者自然灾害造成仓储物资损坏所要承担赔偿责任而进行保险所支付的费用。一般来说,如果没有专门约定,仓储物资的财产险由存货人承担,仓储保管人仅承担责任险投保。

7. 税费

由仓储企业承担的税费也可看作费用支出,包括仓储营业税或企业所得税在仓储中的分摊,以及仓库场地的房地产税。

三、仓储成本控制

1. 仓储成本控制的原则

(1) 政策性原则。

① 处理好质量和成本的关系。不能因为片面追求降低储存成本,而忽视储存货物的保管条件和保管质量。

② 处理好国家利益、企业利益和消费者利益的关系。从根本上说,降低仓储成本对国家、企业和消费者三者都有利,但是如果在仓储成本控制过程中,采用不适当的手段损害国家和消费者的利益,就是错误的,应予以避免。

(2) 全面性原则。仓储成本涉及企业管理的方方面面,控制仓储成本要进行全员、全过程和全方位的控制。

(3) 经济性原则。

① 因推行仓储成本控制而发生的成本费用支出,不应超过因缺少控制而丧失的收益。同销售、生产、财务活动一样,任何仓储管理工作都要讲求经济效益,为了建立某项严格的仓储成本控制制度,需要发生一定的人力或物力支出,但这种支出要控制在一定的范围之内,不应超过建立这项控制所能节约的成本。

② 只在仓储活动的重要领域和环节上对关键的因素加以控制,而不是对所有成本项目都进行同样的控制。

③ 仓储成本控制应具有实用、方便、易于操作的特点,能起到降低成本、纠正偏差的作用。

④ 遵循重要性原则,将注意力集中在重要事项上,对一些无关大局的成本项目可以忽略。

2. 仓储成本控制的方法

仓储成本管理是仓储企业管理的基础,对提高整体管理水平、提高经济效益有重大影响,但由于仓储成本与物流成本的其他构成要素如运输成本、配送成本、服务质量和水平之间存在二律背反的现象,降低仓储成本要在保证物流总成本最低、不降低企业的总体服务质量和目标水平的前提下进行。

(1) 在形成一定的社会总规模的前提下,追求经济规模,适度集中库存。适度集中库存是利用储存规模优势,以适度集中储存代替分散的小规模储存来实现合理化。在集中规模的情况下,有利于采用机械化、自动化的方式,有利于形成一定批量的干线运输,有利于成为支线运输的始发站而促使仓储以外的运输费用降低,进而降低仓储总成本。

(2) 提高储存密度,提高仓容利用率。这样做的主要目的是减少储存设施的投资,提高单位存储面积的利用率,以降低成本、减少土地占用。

① 采取高垛的方法,增加储存的高度。具体方法有采用高层货架仓库、集装箱等,较一般的堆存方法都能增加储存高度。

② 缩小库内通道宽度,增加有效储存面积。具体方法有采用窄巷道式通道,配以轨道式装卸车辆,以减少车辆运行宽度要求;采用侧叉车、推拉式叉车,以减少叉车转弯所需的宽度。

③ 减少库内通道数量,增加有效储存面积。具体方法有采用密集型货架、不依靠通道可进车的可卸式货架、各种贯通式货架、不依靠通道的桥式起重机装卸技术等。

(3) 加速周转,提高单位仓容产出。储存现代化的重要课题是将静态储存变为动态储存,因为周转速度快会带来一系列好处:资金周转快、资本效益高、货损货差小、仓库吞吐能力增加、成本下降等。具体做法有采用单元集装存储,建立快速分拣系统,都有利于实现快进快出、大进大出。

(4) 采用"先进先出"方式,减少仓储物的保管风险。"先进先出"是储存管理的准则之一,它能保证每种被储物的储存期不至过长,可以减少仓储物的保管风险。有效的"先进先出"方式主要有以下3种:

① 贯通式(重力式)货架系统。利用货架的每层形成贯通的通道,从一端存入物品,另一端取出物品,物品在通道中自行按先后顺序排队,不会出现越位等现象。贯通式(重力式)货架系统能非常有效地保证"先进先出"。

② "双仓法"储存。给每种被储物都准备两个仓位或货位,轮换进行存取,再规定必须在一个货位出清后才可以补充,则可以保证实现"先进先出"。

③ 计算机存取系统。采用计算机管理,在存货时向计算机输入时间记录,编入一个简单地按时间顺序输出的程序,取货时计算机就能按时间给予指示,以保证"先进先出"。这种计算机存取系统还能保证将"先进先出"不做超长时间的储存并与"快进快出"结合起来,即在保证一定"先进先出"的前提下,将周转快的物资随机存放在便于存储之处,以加快周转、减少劳动消耗。

(5) 采用有效的储存定位系统,提高仓储作业效率。储存定位的含义是被储存物位置的确定。如果定位系统有效,能大大节约寻找、存放、取出的时间,节约不少物化劳动及活劳动,而且能防止出错,便于清点及实行订货点等管理方式。储存定位系统可采取计算机管理,也可采取一般人工管理。行之有效的方式主要如下:

① "四号定位"方式。"四号定位"是用一组四位数字来确定存取位置的固定货位方法,是我国手工管理中采用的科学方法。这4个号码是库号、架号、层号、位号。每一个货位都有一个组号,在物资入库时,对物资编号,记录在账卡上,提货时按四位数字的指示,很容易将货物拣选出来。这种定位方式可以对仓库存货区事先做出规划,并能很快地存取货物,有利于提高速度、减少差错。

② 电子计算机定位系统。电子计算机定位系统利用电子计算机储存容量大、检索迅速的优势,在入库时,将存放货位输入计算机。出库时向计算机发出指令,并按计算机的指示人工或自动寻址,找到存放货、拣选取货的方式。一般采取自由货位方式,计算机指示入库货物存放在就近易于存取之处,或根据入库货物的存放时间和特点指示合适的货位,取货时也可就近就便。这种方式可以充分利用每一个货位,而不需要专位待货,有利于提高仓库的储存能力,尤其是当吞吐量相同时,可比一般仓库减少建筑面积。

(6) 采用有效的监测清点方式,提高仓储作业的准确程度。对储存物资数量和质量的监测有利于掌握仓储的基本情况,也有利于科学控制库存。在实际工作中稍有差错,就会使账物不符,所以必须及时且准确地掌握实际储存情况,经常与账卡核对,确保仓储物资的完好无损,这是人工管理或计算机管理必不可少的。此外,经常监测也是掌握被存物资数量状况的重要工作。监测清点的有效方式主要如下:

① "五五化"堆码。"五五化"堆码是我国手工管理中采用的一种科学方法。储存物堆垛时,以"五"为基本计数单位,堆成总量为"五"的倍数的垛形,如梅花五、重叠五等。堆码后,有经验者可过目成数,大大加快了人工点数的速度,而且很少出现差错。

② 光电识别系统。在货位上设置光电识别装置,通过该装置对被存物的条形码或其他识别装置(如芯片等)进行扫描,就能使准确数目自动显示出来。这种方式不需人工清点,就能准确掌握库存的实有数量。

③ 电子计算机监控系统。用电子计算机指示存取,可以避免人工存取容易出现差错的弊端。如果在储存物上采用条形码技术,使识别计数和计算机连接,每次存取一件物品时,识别装置自动识别条形码并将其输入计算机,计算机就会自动做出存取记录。这样只需通过计算机查询,就可了解所存物品的准确情况,无须再建立一套对仓储物实有数的监测系统,可以减少查货、清点工作。

(7)盘活资产和合理使用外协。因仓储设施设备投入巨大,所以只有在充分利用的情况下才能获得收益,如果不能投入使用或者只是低效率使用,只会造成成本的增加。仓储企业应及时决策,采取出租、借用、出售等方式盘活这些资产。而对于仓储企业不擅长运作的仓储活动,仓储企业也可充分利用社会服务,通过外协的方式,让其他更具有优势的企业提供服务,如运输环节、重型起吊、信息服务等,使本企业充分获得市场竞争的利益。

(8)加强劳动管理,降低管理成本。工资是仓储成本的重要组成部分,劳动力的合理使用,是控制人员工资的基本原则。我国具有劳动力优势,劳动力工资较为低廉,较多使用劳动力是合理的选择。但是,需要对劳动力进行有效管理,避免人浮于事,出工不出力或者效率低下也是成本管理的重要方面。

(9)降低经营管理成本。经营管理成本是企业经营活动和管理活动的费用和成本支出,包括管理费、业务费、交易成本等。加强这类成本管理,减少不必要支出,也能实现成本降低。当然,经营管理成本费用的支出时常不能产生直接的收益和回报,但也不能完全取消,加强管理是很有必要的。

(10)从物流管理的层面考虑降低仓储成本。物流管理最重要的目的就是降低产品的最终成本。独立的仓储经营活动也是构成物流的重要环节,仓储经营者也应该站在全程物流的层面,通过调整其他物流环节或改变仓储运作,努力降低整体成本。

任务 2　仓储经济核算与经济效益分析

》【任务目标】

以学习小组为单位,制订选定的仓储企业的仓储经济效益分析方案,增加对仓储经济核算和经济效益的理解,结合仓储经济核算指标进行经济效益分析,培养学生的创新能力与策划能力。

》【任务内容】

各小组选定组长,在组长的带领下制订书面的仓储经济效益分析方案。

(1)各小组结合本组选定企业的实际,小组成员拟订各自企业的仓储经济效益分析方案,进行仓储经济核算,确定各自企业的仓储经济效益分析的方法,提出提高企业仓储经济效益的建议。

（2）在小组每位成员策划的基础上，以小组为单位，运用头脑风暴等方法，组织深入讨论，统一意见。

（3）各小组成员查找资料，以小组为单位制订仓储经济效益分析方案。

（4）各小组选派代表以 PPT 的形式展示小组的方案。

【组织方法】

（1）以学习小组为单位，事先收集、查找资料，了解仓储服务产品的定价，仓储经济核算的原则、指标体系，仓储经济效益分析的指标和方法等；在此基础上运用仓储经济效益分析的相关知识，通过小组讨论，模拟制订所选订企业的仓储经济效益分析方案。

（2）在统一意见的基础上，形成各组的仓储经济效益分析方案，制作汇报展示 PPT，选派代表说明。

【考核评价】

考核项目	考核要求	分值	得分
仓储经济核算与经济效益分析材料	小组成员完成选取企业的仓储经济核算与经济效益分析，内容包括仓储服务产品的定价、仓储经济核算和经济效益分析等，要求过程资料完整、翔实	20	
现场讨论情况	小组成员发表制订仓储经济效益分析方案的想法，要求口头描述，内容全面、完整	20	
方案制订	结合企业实际制订仓储经济效益分析方案，既要有创新，又必须具有可操作性，要包括目标、方法、措施，以书面形式，内容全面、完整	20	
汇报展示	制作 PPT 并说明方案，要求 PPT 简洁、明了，汇报清晰且有条理	20	
团队精神	通力合作，分工合理，相互补充	10	
	发言积极，乐于与组员分享成果，组员参与积极性高	10	

【知识库】

一、仓储服务产品收费定价的方法

1. 按实际仓储成本定价

（1）仓储收费价格的计量单位。仓储费价格以 "t·d" 为业务量基本计量单位，即每吨货物储存一天的收费为多少元。吨以下的尾数保留三位小数，第四位起四舍五入。一般储存计费的起点为 1t·d，不足 1t·d 的按 1t·d 计算。储存期长的仓库可选用 "吨·月" 为库存量的收费计量单位。车站、港口站台上的暂存货物可按 "t·h" 计量。

计费吨可分为重量吨和体积吨，1 重量吨为 1 000kg；体积吨是体积折算的吨位，1m³ 为 1 体积吨。货物计算时，对重量吨和体积吨按大者计算，即 1 000kg 的货物的体积小于 1m³，按重量吨计费；若 1 000kg 的货物的体积大于 1m³，为轻泡货，则按体积吨计算。

不可以重叠堆垛的货物，可按占地面积计费，一般用仓库内地面每平方米负荷量折算成吨位计费（t/m²）。表 8-1 显示了单位有效面积货物堆存量定额。

表 8-1 单位有效面积货物堆存量表

货物名称	包 装	单位有效面积货物堆存量定额 / (t/m³)	
		仓 库	堆 场
糖	袋	1.5～2.0	1.5～2.0
盐	袋	1.8～2.5	1.8～2.5
化肥	袋	1.8～2.5	1.8～2.5
水泥	袋	1.5～2.0	1.5～2.0
大米	袋	1.5～2.0	1.5～2.0
面粉	袋	1.3～1.8	1.3～1.8
棉花	捆	1.5～2.0	1.5～2.0
纸		1.5～2.0	1.5～2.0
小五金	箱	1.2～1.5	1.2～1.5
橡胶	块	0.5～0.8	0.5～0.8
日用百货	箱	0.3～0.5	0.3～0.5
杂货	箱	0.7～1.0	0.7～1.0
生铁	块	2.5～4.0	2.5～4.0
铝、铜、锌	块	2.0～2.5	2.0～2.5
粗钢、钢板	件	4.0～6.0	4.0～6.0
钢制品		3.0～5.0	3.0～5.0

（2）按仓储平均单位成本定价。在大多数情况下，仓储企业为了生存发展，都在测定出单位成本和平均利润率的情况下，采用下式确定收费价格。

仓储服务收费单价 = 单位仓储成本 × （1+ 利润率）

式中，单位仓储成本 = 仓储总成本（元）/ 库存总量（t·d）。

一般来说，仓储总成本 = 设备修理费 + 工资和福利费 + 仓储保管费 + 管理费 + 财务费 + 营销费 + 保险费 + 税费 + 折旧费 + 租赁费；库存总量 = 仓库面积 × 单位面积存量 × 保险系数 × 计算期天数。

上式中的保险系数为仓库利用系数，按历史水平和计算期的情况测定。计算单位平均仓储成本的分子、分母，若采用报告期及以前的实际数，则计算结果不能代表计划期和预测期的实际水平。因此，应在过去实际数的基础上结合未来的变化做出预测调整，才能制定出代表未来的收费单价。

以上介绍的是按平均单位成本计算平均收费单价的基本方法。在实际工作中，仓储企业的收费单价是按存货类别分别定价的。大多数仓储企业都将存货的保管费分为普通存货、轻泡存货、贵重品和危险品、集装箱等各大类分别进行定价，给实际仓储成本核算带来了很大的方便。

（3）贵重品和危险品的仓储收费单价。贵重品和危险品一般存放在专门库区，制定仓储收费单价时，可以将实际发生的贵重品和危险品的仓储管理费用分摊到每百元库存品上，形成单位贵重品和危险品资金库存费率，凭单位资金库存费率对仓储物品总金额收费。

$$单位贵重品和危险品资金库存费率 = \frac{贵重品和危险品仓储总成本（元）}{仓储贵重品和危险品金额（百元）} \times 100\%$$

贵重品和危险品仓储收费额 = 贵重品和危险品库存总金额（百元）× 单位贵重品和危险品资金库存费率

2. 按市场价格定价

市场价格定价法是仓储企业根据市场的行情、外资物流企业的压力和自身发展的需要而采用的一种仓储服务产品的价格制定方法。由此法制定的仓储收费单价是仓储服务的供求双方协商以后都可以接受的价格，能促进双赢目标的实现。

（1）仓储收费单价和仓储业务量之间的关系。仓储市场的需求是指在一定时期内、一定的价格条件下，市场对仓储服务产品的总体需要量。随着市场经济的快速发展，社会物质产品极大丰富，仓储的需求随着社会对物质的需求增大而迅速增长。仓储企业的储存业务量明显受到仓储成本和收费单价的影响，储存单价低时，仓储量增大；反之，仓储业务量会缩小。仓储收费单价和仓储业务量之间的关系如图 8.2 所示。

（2）仓储收费价格与仓储产品供给之间的关系。仓储市场供给是指在一定时期内、一定价格条件下，仓储行业所能向市场提供的仓储服务产品的总量。随着收费价格的增长，仓储行业愿意提供的仓储服务产品就增加；当收费价格下降时，一些仓储成本较高的仓库亏损，仓储企业就会减少仓储服务产品的供给量。仓储收费价格与仓储产品供给之间的关系如图 8.3 所示。

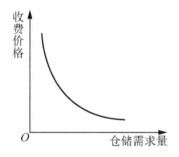

图 8.2 仓储收费单价和仓储业务量之间的关系　　图 8.3 仓储收费价格与仓储产品供给之间的关系

（3）收费价格与仓储量的关系。处在同一市场的仓储需求和供给，在不断的供需调节中，会暂时达到平衡。平衡点是供给量等于需求量时的仓储收费价格，这时收费价格与仓储量之间的关系如图 8.4 所示。

3. 按市场行情定价

（1）竞争价格法。仓储企业欲争取到客户，通常会主动采取部分让利的措施，将仓储收费价格定得较低，使仓储收费价格具有吸引力和竞争力。这样随着仓储业务量的增加，仓储企业的效益就会跟进。

（2）追随价格法。追随价格法又称被动竞争价格法，是指仓储企业完全按照市场中具有优势的仓储经营企业的价格定价，避免引起恶性的价格竞争。

（3）价格歧视定价法。价格歧视定价法是指对不同的客户采取不同的定价的方法，可进一步细分为：一是根据每个客户的支付能力进行定价的一级价格歧

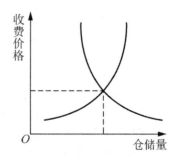

图 8.4 收费价格与仓储量之间的关系

视方法；二是按照不同的仓储量进行定价的二级价格歧视方法；三是针对不同的客户群采取不同价格的三级价格歧视方法。采取价格歧视的仓储企业应具有一定的垄断能力，事先对具有不同价格承受能力的客户进行市场细分。

以上随行就市地制定地仓储收费价格，应适当地参考仓储服务质量和实际仓储成本，避免亏损和顾此失彼。

二、仓储经济核算

1. 仓储经济核算的意义

仓储的各项生产经营活动都与经济效益有着密切的联系，同时仓储的各项经济技术考核指标是经营管理成果的集中体现，是衡量仓储管理水平高低的尺度，也是考核各项工作成绩的重要手段。因此，建立健全一整套行之有效的考核指标体系，对于加强仓储管理、提高经济效益来说有着十分重要的意义。

（1）有利于提高现代仓储的经营管理水平。经济核算中的每个指标均反映了现代仓储管理中的一个侧面，而一个有效的、完整的指标体系能反映管理水平的全貌，通过对比分析就能找出工作中存在的问题，以利于提高管理水平。随着物流业的发展，仓储行业的竞争也日趋激烈，要使所经营的现代仓储企业始终能立于不败之地，优化管理、增强自身的竞争力、加强经济核算已势在必行。

（2）有利于落实现代仓储的经济责任制。经济核算的各项指标是实行现代仓储经济核算的依据，也是衡量各岗位工作好坏的尺度。要推行现代仓储管理的经济责任制，实行按劳取酬，必须建立并完善的经济核算制度。

（3）有利于加快仓储企业的现代化建设。经济核算会促进现代仓储企业优化劳动组织，改变人浮于事、机构臃肿的状况，从而提高劳动效率，降低活劳动的成本。经济核算能促进企业改进技术装备和作业方法，找出仓储作业中的薄弱环节，对消耗高、效率低、质量差的设备进行挖潜、革新、改造、更新，并有计划、有步骤地采用先进技术，提高仓储机械化、自动化水平，从而逐步实现现代化。

（4）有利于增加现代仓储的经济效益。仓储企业作为独立核算的企业，经济效益的好坏已成为直接关系其能否生存的大事。因此，加强经济核算，找出管理中存在的问题，降低成本、提高效益，应成为仓储企业的首要任务之一。

2. 仓储经济核算的原则

（1）科学实用。仓库考核指标体系要具有科学性和实用性。科学性原则是指考核指标体系应能客观、真实地反映仓储管理的水平，符合经济规律。实用性原则是指考核、评价指标体系的方法、内容应与仓库现实情况相适应，能如实反映仓库实际经营水平。

（2）标准规范。考核的内容、核算的指标标准规范，才能使评价结果具有公正性，约束人为因素和随意性，也才能激励仓库职工比、学、赶、帮、超，力争上游。

（3）全面协调。指标体系中反映的内容应综合、全面，各指标之间应互相联系、互相制约，从而达到互相协调、互相补充的要求。考核评价的指标必须把影响仓储管理的各种因素系统地反映出来。

（4）可比稳定。严格保持对比指标的可比性是计算和分析指标的基本原则。所谓指标的可比性，是指对比的两个指标是否符合所研究任务的要求，比得合理，对比的结果要能说明所要说明的问题。同一空间的对比指标，其计算内容、方法、范围、单位等应相同；不同空间的对比指标，其所属时期或时点应统一。指标体系一旦确定，应在一段时间内保持相对稳定,不易经常变动、频繁修改,以便进行不同时间、同一指标的对比分析。

3. 仓储经济核算的内容

(1)劳动消耗的核算。仓储管理中的劳动消耗包括两大方面,即物化劳动消耗和活劳动消耗。物化劳动消耗主要包括商品保管、养护过程中的各种物资消耗、包装物、固定资产折旧、仓库作业工人的劳保用品等。活劳动消耗主要是仓库从业人员为仓储经营工作付出的各种劳动。这部分内容是以仓储成本方式进行核算的,是经济核算中的基本内容。

(2)经营成果的核算。仓储企业经营成果主要包括商品仓储的数量、质量,作业人员的工作质量、效率,企业的收入、成本、利润、上缴利税等。这部分内容是经济核算中的重要内容,常作为衡量仓储企业管理水平、效益好坏的重要标准。

(3)资金运用的核算。仓储企业要能正常运营,资金的合理使用是非常关键的问题之一。必须认真核算企业固定资金和流动资金的使用情况,进行对比分析,找出问题,及时改进,努力提高固定资产的使用效率,加快流动资金的周转,从而提高企业的效益。

4. 仓储经济核算的指标体系

在仓储企业管理中,经济核算工作有着极其重要的意义,因而建立一套完整、有效的经济核算指标体系十分必要。仓储企业经济核算指标可分为七大类,这七大类指标既相互联系,又从不同的侧面、用不同的方法,系统地反映了仓储经济技术管理水平的全貌,从而构成了一个完整的经济核算指标体系。

(1)商品仓储数量指标。

① 商品储存总量。商品储存总量是指在一定时期内(通常为月度或年度)入库商品的总量,是考核和评价仓库经营管理成果的最基本的指标之一,计量单位:t。

$$商品储存总量 = 实重商品吨数 + \frac{轻泡商品体积}{2}$$

式中,实重商品指的是重量达 1 000kg,而体积不足 $2m^3$ 的商品;计算商品储存总量时,实重商品吨数按其实际重量吨数计算。"轻泡商品"指的是体积达 $2m^3$ 而重量不足 1 000kg 的商品;计算商品储存总量时,轻泡商品吨数按其体积(m^3)数的一半,计入商品储存总量,即每 $2m^3$ 计算为 1 000kg。

② 每平方米储存量。每平方米储存量是指仓库每平方米使用面积平均每日储存商品的数量,是一个综合评价仓库利用程度和经营管理水平的重要指标,计量单位:t/m^2。

$$每平方米储存量 = \frac{日平均储存量}{仓库使用面积}$$

式中,日平均储存量 = 报告期商品储存总量/报告期日历天数报告期商品储存总量等于报告期每天的库存商品数量之和;仓库使用面积之和等于仓库中货场、货棚、库房的使用面积之和(货棚使用面积与货场使用面积类似)。

③ 货场使用面积。货场使用面积是指货场中可以用来储存商品所实有的面积之和,即货场地坪的总面积扣除排水明沟、灯塔、水塔等剩余的面积之和,计量单位:m^2。

$$货场使用面积 = 货场总面积 - 排水明沟、灯塔、水塔等固定建筑物面积$$

(2)商品仓储质量指标。

商品仓储质量指标主要是用以考核仓库经营管理工作质量高低,评价仓库管理人员工作质量好坏的重要指标。

① 仓库利用率。仓库利用率是衡量仓库利用程度的重要指标，是反映仓库管理工作水平的主要经济指标之一，可以用仓库面积利用率和仓库容积利用率两个指标来表示。

$$仓库面积利用率 = \frac{报告期商品实际堆放面积}{报告期仓库总面积} \times 100\%$$

式中，报告期商品实际堆放面积是指报告期仓库中商品储存堆放所实际占据的有效面积之和；报告期仓库总面积是指从仓库的围墙线算起整个围墙所占有的面积。

$$仓库容积利用率 = \frac{报告期平均每日实际使用的容积}{报告期仓库有效容积} \times 100\%$$

$$报告期平均每日使用的容积 = \frac{报告期储存商品体积之和}{报告期日历天数}$$

式中，报告期储存商品体积之和等于报告期仓库中每天储存的商品体积之和。

② 平均保管损失。平均保管损失是指一定时期内平均每吨储存商品的保管损失金额，是衡量和考核仓库保管人员工作质量的重要标志，计量单位：元/吨。

$$平均保管损失 = \frac{保管损失金额}{平均储存量}$$

式中，保管损失的计算范围是因保管养护不当而造成商品的霉变残损、丢失短缺、超定额损耗，以及不按规定验收、错收错付而发生的损失等。有保管期的商品，经仓库预先催办调拨，但存货部门未能及时调拨出库而导致的损失，不能算作仓库的保管损失。商品保管损失是仓库一项直接的损失，应尽量避免和减少。

通过核算保管损失，可以进一步追查保管损失的事故原因，找出管理中的漏洞，加强保管人员的岗位责任制。在计算该指标时应注意，分子、分母的计算时期必须统一，内容也应一致。

③ 商品的损耗率。商品的损耗率又称库存商品自然损耗率，是指在一定的保管条件下，某商品在储存保管期中，其自然损耗量与入库商品数量的比率，以百分率或千分率表示。

$$商品损耗率 = \frac{商品损耗量}{商品库存总量} \times 100\%（或1000‰）$$

或

$$商品损耗率 = \frac{商品损耗额}{商品保管总额} \times 100\%（或1000‰）$$

商品损耗率指标主要用于易干燥、风化、挥发、失重或破碎商品保管工作的考核。为了核定商品在保管过程中的损耗是否合理，一般对不同的商品规定相应的损耗率标准，又称为标准损耗率。若仓库的实际商品损耗率低于该标准损耗率，则为合理损耗；反之，则为不合理损耗。商品损耗率指标是一个逆指标，指标值越小说明商品储存保管工作做得越好，应力争使商品的损耗率降到最低点。商品损耗率不仅是考核仓库保管工作质量的指标，而且是划清仓库与存货单位商品损失责任界限的重要指标。

④ 平均收发时间。平均收发时间是指仓库保管员收发每一笔商品（即出入库单据上的每一种商品）平均所用的时间，是反映仓库工作人员劳动效率的质量指标，计量单位：小时/笔。

$$平均收发时间 = \frac{收发货的总时间}{收发货的总笔数}$$

收发货时间一般是指自单、货到齐开始计算，商品经验收入库后，把入库单据送交保管会计登账为止的时间。发货时间是指自仓库接到发货单（调拨通知单）开始，经备货、包装、填制装运清单等，直到办妥出库手续为止的时间。但是，在库待运时间不列为发货时间。制定和考核平均收发时间指标的目的是缩短仓库的收发货时间，提高服务质量，加速在库商品与资金的周转,促进购销,提高经济效益。

⑤ 收发货差错率。收发货差错率是以收发货所发生差错的累计笔数占收发货总笔数的比例来计算的,常以千分率来表示。

$$收发货差错率 = \frac{报告期收发货差错累计笔数}{报告期收发货总笔数} \times 1000‰$$

该指标是仓库管理中重要的工作质量考核指标,能反映仓库保管人员收发货的准确性,可作为竞争上岗、考核奖金的依据。

(3)商品仓储收入指标。

商品仓储收入水平的高低直接影响企业的收益,综合地反映了现代仓储企业管理的经营成果,计算和考核该指标,对于扩大商品仓储业务、提高效益都有着十分重要的意义。

① 商品收入指标的构成及计算。确定现代仓储业务的收入,首先应明确收入的组成,然后才能分别计算出各种收入,最后加以核算。

商品仓储收入构成主要由以下部分组成:

A. 商品进出库装卸收入。商品进出仓装卸收入一般先根据装卸商品的重量,再按该种商品的装卸费率(元/吨)进行计算。商品的装卸费率主要是根据装卸商品的难易程度确定的,通常可从有关费率表中查得。

B. 商品储存保管收入。现代仓库的储存保管收入是主营业务收入,其核算方法正确与否,直接关系企业的利益。商品储存保管收入根据商品储存保管的数量、时间、商品价值、保管要求等确定。

C. 商品加工等收入。商品的挑选、整理、包装、简单加工等收入,应根据商品的种类、规格、数量,加工的要求等确定收费标准。仓储企业一般可进行的加工有商品的拣选、整理、修补、包装、集装、熏蒸、代验、计量、刷标、清洗、搭配、更换包装、代收代发、代办保险、代办运输、简单装配等。

除此以外,还有集装箱辅助作业收入,如拆装箱费、存箱费、洗箱费及修理费等。如果仓储企业自己拥有集装箱,能供用户租用,还可收取租箱费。有的仓储企业常将自己富余的设施,甚至整个库房或库区,按技术条件或面积租赁给用户,来收取租金。

综上所述,(一定时期内)商品仓储营业收入的计算公式为

商品仓储营业收入 = 商品进出库装卸收入 + 商品储存保管收入 + 商品加工等收入

② 平均仓储收入。平均仓储收入是指在一定时期内仓储保管一吨商品的平均收入,常以月度为时间计算单位,计量单位:元/吨。

$$平均仓储收入 = \frac{商品仓储营业收入}{平均储存量}$$

计算该指标时应注意:分子、分母必须使用同一计算时期、同一计算范围和内容;分母平均储存量是指月平均的商品储存量,它是一个时点数计算的序时平均数。若已知某月每天的商品储存量,则可用简单算术平均数的方法求出月平均储存量;若已知月初及某月末的商品储存量,则可用"(月初储存量 + 月末储存量)/2"来计算。

该指标是现代仓库主要的经济核算指标之一,综合地反映了仓库的生产经营成果、劳动生产率、保管费用的节约情况、管理水平等。

(4)商品仓储成本指标。

商品的仓储成本主要分为保管费、折旧费、修理费、人员工资和福利费、保险费等。

(5)商品仓储利润指标。

仓储企业生产经营追求的目标是利润,直接关系企业能否生存发展;同时,利润又是考核、评价其生产经营管理最终成果的重要指标。

① 利润总额。利润总额是指仓储企业在一定时期内已实现的全部利润，等于仓库实现的营业收入扣除储存成本、税金，加上其他业务利润、营业外收支净额后的总额。所以，利润总额又称为实现利润。

$$利润总额 = 仓库营业利润 + 投资净损益 + 营业外收入 - 营业外支出$$

$$仓库营业利润 = 仓库主营业务利润 + 其他业务利润 - 管理费用 - 财务费用$$

仓库营业利润是指仓储企业利用各种资源在企业内获得的利润，包括仓库储存保管利润、仓库保管材料销售利润、出租包装物等取得的利润。投资净损益是指仓库用各种资源在企业外投资，所取得的收益或损失。营业外收入是指与仓储企业生产无直接联系的收入，如逾期包装物的押金没收收入、罚款的净收入、其他收入等。营业外支出是指与仓储企业生产无直接关系的一些支出，如企业搬迁费、编外人员的生活费、停工损失、呆账损失、生活困难补助等。

② 每吨保管商品利润。每吨保管商品利润是指在报告期内储存保管每吨商品平均所能获得的利润，计量单位：元／吨。

$$每吨保管商品利润 = \frac{报告期利润总额}{报告期商品储存问题}$$

式中，报告期商品储存总量一般是指报告期间出库的商品总量而非入库的商品总量。

③ 资金利润率。资金利润率是指仓储企业在一定时期实现的利润总额占全部资金的比率，常用来反映仓储企业的资金利用效果。

$$资金利润率 = \frac{利润总额}{固定资金平均占用额 + 流动资金平均占用额} \times 100\%$$

从上式可以看出，资金利润率与全部资金平均占用额成反比，与利润总额成正比。因此，要提高仓储企业的资金利润率的途径有两条：一是在资金占用额一定的条件下，要努力增加利润总额；二是在利润总额一定的前提下，要妥善管理，挖掘潜力，节约材料，尽可能减少资金的占用额。

④ 收入利润率。收入利润率是指仓储企业在一定时期内实现的利润总额占营业收入的比例。

$$收入利润率 = \frac{利润总额}{仓储营业收入} \times 100\%$$

该指标可以分析仓储企业营业收入和利润之间的关系，受储存商品的费率、储存商品结构、储存单位成本等因素的影响。

⑤ 人均实现利润。人均实现利润是指报告年度仓储企业平均每人实现的利润，是利润总额与仓库中全员人数之比，计量单位：元／人。

$$人均实现利润 = \frac{报告年利润总额}{报告年全员平均人数}$$

式中，报告年全员平均人数应采用时点数计算序时平均数的方法来计算；全年利润总额采用时期累计数的方法计算。

该指标是考核仓储企业劳动生产率的重要指标。

（6）商品仓储资金运用指标。

为了反映仓储资金的使用情况和资金使用的经济效果，有必要计算和分析资金运用指标。仓储资金使用的指标主要有两大类：一类是固定资金占用量指标，另一类是流动资金周转速度指标。

固定资金是指固定资产所占用的资金。仓库固定资产是指在仓库经营管理中正在发挥作用的各种主要劳动资料（如库房、叉车、堆垛机等）和可供长期使用的职工生活福利设施（如职工宿舍、俱乐部等）。仓库固定资产必须符合两个标准，即使用期限在 1 年以上且单位价值在规定的限额以上。只有同时具备这两个条件的设备、机器等才能算作固定资产，否则均作为低值易耗品，按流动资产计算。

流动资金是指用于购买材料、燃料、支付工资和其他费用的资金。流动资金与固定资金相比较，主要特点是在于，不会长久地停留在一种使用形态上，而是随着出入库、储存保管作业的不间断进行，由一种形态转化为另一种形态。例如，流动资产的最初形态是货币资金，一部分用于购买保管材料、燃料，另一部分用于支付工资和其他费用。保管材料投入仓储保管、养护生产活动后，改变了实物形态，其价值也一次性地、全部转移到了保管商品的价值上，从仓储保管营业收入中得到补偿。当下一次进仓商品需保管养护时，又需重新购买材料投入仓储生产。流动资金就是这样，周而复始，永远处于往复流动的状态，所以被称为流动资金。流动资金每周转一次会给现代仓储企业带来利润，其周转速度的快慢直接关系企业的利益。

① 固定资金占用量。固定资金占用量是指一定时期内，仓库每储存保管一吨商品所需占用的固定资金数额，常以年度计算，计量单位：元/吨。

$$\text{固定资金占用量} = \frac{\text{固定资金平均占用额}}{\text{商业储存问题}}$$

式中，对于以固定资金平均占用额为时点数计算的序时平均数，若已知年初和年末的固定资金，求全年固定资金平均占用额，可用"（年初的固定资金+年末的固定资金）/2"来计算；若已知各月初的固定资金额，求全年固定资金平均占用额，可用"首尾折半法"来计算；若已知间隔不等的月初或月末的固定资金额，可用间隔不等的时点数计算序时平均数的方法求得。

② 流动资金周转次数。流动资金周转次数是指报告期内仓储的营业收入总额与流动资金平均占用额的比值。它反映了报告期内流动资金完成了几次周转，表明流动资金周转速度的快慢，是考核仓库流动资金利用效率的重要指标之一。

流动资金从货币资金的形态开始，到仓库获得营业收入又回到货币资金形态为止，就算完成了一次周转。因此，报告期的营业收入，可以表明流动资金完成的周转总额。流动资金周转的快慢称为流动资金周转速度。加快流动资金周转速度，就是要缩短流动资金每周转一次的时间。表明流动资金周转速度的指标有两个：流动资金周转次数和流动资金周转天数。流动资金周转次数的计量单位：次；流动资金周转天数的计量单位：d。

$$\text{流动资金周转次数} = \frac{\text{报告期仓储营业收入总额}}{\text{报告期流动资金平均余额}}$$

式中，报告期流动资金平均余额的计算公式为

$$\text{月度流动资金金额} = \frac{\text{月初流动资金金额+月末流动资金金额}}{2}$$

$$\text{季度流动资金金额} = \frac{\text{季内3个月度流动资金平均余额之和}}{3}$$

$$\text{本月止累计流动资金平均余额} = \frac{\text{本月止累计各月流动资金平均余额}}{\text{本月止累计月数}}$$

$$\text{年度流动资金平均余额} = \frac{\text{全年各季度流动资金平均余额之和}}{4}$$

或

$$\text{年度流动资金平均余额} = \frac{\text{全年各月度流动资金平均余额之和}}{12}$$

从流动资金周转次数的计算公式可以看出，报告期仓库在占有一定数量流动资金的条

件下,仓储营业收入总额越大,流动资金的周转次数就越多;同理,为了取得一定的仓储营业收入总额,流动资金周转次数越多,所需占用的流动资金就越少。流动资金周转天数计算公式为

$$流动资金周转天数 = \frac{报告期日历天数}{报告期流动资金周转次数}$$

$$= 报告期日历天数 \times \frac{报告期流动资金平均余额}{报告期仓储营业收入总额}$$

$$= \frac{报告期流动资金平均余额}{报告期平均每天仓储营业收入额}$$

从流动资金计算公式可以看出,在报告期一定的前提下,流动资金周转次数越多,每周转一次所需的天数就越少。为了计算的方便和资料的可比,根据统一规定,年度一律按360d计算,季度一律按90d计算,月度一律按30d计算。

在分析研究流动资金周转速度的同时,还可以计算因加快(或减慢)流动资金的周转速度而节约(或增加)的流动资金数额。计算时既可用报告期流动资金周转天数与计划周转天数对比分析,也可与历史资料对比分析。计算方法为(计算结果负数表示节约,正数表示增加)

流动资金数额 = 报告期平均每天仓储营业收入额 × (报告期流动资金周转天数 − 计划或基期流动资金周转天数)

(7)职工工作量指标。

职工工作量指标能正确反映仓库职工的劳动生产率。劳动生产率的高低是反映仓储企业经营管理水平的重要指标。企业管理者的能力、广大职工的精神面貌、人员安排的合理程度、机械化的利用情况等,都是影响劳动生产率的重要因素。另外,计算职工工作量指标,便于与同行业仓库、历史先进指标进行对比、分析,找出差距,改进提高。

① 保管员平均每人工作量。保管员平均每人工作量是指在一定时期内平均每个保管人员储存养护商品的作业量。它反映了商品仓储及进出库数量与劳动力消耗的比值,属于劳动生产率指标。该指标根据保管员考核工作量内容的不同,可以有多种计算方法。

A. 按保管商品的品种计算:

$$保管员平均每人工作量 = \frac{报告期日保管商品的品种数}{报告期保管人员的平均人数}$$

B. 按保管商品的总量计算:

$$保管员平均每人工作量 = \frac{报告期保管商品的数量}{报告期保管人员的平均人数}$$

C. 按收发商品的笔数计算:

$$保管员平均每人工作量 = \frac{报告期收发商品的笔数}{报告期保管人员的平均人数}$$

D. 按收发商品的数量计算:

$$保管员平均每人工作量 = \frac{报告期收发商品的数量}{报告期保管人员的平均人数}$$

E. 按保管商品的收入计算:

$$保管员平均每人工作量 = \frac{报告期保管商品的总收入}{报告期保管人员的平均人数}$$

其中,报告期保管人员的平均人数是一个序时平均数,可用时点数计算序时平均数的方法求得。保管人员是指仓库中的保管员、保管工人,以及从事验收、发货等工作的所有人员,但不包括专职的记账员、核算员。

具体采用哪个公式计算保管员平均每人的工作量,可以根据各个仓库的具体情况及考核重点而定。一般来说,若保管的商品是少品种、大批量的,流通量又较大的,可根据公式 D 计算;若保管的商品是多品种、少批量的,可根据公式 A、C 计算;若为储存型仓库,主要考核保管商品数量多少,可根据公式 B 计算;若因保管不同商品的难易相差很大,可根据公式 E 计算。

② 全员平均工作量。全员平均工作量是指在一定时期内仓库中平均每个职工承担的仓储作业的数量。因核算仓储作业量的内容不同,该指标也可以用不同的方法计算。

按保管商品的数量计算:

$$全员平均工作量 = \frac{报告期保管商品的数量}{报告期仓库平均职工人数}$$

按收发商品的数量计算:

$$全员平均工作量 = \frac{报告期收发商品的数量}{报告期仓库平均职工人数}$$

其中,仓库平均职工人数是报告期仓库全部职工人数的序时平均数。仓库全部职工包括直接从事保管业务的工作人员、行政管理人员、后勤服务工作人员等所有的职工,但不包括从事运输业务的人员。

三、仓储经济效益分析

仓储管理中的一系列指标计算出来后,只有经过综合分析研究,才能全面认识企业的经济现况,发现存在的问题,找寻解决的方法,才能深刻认识现代仓储管理中的经济规律,从而采取有力措施,提高企业经济效益。

1. 仓储经济效益分析的指标

(1)净资产收益率。净资产收益率是指现代仓储企业在一定时期内的净利润与平均资产的比率,体现了投资者投入的自有资本获取净收益的能力,突出反映了投资与报酬的关系,是评价企业经营效益的核心指标。

$$净资产收益率 = \frac{净利润}{平均净资产} \times 100\%$$

式中,净利润是指仓储企业的税后利润,即利润总额减去应交所得税后的净额。

平均净资产是指仓储企业年初所有者权益同年末所有者权益的平均数,包括实收资本、资本公积、盈余公积和未分配利润。

一般情况下,企业净资产收益率越高,自有资本获取收益的能力越强,营运效益越好,对企业投资者和债权人的保证程度也就越高。

(2)总资产报酬率。总资产报酬率是指仓储企业在一定的时期内所获得的报酬总额与平均资产总额的比例,表明仓储企业包括净资产和负债在内的全部资产的总体获利能力,是评价仓储企业营运效益的重要指标。

$$总资产报酬率 = \frac{利润总额 + 利息支出}{平均资产总额} \times 100\%$$

式中,利润总额是指仓储企业实现的全部利润;利息支出是指企业在经营过程中实际支付的借款利息、债券利息等;平均资产总额是指仓储企业资产总数年初与年末的平均数。

一般情况下,总资产报酬率越高,仓储企业投入产出的水平越好,资产的营运就越有效。仓储企业可将该指标与市场资本利率比较,如果该指标大于市场利率,则表明企业可以利用财务杠杆进行负债经营,以获取更多收益。

(3)总资产周转率。总资产周转率是指仓储企业在一定时期内营业收入净额同平均资产总额的比值,是综合评价仓储企业全部资产经营质量和利用效率的重要指标。

$$总资产周转率 = \frac{营业收入净额}{平均资产总额} \times 100\%$$

式中,营业收入净额是指仓储企业报告期提供的服务等主要经营活动取得的收入减去折扣与折让后的数额。

一般情况下,总资产周转率越高,资产的周转速度越快,仓储企业管理的质量就越高。它不仅能用于分析仓储企业本年度与上年度的资产运营效率与变化,而且还能与同类企业比较,发现差距,以促进企业提高资产的利用效率。

(4)流动资产周转率。流动资产周转率指仓储企业在一定时期内营业收入同平均流动资产总额的比值,是评价仓储企业资产利用效率的又一重要指标(该指标包括流动资金周转次数和周转天数)。

(5)资产负债率。资产负债率指仓储企业一定时期负债总额与资产总额的比例,表明企业总资产中有多少是通过负债筹集来的,是评价仓储企业负债水平的综合指标。

$$资产负债率 = \frac{负债总额}{资产总额} \times 100\%$$

式中,负债总额是指仓储企业承担的各项短期负债和长期负债的总和;资产总额是指仓储企业拥有的各项资产价值的总和,根据有关规定,在计算时应暂扣减清产核资中土地估价入账的价值。

资产负债率是国际公认的衡量企业负债偿还能力和经营风险的重要指标,国内一般认为不高于50%,国际上公认60%比较好。资产负债率若过高,则财务风险就过大;但若过低,则对财务杠杆利用不够。

(6)已获利息倍数。已获利息倍数又称利息保障倍数,是指仓储企业一定时期息税前利润与利息支出的比值,反映仓储企业偿还债务的能力。

$$已获利息倍数 = \frac{息税前利润}{利息支出}$$

式中,息税前利润是指仓储企业报告期实现的利润总额与利息支出的合计数,等于利润总额与实际利息支出之和。

该指标越高,说明企业债务偿还越有保证。国际上公认的企业已获利息倍数为3,但不同行业有不同的标准界限,一般不得低于1,否则债务风险太大。

(7)营业增长率。营业增长率是指仓储企业本年营业收入增长额同上年营业收入总额的比率,表明仓储企业营业收入与上年相比的增长速度,是评价仓储企业成长状况和发展能力的重要指标。

$$营业增长率 = \frac{本年比上年增加的营业额}{上年营业收入总额} \times 100\%$$

$$= \frac{本年营业收入总额}{上年营业收入总额} \times 100\% - 100\%$$

营业增长率是仓储企业生存的基础和发展的标志,营业增长率越高,表明市场前景越好。

(8)资本积累率。资本积累率是指仓储企业本年所有者权益增加额同年初所有者权益的比率,表明仓储企业当年资本积累的能力,是评价企业发展潜力的重要指标。

$$资本积累率 = \frac{本年所有者权益增加额}{年初所有者权益} \times 100\%$$

式中,本年所有者权益增加额等于所有者权益年末数与所有者权益年初数之差。

资本积累率越高,表明仓储企业资本积累越多,企业发展潜力越大,资本的保全性越好,应付风险、持续发展的能力也就越强。如果该指标为负值,则表示企业的资本受到侵蚀,所有者的利益受到损害。

(9)库存周转率。库存周转率是评价仓储企业购入商品、入库保管、销售或使用发货等环节管理状况的综合性指标,是指在一定时期内(通常为1年),库存商品周转的速度。库存周转率越大,说明库存商品周转的速度越快,在平均占用资金相同的情况下,利润率也就越高。所以,库存周转率是测定仓储企业库存管理水平高低的重要指标。

$$库存周转率 = \frac{销售额(或使用额)}{平均库存额} \times 100\%$$

式中,销售额(或使用额)往往不同于出库额,因为出库的商品不一定立即销售,出库的材料也不一定马上进入生产,其中有一部分是准备销售的商品和备用材料,一般出库商品额往往大于销售额或大于使用额。所以,库存周转率计算公式的分子有时采用出库商品额。

平均库存额是一个时点数计算的序时平均数。若已知的资料只有期初库存量(金额)和期末库存量(金额)时,平均库存量(金额)应等于"(期初库存量+期末库存量)/2"。评价库存周转率指标可从两个方面进行:一是高而佳,即销售量远超过库存量,但同时也会产生缺货损失;二是虽低亦佳,说明仓库的库存商品周转得越快,经营效率也越高。

2. 仓储经济效益分析的方法

现代仓储企业管理中经济效益分析的方法很多,最常见的有价值分析法、对比分析法、盈亏平衡分析法、因素分析法等。下面重点介绍前3种分析方法。

(1)价值分析法。

要提高现代仓储的经济效益,无非采用开源和节流两种方法,而降低成本便是为了节流。在降低成本开支的分析方法中,价值分析法是一种较有效的方法,追求采用一种成本更低的方法来实现与原先相同的功能、目的和任务。采用价值分析法有3条基本原则:一是消除浪费,排除无用的环节和工作;二是尽可能采用标准化和规范化的方法;三是经常分析有无更好的方法可以替代现在使用的方法。

在这3条原则指导下,还应对现在采用的方法是什么、其作用(或功能)是什么、采用这种方法的成本是多少、是否存在其他可以完成同样工作的方法、如果存在则其成本开支是多少等几个问题进行考察。

(2)对比分析法。

对比分析法是将两个或两个以上有内在联系的、可比的指标(或数量)进行对比、分析,找出问题、寻出差距,进而认识仓储企业的现状及其发展变化的规律性。对比分析法是经济效益分析中使用最普遍、最简单有效的方法。

① 与计划指标的对比分析。将实际发生的经济指标与计划的同类指标进行对比分析,以检查计划执行的情况。

② 不同时间上的对比分析。将实际发生的经济与企业实际发生的经济指标作纵向比较,既可与上期实际发生的同类指标对比,也可与去年同期实际指标对比,还可与历史最高水平对比分析等,从而找出企业发展的方向、速度,总结经验,挖掘潜力。

③ 不同空间上的对比分析。将企业实际发生的经济指标作横向比较,既可与同类企业的同期同类指标对比分析,也可同一仓储企业中不同库房、货场间同期同类指标对比分析,使企业部门能正确定位,找出差距,采取措施,赶超先进。

④ 结构对比分析。可将研究总体分成若干部分,将各部分指标与总体指标的对比分析,可看出总体指标的内部构成,便于分析原因,改进工作。如分析保管损失时,可分析

霉变残损、丢失短少、错收错付、违规作业等各部分发生的损失所占比重的影响。

采用对比分析法时应注意对比指标的可比性。

（3）盈亏平衡分析法。

现代仓储企业可采用收支分析的方法按期进行评价，并在此基础上预测并制定下一阶段的收支计划目标。现代仓储企业在进行收支盈亏分析时，常使用盈亏平衡分析法。

设仓储的营业收入为 X，固定费用为 A，变动费用为 B，盈利为 M，则

$$X=A+B+M$$

即

$$M=X-A-B=X-(A+B)$$

当 $X>A+B$ 时，仓储的营业收入大于支出，即企业有盈利。

当 $X<A+B$ 时，仓储的营业收入小于支出，即企业出现亏损。

当 $X=A+B$ 时，$M=0$，即收支平衡。$M=0$ 这点称为盈亏平衡点（X_0）。图 8.5 反映出这些盈亏变化情况。

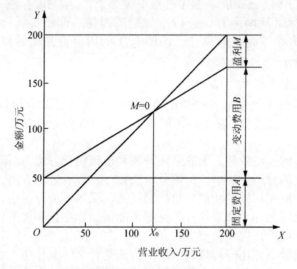

图 8.5　盈亏平衡图

仓储营业收支盈亏点可以通过回归分析的方法求得。先设仓储的营业总费用为 Z，则 $Z=A+B$，再设变动费率为 b，则 $b=B/X$，因此可以得到下式

$$Z=A+bX$$

根据一元线性回归分析法，可以得到

$$A=\frac{\sum Z-b\sum X}{n}$$

$$b=\frac{n\sum XZ-\sum X\sum Z}{n\sum X^2-(\sum X)^2}$$

式中，n 为 X 或 Y 的项数，即月份数或年份数。

当盈亏平衡时（即 $M=0$），则 $X=Z$，由此可以得到盈亏平衡点 $X_0=A/(1-b)$；而当盈利为 M，变动费率仍为 b 时，则 $X=(A+M)/(1-b)$。该公式可用来预测营业收入。

案例阅读

某仓储企业某年每月的营业收入及费用支出情况如表8-2所示。

表8-2 某仓储企业某年每月的收支情况表

单位：万元

月份	营业收入	费用支出(Z)	月份	营业收入	费用支出(Z)
1	181	160	8	179	159
2	165	144	9	185	163
3	169	145	10	199	161
4	170	146	11	201	165
5	180	158	12	208	167
6	176	157	合计	2 185	1 881
7	172	156			

要求计算：
（1）该仓储企业的盈亏平衡点。
（2）若变动费率不变，计划平均每月盈利45万元，则计划年平均每月的营业收入应为多少？

解：据表8-2得出该仓储企业营业收支情况表（表8-3）。

表8-3 该仓储企业营业收支情况表

单位：万元

月份	营业收入	费用支出(Z)	X^2	YZ
1	181	160	32 761	28 960
2	165	144	27 225	23 760
3	169	145	28 561	24 505
4	170	146	28 900	24 820
5	180	158	32 400	28 440
6	176	157	30 976	27 632
7	172	156	29 584	26 832
8	179	159	32 041	28 461
9	185	163	34 225	30 155
10	199	161	39 601	32 039
11	201	165	40 401	33 165
12	208	167	43 264	34 736
合计	2 185	1 881	399 939	343 505

（1）盈亏平衡点 $X_0=A/(1-b)=67.856\ 9/(1-0.482\ 2)≈131.05$ 万元，即每月的营业收入至少为131.05万元，才能做到收支平衡。

（2）当 $M=45$ 万元，b 不变时，计划年平均每月的营业收入应为 $X=(A+M)/(1-b)=(67.856\ 9+45)/(1-0.482\ 2)≈217.95$ 万元，即要在计划年完成平均每月45万元的盈利，该仓储企业每月的营业收入必须达到217.95万元。

思考题

（1）仓储企业成本分析的目的是什么？
（2）简述仓储成本的构成。
（3）如何降低仓储成本？
（4）简述仓储业务收入的构成。
（5）简述按市场价格定价的方法。
（6）仓储经济核算的内容有哪些？
（7）仓储经济核算指标体系由哪些指标构成？
（8）什么是商品仓储质量指标？其具体包括哪些指标？
（9）仓储的利润指标有哪些？
（10）简述仓储经济核算的意义。
（11）仓储经济效益分析的方法有哪些？
（12）简述价值分析法的基本原则。

项目 9
大数据对采购与仓储管理的影响

【学习目标】

知识目标	（1）了解大数据时代现状及其特征。 （2）理解大数据对采购与仓储带来的挑战和机遇。 （3）了解大数据环境下采购管理的商务智能技术应用。 （4）熟悉大数据环境下仓储智能技术的应用
技能目标	（1）能够结合大数据现状分析采购与仓储业务面临的挑战和机遇。 （2）能够对大数据环境下采购与仓储智能技术应用进行分析，并提出应用设想
职业道德和 素养目标	（1）培养学生客观公正、坚持原则、优质服务的素养。 （2）培养学生正确分析物流所处环境的能力，具备随着环境的变化适时调整企业发展策略的能力

【思维导图】

- 大数据对采购与仓储管理的影响
  - 分析大数据对采购与仓储带来的机遇和挑战
    - 大数据时代及其特征
    - 大数据时代对采购的挑战和机遇
    - 大数据时代对仓储的挑战和机遇
  - 大数据环境下采购和仓储管理中商务智能技术的应用
    - 大数据环境下采购管理中商务智能技术的应用
    - 大数据环境下采购和供应链管理的优化和决策
    - 大数据在京东仓储物流中的应用

【案例导入】

近些年，全球物流迎来了新变革，移动互联和大数据成为推动新变革的核心引擎。许多国外物流企业在大数据应用方面都有创新之处，下面归纳了国外物流领域大数据应用的几个案例。

1. DHL

DHL（中外运敦豪国际快递公司）的快运卡车特别改装成 SmartTruck，并装有某型号阅读器，每当运输车辆装载和卸载货物时，车载计算机会将货物上 RFID 传感器的信息上传至服务器，服务器会在更新数据之后动态运算出最优的配送序列和路径。在运送途中，远程信息处理数据库会根据即时交通状况和 GPS 数据实时更新配送路径，做到更精确地取货和交货，对随时接收的订单做出更灵活的反应，以及向客户提供有关取货时间的精确信息。

DHL 通过对末端运营大数据的采集，实现全程可视化的监控，实现最优路径的调度，同时精确到每一个运营节点。此外，拥有特定手机应用程序的顾客可以实时更新他们的位置或者即将到达的目的地，DHL 的包裹配送人员能够实时收到顾客的位置信息，防止配送失败，甚至可以按需更新配送目的地。

2. FedEx

FedEx（联邦快递）甚至可以让包裹主动传递信息，通过灵活的感应器实现近乎实时的反馈，包括温度、地点和光照，使得客户在任何时间都能了解到包裹所处的位置和环境。而且，司机也可以在车里直接修改订单的物流信息。除此以外，FedEx 正在努力推动更加智能的递送服务，实现在被允许的情况下的实时更新和了解客户所处的地理位置，使包裹更快速和精确地送达客户的手中，无论何时何地。当然，可以推测，FedEx 还在收集数据，将来可能会根据收集到的历史数据和实时增量数据，通过大数据解决方案解决更多的问题，提升竞争力。

3. UPS

UPS（美国联合包裹运送服务公司）通过大数据实现配送末端最优路径的规划，同时提出尽量右转的配送策略，每年可以节省很多燃油成本，并增加大量包裹配送。UPS 特有的基于大数据分析的 ORION 系统通过联网配送车辆的远程信息服务系统，实时分析车辆信息、包裹信息、用户喜好和送货路线数据，实时计算最优路线，并全程通过 GPS 跟踪信息。

UPS 最著名的大数据分析案例就是送货卡车不能左转。根据 ORION 系统分析，左转会导致货车在左转道上长时间等待，不仅增加油耗，而且发生事故的比例也会上升。所以，UPS 基于城市车流大数据绘制了"连续右转环形行驶"的送货路线图，可实现高效配送。

此外，UPS 的 ORION 系统也将预测恶劣天气、交通状况，并评估会造成司机送货路线上的行程放缓的其他变数，以提高配送效率。

4. FleetBoard

FleetBoard（致力于通过大数据处理为物流行业客户提供远程信息化车队管理解决方案的公司）通过大数据解决方案实现数据采集和全程监控，包括驾驶司机的驾驶动作、车辆温度、车门打开等细节。车辆上的终端通过移动通信系统与 FleetBoard 的服务器建立联系，互换数据，物流公司或车队管理者可直接访问 GPS 及其他若干实时数据，如车辆行驶方向、停车/行驶时间和装/卸货等信息。FleetBoard 计算驾驶员急加速、急刹车的次数、经济转速区行驶时间和怠速长短等信息之后，通过数据的对比，可以直接帮助驾驶员发现驾驶命令中的问题并改进提高。

此外，对于冷链运输的用户来说，FleetBoard 有专门的数据管理系统，可实时监测冷藏车的温度、车门是否打开等情况，可自动向用户手机或电子邮箱发送警示信息。

5. Con-wayFreight

Con-wayFreight（全球货物运输和物流龙头企业）提供零担运输、第三方物流和大宗货物运输等服务，但是营运过程中产生的海量非结构化数据十分考验其对于数据的提取速度、分析的效率和精确度。

大数据解决方案使得 Con-wayFreight 的高管们能够在开会时，不管谁提出什么问题，系统总能够集成实时增量数据，根据询问和处理非结构化数据快速得出准确的答案，从而做出恰当、及时的运营决策。他们可以定义需要监控的配送流程，预测商业活动内部和外部因素的影响，以及为 CRM 和营销计划提供消费者划分，甚至可以定位到任何一位客户，实时分析送达率和具体的货运损失等信息。而且，相关系统能够将原定目标和实时表现进行对比，使 Con-wayFreight 能够随时根据对比结果全面调整和提高运营表现。

6. YellowBuses

YellowBuses（英国伯恩茅斯地区的公共交通系统运营商）对于大数据的使用一样能够带来奇效。通过对历史运营数据和实时增量数据的分析，YellowBuses 掌控和管理每辆车的运营数据，优化运营路线和发车频率。他们根据对公司现有的历史数据进行分析，并在实时更新的数据的基础上进行评估，能够详细地掌控和管理公司旗下每一辆车。通过及时获取最需要的数据，如维护成本、故障频率、燃料成本和运行路线等，YellowBuses 能够将这些数据与乘客数量、票价、发车频率等实时数据一起分析评估，优化公交路线和发车频率，有效地降低成本，提高服务质量。

7. C.H.Robinson

C.H.Robinson（罗宾逊全球物流）拥有全美最大的卡车运输网络，却没有一辆货车。它通过轻资产运营，用1.5亿美元的固定资产，创造了114亿美元收入、4.5亿美元利润的壮举。C.H.Robinson创立之初，变革了商业模式，主动放弃了自有货车，建立了专门整合其他运输商的物流系统，通过系统对社会资源进行整合，从而建立平台经济。

C.H.Robinson的平台模式由3个部分构成：TMS平台，用来连接运输商；Navisphere平台，用来连接客户；做支付的中间账户，同时提供咨询服务。其中，TMS平台和Navisphere平台对接客户群和运输商，沉淀形成的大数据库可支持其增值服务。客户通过TMS平台对接运输商，通过Navisphere平台找车，通过这两大平台来实现客户与运输商的对接，整个交易平台上沉淀下来的数据可以支持其金融支付业务和咨询业务。

8. FleetRisk Advisors

FleetRisk Advisors（为运输行业提供预测分析和风险预防或补救解决方案的公司）根据历史数据和实时增量数据得出司机工作表现模型和若干预测模型，能够准确地预测可避免的事故、员工流动等问题。例如，根据司机实时的工作表现波动情况，预测司机疲劳程度和排班安排等，为客户提供合理的解决方案以便提高司机安全系数。此外，他们还能根据司机和车辆的实时状况预测可能发生的风险，并及时提供预防或补救解决方案。FleetRisk Advisors通过大数据解决方案得出司机工作表现的若干预测模型，解决了事故发生率和人员流动等人事部门的问题。

（资料来源：https://www.cbdio.com/BigData/2017-06/13/content_5538106.html［2021-01-10］，有改动）

问题：

（1）大数据给各大物流巨头带来了哪些先进的技术？
（2）试分析大数据的现状及特征。
（3）试分析大数据给采购与仓储带来的机遇与挑战。

任务1 分析大数据给采购与仓储带来的机遇和挑战

》【任务目标】

（1）培养分析能力与创新能力。
（2）掌握大数据时代给采购与仓储带来的挑战和机遇。

》【任务内容】

（1）各小组选定组长，在组长的带领下选择采购或仓储企业作为研究对象。
（2）针对选定的采购或仓储企业在大数据时代的变化，收集相关资料。
（3）运用供应市场分析方法分析该变化，并进行书面表达。
（4）制作PPT，进行市场分析汇报。

》【组织方法】

（1）以学习小组为单位，在集中学习大数据、采购与仓储等资讯的基础上，针对业务案例分析进行分析，完成任务内容。
（2）通过小组讨论，在统一意见的基础上，形成最终的分析报告，制作汇报展示PPT，并选派一名成员说明。

【考核评价】

考核项目	考核要求	分值	得分
调查研究和资料收集	查找相关资料，学习大数据的知识，要求过程资料完整、翔实	20	
现场讨论情况	小组成员发表采购与仓储在大数据时代发生变革的看法，要求口头描述，内容全面、完整	20	
报告编制	编制大数据给采购与仓储带来的机遇和挑战的报告，既要有创新，又有现实可操作性，要求包括目标、措施、步骤，以书面形式表达，内容全面、完整	20	
汇报展示	制作PPT并说明大数据给采购与仓储带来的机遇和挑战，要求PPT简洁、明了，汇报清晰且有条理	20	
团队精神	通力合作，分工合理，相互补充	10	
	发言积极，乐于与组员分享成果，组员参与积极性高	10	

【知识库】

目前，在供应链上应用大数据的重心更多的是靠近市场的需求端和营销领域。相对于采购与供应领域来说，首先在市场需求领域更多地开展了大数据的应用，许多企业也已经收获颇丰。因此，在采购与供应领域应该努力迎头赶上时代的步伐，利用大数据为企业和供应链的供应做出更大的贡献。有了充足的数据，若要将其转变为价值，还必须有好的方法和先进的工具。

一、大数据时代及其特征

随着时代的不断进步和科技的飞速发展，互联网、物联网、移动通信、管理信息化、电子商务等技术不断地相互渗透，并作用到社会经济和生活中的方方面面，人们用大数据来描述和定义信息爆炸时代产生的海量数据，并积极地撷取、管理、处理这些数据。据相关资料指出，互联网上的数据每年增长50%，每两年便翻一番，而目前世界上90%以上的数据都是最近几年才产生的。从这些数据每天增加的数量来看，世界目前已进入大数据时代。

1. 大数据时代凸显了数据资源的重要意义

例如，联合国早在2012年发布的大数据政务白皮书中指出，大数据对于联合国和各国政府来说是一个历史性的机遇；美国在2012年就投资并拉动大数据相关产业的发展，将"大数据战略"上升为国家战略，并将大数据定义为"未来的新石油"，把对数据的占有和控制视为陆权、海权、空权之外的另一种国家核心资产；2012年，日本发布了一系列行动计划，明确提出"通过大数据和开放数据开创新市场"；2013年，法国发布了"数字化路线图"，列出了将会大力支持的5项战略性高新技术，"大数据"就是其中一项。我国也将大数据产业看作为战略性产业，并成立了"大数据专家委员会"。在"大数据"2014年十大趋势预测中，包括数据商品化与数据共享联盟化、大数据生态环境逐步发展等内容；同时，预测2014年大数据在互联网和电子商务、金融（股市预测、金融分析等）、健康医疗（流行病监控和预测等）、生物信息、制药等方面将会有令人瞩目的应用。

2. 大数据时代是大数据价值充分发挥的时代

据相关调研报告，全球企业的信息存储总量逐年增加，但是吸引我们的不仅仅是这个庞大的数字本身，而是我们如何利用这些数据做些什么。大数据可以运用到各行各业，一些企业利用大数据分析实现对采购和合理库存量的管理，通过分析大数据了解客户需求、掌握市场动向等。例如，据数据测算，大数据将给美国医疗服务业带来巨大的价值，使美国零售业净利润增长达60%，使制造业产品开发、组装成本下降50%。而且，大数据所带来的新需求，将推动全球信息产业的创新发展。

二、大数据时代给采购带来的挑战和机遇

大数据时代给采购带来的挑战具体表现如下：

（1）商务环境和商务模式变得越来越复杂，且更加动荡、多样和个性化。

（2）电子商务业务模式的飞速发展突破了国界，使得跨境业务速增、商业活动频繁，同时伴随着数据量的剧增。

（3）大数据应用处理成为企业和社会竞争发展的重要焦点。

（4）有效挖掘大数据成为时代面临的重要课题。

（5）许多企业对大数据的重要性认识不足，没有充分了解其价值。

同时，大数据也给采购带来了机遇。下面是一些机构对大数据的调研、认知和应用研究，从不同的方面说明大数据时代给采购带来的机遇其发展现状。

（1）大多数企业正在或即将进行大数据工作，但实际状况却不尽如人意。很多企业并不知道他们能够使用大数据做些什么，造成这一现象的原因主要表现在很多企业不知道如何从数据中获取价值、无法将这项技术与公司战略结合起来、缺乏大数据的处理能力、难以整合多样化的数据资源、企业基础架构遭遇挑战、面临隐私和数据安全问题、在对待大数据项目投资时存在疑惑，甚至还有的企业不知大数据究竟为何物。

（2）很多企业已经意识到对大数据及其技术缺乏理解。据相关调查发现，正在进行的大数据项目中，只有少数组织目前有跨职能的团队来为其供应链评估大数据的潜在价值；项目通常由首席信息官（Chief Information Officer，CIO）负责，其他人员或部门负责较少；企业信息管理系统的复杂度高，通常有多个系统支持他们的供应链，因此数据量巨大且整合困难；数据增长快，大多数企业单个数据库里具有千万亿字节级别的数据；在企业自我评价使用不同的数据类型的能力方面，应用最好的数据首先来源于传统供应链的事务处理数据、新型的地理数据和产品的可追溯性数据，其次是物联网上的各种设备数据和运动应用数据；大数据当前应用的重点是对供应链的可视性，但未来会转向需求数据。

目前，大数据的应用还是处于起步阶段，未来更多的机会与应用将出现在"需求"领域。需求计划、订单管理和价格管理位列前三位，是目前从大数据中获益最高的领域。

三、大数据时代给仓储带来的挑战和机遇

在物流企业的仓储、运输、配送、加工等环节，每天都会涌现出海量的数据。面对海量数据，物流企业在不断增加大数据方面投入的同时，不再仅仅把大数据看作一种数据挖掘、数据分析的信息技术，越来越多的企业把大数据看作一项战略资源。随着大数据时代的到来，大数据技术可以通过构建数据中心，挖掘出隐藏在数据背后的信息价值，充分发挥大数据给物流企业带来的发展优势，在战略规划、商业模式和人力资本等方面做出全方位的部署，为企业物流运营过程中的战略决策、运营规划、资源统筹、人效提升、成本控制等方面提供有力支撑，从而帮助企业优化管理、提高行业竞争力。

仓储物流作为物流运作中的一个重要环节，其日常运营生成和积累了庞大的用户入

库、出库、拣选等订单行为数据，如何通过大数据将这些信息对接，将每个节点的数据收集并整合，通过数据中心分析、处理转化为有价值的信息，是整个仓储物流行业目前最为关心的问题。

1. 政策环境

目前，我国出台的与大数据相关的物流行业规划和政策，主要包括《第三方物流信息服务平台建设案例指引》《商贸物流标准化专项行动计划》《物流业发展中长期规划（2014—2020年）》《关于推进物流信息化工作的指导意见》等，将大数据、信息化处理方法作为物流行业转型升级的重要指导思想。

例如，我国发布的《交通运输推进物流业健康发展的指导意见》指出，加快推进交通运输物流公共信息平台建设，完善平台基础交换网络，加快推进跨区域、跨行业平台之间的有效对接，实现铁路、公路、水路、民航信息的互联互通，并鼓励企业加快推进信息化建设。

又如，我国发布的《第三方物流信息服务平台建设案例指引》指出，对第三方物流信息服务平台建设的指导思想、基本原则、建设类型、建设标准、保障措施与考核要求等进行了具体说明，并收录了目前国内经营模式较为先进、取得较好的经济社会效益的第三方物流信息平台建设案例。

此外，交通运输部编制的物流发展"十三五"规划中，统筹谋划现代物流发展，指出要发展智慧物流，适时研究制订"互联网"货物与物流行动计划，推进移动互联网、大数据、云计算等新一代信息技术的应用；同时，要强化公共物流信息平台建设，完善平台服务功能。

2. 技术环境

在数据获取上，现有的 RFID 技术、传感技术、系统日志抓取技术、EDI 及移动互联网数据抓取技术等，都能从仓内运营中获取各种类型的结构化、半结构化（弱结构化）及非结构化的数据，这些庞大的数据量是大数据服务于仓储物流的根本。目前，需要突破分布式高速、可靠数据抓取，采集、高速数据全映像等大数据收集技术，也需要突破高速数据解析、转换与装载等大数据整合技术，还需要设计质量评估模型，开发数据质量技术。

在数据存储上，进行大数据存储与管理要用存储器把采集的数据存储起来，建立相应的数据库，并进行管理和调用，重点解决复杂的结构化、半结构化和非结构化的可存储、可表示、可处理、可靠性及有效传输等几个关键问题。另外，要开发可靠的分布式文件系统、能效优化的存储技术、去冗余及高效低成本的大数据存储技术，突破分布式非关系型大数据管理与处理技术、异构数据的数据融合技术、大数据索引技术等。

3. 行业环境

譬如说，2013年被称为大数据元年，2014年则被称为移动互联元年。虽然物流大数据研究和应用较缓慢，但从细分市场来看，医药物流、冷链物流、电商物流等都在尝试赶乘大数据这趟高速列车，从实际应用情况来看，目前电商物流凭借互联网平台具有一定的先发优势。大数据或将成为物流企业的强力助手，作为一种新兴的技术，它给物流企业带来了机遇，物流企业合理地运用大数据技术，将对自身的管理与决策、客户关系维护、资源配置等方面起到积极的作用。大数据在电商物流企业中的应用贯穿了整个物流企业的各个环节，其中电商的仓储物流环节由于表单直接与前台销售数据相连，其数据更具挖掘和应用价值。

任务 2　大数据环境下采购与仓储管理中商务智能技术的应用

▶【任务目标】

（1）培养创新能力与策划能力。
（2）掌握分析问题的能力与方法。

▶【任务内容】

（1）各小组选定组长，在组长的带领下进行数据的整理分析。
（2）分析大数据给采购与仓储带来的智能化技术应用，进行书面表达。

▶【组织方法】

（1）以学习小组为单位，在集中学习大数据、采购与仓储等资讯的基础上，收集一些大数据的智能技术应用案例。
（2）通过小组讨论，在统一意见的基础上，形成最终的分析报告，制作汇报展示PPT，并选派一名成员说明。

▶【考核评价】

考核项目	考核要求	分值	得分
调查研究和资料收集	查找相关资料，学习大数据环境下采购与仓储智能技术的应用，要求过程资料完整、翔实	20	
现场讨论情况	小组成员发表对大数据智能技术应用的看法，要求口头描述，内容全面、完整	20	
报告编制	编制大数据智能技术应用，既要有创新，又有现实可操作性，要求包括目标、措施、步骤，以书面形式表达，内容全面、完整	20	
汇报展示	制作PPT并说明招标文件，要求PPT简洁、明了，汇报清晰且有条理	20	
团队精神	通力合作，分工合理，相互补充	10	
	发言积极，乐于与组员分享成果，组员参与积极性高	10	

▶【知识库】

一、大数据环境下采购管理中商务智能技术的应用

当前，客户需求的个性化特征越来越突出，电子商务和互联网营销已经普及，多样化的营销方式随之不断涌现，移动互联网与社交已进入社会生活与工作的不同层面，而传统的管理模式和手段却很难把握和管控需求的变化。

在大数据时代，消费者能够选择购买完全客户化的商品，或从一个可供选择的环境下

自行定制商品。例如，在网上购买计算机商品时，消费者可以根据自己的需要和喜好定制化购买；对于商家来说，为了扩大销售范围、增加市场份额，他们通常采用特殊的促销策略，将多种相关联的商品实行深度捆绑和关联销售。个性化驱使商品的生命周期越来越短、淘汰率不断增大，迫使新品推出越来越快、越来越多。又如，在某些特定的时间点（如"双11"、元旦等），电商商家会采取大面积的降价销售手段，引发消费者大规模的购买行为。

通常，在社会与市场的新环境、新形势下，会涌现出新的商业业态、模式和行为等，这些都给供应链上的需求与供给平衡带来新的难题，使得企业更难以掌握市场需求与资源整合，导致需求与供给失衡、预测不准。当需求信号传递滞后而使得采购与供给计划赶不上需求变化时，就会造成库存大量积压，同时还常常出现库存短缺的现象，这样一来，成本的上升便吞噬了盈利。

对于这些难题，企业可以充分利用大数据技术，基于已有的业务数据，运用商务智能和供应链管理等信息化技术，对各项关键业务进行深度的挖掘与分析，掌握其特性，发现改进的机会并对其进行优化，从而实现由粗放管理到精细管理的转变。对于改进的业务，可以落实在采购与供给业务的各项工作和各个方面上。目前，应用较多或收获较大的环节，主要表现在需求预测、采购战略和业务规则的制定、采购业务的分析与改善、供应商的管理、库存占有量的降低、日常业务可视化监控和预警等方面。

二、大数据环境下采购和供应链管理的优化与决策

日益复杂的商业环境使供应链网络结构的合理性问题成为当前供应链管理的一个重要难题，也是企业供应链管理面临的一个全新挑战。企业与供应链管理人员面临不断提升客户满意度、迎接全球化经营的挑战，他们希望能不断地扩张业务并占领更多的市场，能开发和生产更好的产品，在最恰当的时间和地点，以最低廉的成本、最优惠的价格、最好的状态和质量为最合适的客户提供最佳的商品和服务，能有效地识别和确定供应链策略来实现成本与服务的平衡，并以此获得自身的利益最大化。

长期以来，企业与供应链的管理者苦于缺乏有效的管理方法和技术手段，无法实现科学与正确的决策与优化，来指导业务实现最佳运营。譬如说，在原有服务水平的基础上，原料或零部件应怎样做到成本最低？如何在保持该成本基本不变的前提下提升服务水平？应采取什么采购策略来平衡既定的成本与服务？是自行建立仓库还是由供应商建立仓库？仓库设在何处最合适？仓库里的货物应该为哪些生产或经营点供货？供应多少并以什么方式供应为最佳？如果投入新品或开拓新市场，如何整合现有或新供应商的能力以支持目标生产产能？在季节性需求将增加时，应提前储备多少库存存货？当供给能力出现不足时，是开拓现有供应商供货能力还是寻求新供应商？应该在哪些工厂（仓库等）生产（配送、存储等）哪些产品？分别生产（配送、存储）多少能够实现价值最大化？是否要增加（或减少）经营设施（工厂、仓库、服务中心、门店等）？仓库里各种物资的库存策略怎样制定才能最大限度地降低库存和减少缺货？等等。

上述问题的复杂性在于，其涉及极多因素和这些因素之间的平衡性，想要通过"拍脑门"的人工方式或简单的计算根本无法解决。要想对这些问题做出最优决策，就必须有大数据作为基础，对数据分析提炼后，用供应链管理系统的模拟优化功能对整个供应链网络或某些局部环节进行模拟优化。模拟优化的对象可以是事件、设施、路径、流程、产品、运输、节点等，也可以是这些元素组成的网络及相关的业务，既可以是单目标优化，又可以是多目标优化。

三、大数据在京东仓储物流中的应用案例

大数据对于未来仓储物流的发展有着变革性的意义。仓库的各种物资如何完成高效的运转作业，其核心在于如何挖掘出仓储相关大数据的价值，并将其与仓库的各种设备和作业策略结合起来。随着物流的智能化发展，大数据技术的作用日益凸显。例如，京东通过将大数据技术应用于仓储物流作业的各个环节，形成京东仓储物流的核心竞争力，引导企业走向智能化、精细化的物流发展之路。京东既拥有全品类的仓库，又有全国最复杂的新物流网络，还有最密集的终端配送系统。基于这三个维度，在京东的物流系统中，每天都在产生数以亿万计的实时作业数据，这些真实有效的数据是京东构建人工智能算法平台的基础。在这个大数据的基础之上，京东能够实现平台的自主进化和推演，帮助企业选择出符合业务模型的算法模型，从而让执行系统实现真正意义上的智能。

1. 科学库存布局

电商企业向全品类扩张时必然面临一个问题：如何在全国范围内进行合理的库存布局，以此实现成本和效率之间的最优化。库存布局包含两个维度的含义：一个维度是在各个仓库里面放哪些品类的商品，如何在跨仓之间解决高拆单率的问题；另一个维度是在同一个仓库，哪些商品放在一起是最合适仓储作业的问题。基于这个痛点，京东在以往运营过程中积累的海量数据发挥了作用，通过大数据解析不同的季节、不同的区域、订单和商品的关联度，系统可以知道哪些商品会频繁地被同一个客户下单购买。通过智能算法，京东形成了独有的对商品的第四级分类，该分类方式能够帮助其更好地实现物流服务水平和成本之间的最优。

2. 拣货路径优化

在拣货过程中，一般是由系统下传拣货集合单给拣货人员，由拣货人员按照集合单上的商品顺序依次完成拣货作业。京东原有的仓储系统虽然采用订单的批次处理策略，但主要依赖于仓库人员的经验、人工设置筛选条件来生成拣货集合单任务，从而引起拣货位置分布极其分散、拣货行走路径冗长、拣货路径选择不合理等问题，严重阻碍了仓库的运转效率。而利用大数据后，京东的仓库系统可以根据商品的历史出库数据和储位数据情况来进行自我修正，对具有相似属性的订单进行地理位置上的分类，将局部区域的订单集中在一起，用算法取代人工规划库房的最优拣货路径，用代码代替人腿协助近拣货员奔跑，从而节省拣货行走时间，提升仓库的运转效率。

3. 智能单量预测

利用大数据进行预测是大数据应用中的一个重要方向，通过大数据预测技术，可以挖掘消费者的消费偏好及习惯、预测消费者需求，从而使商品物流环节和客户需求同步进行，将商品提前布局到消费需求周围，并预计运输路线和配送路线，缓解运输高峰期的物流压力，提高客户的满意度和客户黏度。京东将销售预测和销售计划相结合，建立了一套独有的智能单量预测系统。该系统基于实时计算的大数据平台，主要通过对历史销售数据的学习，自动抓取营销方案，可预测某商品在未来的销售单量，输出叠加的单量预测。由大数据支撑的智能单量预测系统能够支持京东全品类千万级自营 SKU（库存保有单位）的需求预测，而且单量预测品类仓维度准确率非常高，是库存管控相关系统重要的基础数据来源，也是京东数字化驱动智慧运营的基础。

4. 仓储作业人效提升

例如，每年的"6.18""双 11"，京东的订单交易额都会增长几倍甚至十几倍，需要在仓库站点完成配送的包裹数也倍增，这种倍增对于物流交互体系来说产生的压力毋庸置疑，而且随着人力成本的提升，依靠传统的人海战术已经越来越难解决这个问题。京东采用基于大数据的人工智能和自动化技术来解决人效问题，如在京东"亚洲一号"系列仓库中，投入使用了大量的 AS/RS、输送线、自动分拣机等物流自动化设备，在这些环节提高了库内作业效率。在京东无人仓中，利用数据感知、机器人融入和算法指导进行生产，全面改变了仓储的运行模式，极大地提升了效率并降低了人力消耗。

在这些人工智能和自动化设备的背后，大数据支撑的算法是核心和灵魂。在上架环节，算法将根据上架商品的销售情况和物理属性，自动推荐最合适的存储货位；在补货环节，补货算法的设置让商品在拣选区和仓储区的库存量分布达到平衡；在出库环节，定位算法将决定最适合被拣选的货位和库存数量，调度算法将驱动最合适的机器人进行货到"人/机器人"的搬运，以及匹配最合适的工作站进行生产。大数据使得京东能够有足够大的信心去面对因消费升级而带来的更大规模的物流交付体系的压力。

未来，物联网技术可以捕捉仓库每一个资源的状态，包括人、设备、库存、订单等，先通过这种动态状态的捕捉，可以即时感知生产线上的瓶颈，再把这些数据汇聚到中央调度系统，由中央调度系统去做柔性的、动态的安排。利用大数据也可以突破现有仓库不同商品、不同作业模式的限制，大数据驱动的策略引擎可以根据当前的订单结构和仓库产能，自主地调控对不同订单、不同业务流程的作业模式，从而解决全领域、全业务形态、全品类商品的同仓生产问题。可见，大数据为仓储物流的精细化作业、智能化作业提供了无限畅想的空间。

思考题

（1）试分析大数据时代的特征。
（2）简述大数据时代采购面临的挑战与机遇。
（3）简述大数据时代采购管理的智能技术应用。

参考文献

蔡改成,2014. 采购管理实务 [M]. 2 版. 北京:人民交通出版社.
崔介何,2010. 物流学 [M]. 2 版. 北京:北京大学出版社.
胡松评,2003. 企业采购与供应商管理七大实战技能 [M]. 北京:北京大学出版社.
李三喜,2006. 物资采购审计精要与案例分析 [M]. 北京:中国市场出版社.
梁军,杨明,2006. 物流采购与供应管理实训 [M]. 北京:中国劳动社会保障出版社.
刘华,2008. 现代物流管理与实务 [M]. 2 版. 北京:清华大学出版社.
鲁楠,刘明鑫,2018. 采购管理与库存控制 [M]. 4 版. 大连:大连理工大学出版社.
马士华,等,2020. 供应链管理 [M]. 6 版. 北京:机械工业出版社.
秦文纲,2004. 采购与仓储管理 [M]. 杭州:浙江大学出版社.
阙祖平,2008. 商品采购管理 [M]. 2 版. 大连:东北财经大学出版社.
史忠健,杨明,龚成洁,2016. 物流采购与供应管理 [M]. 北京:中国人民大学出版社.
宋文官,2014. 电子商务师国家职业资格培训教程:基础知识 [M]. 北京:中央广播电视大学出版社.
王国文,赵海然,2006. 供应链管理:采购流程与战略 [M]. 北京:企业管理出版社.
王槐林,刘昌华,2013. 采购管理与库存控制 [M]. 4 版. 北京:中国财富出版社.
王元月,2004. 跟我学做采购主管 [M]. 北京:北京工业大学出版社.
谢勤龙,2010. 供应链战争 [M]. 北京:机械工业出版社.
曾益坤,2010. 采购与仓储实务 [M]. 2 版. 北京:清华大学出版社.
张远昌,2004. 仓储管理与库存控制 [M]. 北京:中国纺织出版社.